探寻写作教学秘钥
规律化作文教学的尝试

王胜／著

西安出版社

图书在版编目（CIP）数据

探寻写作教学秘钥：规律化作文教学的尝试 / 王胜
著. — 西安：西安出版社，2023.9
ISBN 978-7-5541-7121-9

Ⅰ.①探… Ⅱ.①王… Ⅲ.①作文课—初中—升学参
考资料 Ⅳ.①G634.343

中国国家版本馆CIP数据核字（2023）第179697号

探寻写作教学秘钥·规律化作文教学的尝试
TANXUN XIEZUO JIAOXUE MIYAO GUILǓHUA ZUOWEN JIAOXUE DE CHANGSHI

出版发行：西安出版社
社　　址：西安市曲江新区雁南五路 1868 号影视演艺大厦 11 层
电　　话：（029）85264440
邮政编码：710061
印　　刷：北京政采印刷服务有限公司
开　　本：787mm×1092mm　1 / 16
印　　张：17.25
字　　数：301千字
版　　次：2023 年 9 月第 1 版
印　　次：2023 年 11 月第 1 次
书　　号：ISBN 978-7-5541-7121-9
定　　价：58.00 元

序 言
PREFACE

探索规律　优质作文

　　这是一本深入、系列、全面解读作文教学规律化的文集专著。本书精准聚焦、清晰呈现、有序高效地探索了义务教育初中阶段作文课堂教学的规律、作文篇章结构的规律、作文科学备考的规律。本书条分缕析，言简意赅，充满了正能量，为初中语文老师进行高质量作文教学，初中生的日常作文、中考作文取得好成绩，插上了跨越腾飞的翅膀，搭建了助力圆梦的桥梁。

　　规律，亦称法则，是客观事物发展过程中的本质联系，具有普遍适用的形式。客观性规律是客观存在的，既不能创造，也不能消灭；不管人们承认不承认，规律总是以其铁一般的必然性起着作用。可以说，探索作文教与学的规律，也是在叩问作文教学本质，揭示写作与教学的内在联系。化，指形态或性质的改变。在我看来，作者在"规律"一词后缀加一个"化"字，是谦虚，表示本研究成果正在发展、完善之中。其实，我认为，本书已经牵住了"规律"的牛鼻子。

　　本书集萃了作者三十年的初中作文教学实践与探究的成果，说理析文，充盈着诗情画意；点评引证，呈现着文采飞扬。"规律化"饱含作文教学的常态规范，学生习作的精准律动，教师教课的春风化雨。作者驾驭语言文字的能力，深厚的教学功底，惟楚有才的文化底蕴，熠熠生辉。

　　文如其人。本书作者王胜，湖北钟祥市人，身带江汉平原的阳光，胸怀荆楚汉子的侠义，释放"风水宝地、祥瑞所钟"的灵气；他为人堂堂正正，做事踏踏实实，讲课精益求精。2014年9月，王胜从钟祥市教研室来到深圳市坪山区同心外国语学校，成为一名普通的语文教师。在钟祥市，他当过初中语文教师、教学副校长，市语文教研员、市教研室副主任、市教科所副所长。虽然生活的环境变了，工作的岗位换了，但是他对初中作文教学的痴迷却初心不改，热情不减，春华秋实，硕果累累。本书中收录的文章，绝大多数公开发表于《现代教育报》、《语文周报》、《初中生写作》中考专号、《创新教育研究与实践》（崇文书局出版）、《初中生遗憾文升格》（青春杂志出版社出版）、《初中生作文起步与提高》（重庆出版社出版）等书刊上，其中不少论文在省、市、区教育科研论文评比中获奖，有一篇获得国家级论文评比二等奖。

见微知著。当年，钟祥市的"初中微点作文"享誉省内外。从2009年起，《中国教师报》《作文周刊》《语文教学通讯》等多家刊物相继介绍钟祥市"微点作文"教学研究成果。"微点作文"是将写作训练化整为零、化难为易、化粗为细，使学生写作能力聚零为整、积少成多、积薄成厚的系列作文教学策略。"微点作文"与教材有108个衔接点，初中三年六学期，每学期六个单元，刚好完成这108个训练点。王胜老师认为："由于训练点按照由易到难、由分到总的顺序进行，后面的训练自然包含了前面的训练，一个个分解动作在螺旋式上升的训练过程中被串连起来，形成一套连贯的写作套路。" 串珠成链，这种教学方式至今也是我国初中作文教学资源库中闪耀着珠光的珍贵财富。见"微"知著，由点连线，由线串珠，点点滴滴汇成江河大海，"微点作文"的一项课题研究，让王胜老师与作文教学结下了"一世缘"。

成果分享。2019年4月25日，王胜老师在坪山区同心外国语学校四楼报告厅举办了一场主题为《精心取材——以记叙文写作材料的构思策略为例》（讲稿收入本书）的名师讲座。与教师互动，王胜老师说，这堂课是从线的角度来探寻写作的规律，其实我们还可以从点上来突破，诸如写作中的动情点、巧合点、矛盾点等等，均可作为我们指导学生写作触摸的抓手。开阔的思路、精妙的语言让台下听课的老师们大开眼界。王胜老师从2015年到深圳工作以来，多次聚焦规律化作文教学，开设类似的讲座、作文示范课、线上微课等，听讲师生认为拨云见日，受益匪浅。同时，王胜老师渐渐积累了许多真实教学案例，丰厚了本书素材。

书香沐浴。本书分上、中、下三篇，共八章，包含三十九项研究成果。上篇重点启发教师如何上好创优教学课，中篇引领学生怎样写好探微篇章文，下篇帮助学校全力答好寻规备考卷。大体上，上篇可以视为整体篇、宏观篇，中篇为个体篇、微观篇，下篇为评价篇、检测篇。规律化作文教学，探索着立德树人的规律，散发着教书育人的书香，此书先进的理念、清晰的思路、丰富的案例、创新的导向、实锤的举措，不仅有利于教师上课、学生习作、学校备考，我认为，对于深圳"双区驱动""学有优教"，先行建设"教育高地""人才高地"等方面也均有一定的借鉴意义与示范价值。

上篇第一章的开篇文章为《学生怕作文症结在哪儿——中学作文教学调查报告》，这篇调查报告随机抽查了100名初中学生，归纳他们的作文问题，主要存在"五难"症结：①脑袋空空，寻找素材难——言之无物（内容）；②假话连篇，抒写真情难——言之无情（情感）；③题材老旧，标新立异难——言之无理（立意）；④语言贫乏，准确表达难——言之无法（方法）；⑤不懂层次，完整结构难——言之无序（结构）。这"五难"症结，长期阻碍着初中作文教学质量的提升。确诊把脉，有利于对症下药，因材施教。从"五难"入手，探究作文教学的规律性，呈现出很强的针对性。

作文教学如何克服"五难"，让学生真心喜欢作文课，写出好文章？作者的第二篇文章《记叙文写作思维训练与学生思维能力的开发》给出了第一把钥匙：联想——拓展思维，让学生形成"链状"知识结构；入境——规范思维，让学生形成有序的思维模式（正反向思维）；提炼——点化思维，让学生形成良好的思维品质；修改——整理思维，让学生养成"回瞻"的习惯。言为心声，首先重视思维开发，学生才能言之有物。第三篇文章《从记"实"写"虚"到"虚""实"相生——作文语言生动技法例谈》是第二把钥匙：运用修辞，融进感情；揣摩联想，表露感情；梦境幻觉，曲现感情；巧用移位，渗透感情（移步换景）。技法与情感交融，使文章言之有情、言之有法。本篇的第四篇文章《自主体验模式下，作文创新教学的一点尝试——例谈引导学生发掘生活素材的另类途径》是第三把钥匙："制造材料"，解决无米之炊；形成假设，构建训练体系；自主摄取，找回生活本源。第一把钥匙，用心；第二把钥匙，用情；第三把钥匙，自主。心动、情动、自动，形成规范，合理律动，思维、情感、方法、内容，连点成线，链接成面，浑然一体，开智启慧，引领成长，益教益学，创新创优。

第一篇的第二章写作指导是有章法的，第三章教学设计是有策略的，这两章主题导向是对第一章所提观点的确认、深化、延续、例证。解决作文教学"五难"的方法进一步具体，策略更加有条理。作文教学的高质量课堂充分显现。

中篇——作文篇章探微篇，涵盖第四、五、六三章。作者如庖丁解牛，熟练、具体、透彻、精准地告诉我们怎样写好一篇作文。作者揭示写作技法的规律：铺垫，蓄势待发；设悬：吊住胃口；表达，笔法多样；详略得当；首尾照应；侧面描写，烘云托月。作者简述人物描写的技巧：外貌、动作、语言、心理、个性刻画，惟妙惟肖，入木三分。作者解读环境描写的手段：自然环境，一切景语皆情语；社会环境，抓住时代特征。具体讲述中，作者巧妙地搭建了"导言热身""真题再现""技法衔接""思路点拨""范文指路—二三"等一个个"魔法小屋"，展演着篇章作文部件的神奇、精美、灵巧。作者微言大义，为如何写好一篇作文提供了教坛名师的宝典秘籍。

下篇——作文备考寻秘篇，包括第七、八两章。第七章，作者十年磨一剑，剖析从2010年到2018年的中考作文全景扫描，其中包括命题趋势、备考指导等硬核内容，指出作文备考是有规律的。作者告诉我们，命题者把国家对人才培养的需求融进作文命题，关注考生的心理健康、成长经历、生活感悟、人生体验、习惯养成等，考题贴近考生实际，让考生有话可说，有事可写，鼓励考生"说真话、实话、心里话，不说假话、空话、套话"；命题者引导考生审视自我、感悟真情、辩证思考、品味生活、健康成长。第八章，作者指出中考作文题型突破是有对策的，点化考生从容应对全命题作文、巧妙应对半命题作文、积极应对话题作文、审慎应对材料作文。作者认为中考文章升格是有路径的，关键在于红批升格——让批改成为学生写作的生长点。教师应关注怎样使学生的文章结构从散乱到完整、内容从空洞到充实、文体从杂糅到规范、表达从单调到多彩。

第七章主要从作文内容方面寻找规律，第八章注重作文命题题型和拓宽中考写一篇好作文的路径。作者温馨提示考生把握中考作文备考策略，要从落实写作基础来做准备：建立素材库、提炼写作技巧、善拟写作提纲、锤炼语言素养、注重文面美观；尤其要重视审题环节，理解文题，关乎立意、取材、布局、表达、首尾、细节等方面，审好题，才能杜绝"下笔千言，离题万里"的低级失误。

探索规律，优质作文，本书上篇把握了针对性，有的放矢；中篇聚焦了精准性，庖丁解牛；下篇表述了条理性，从容应考。微点作文，链接教材文本世界；亮点作文，链接学生内心世界；考点作文，链接生活大千世界。本书融微点、考点、亮点为一体，打造了作文教学的创优创新世界。

开卷有益，美文共享。阅读本书，愿你会有更多的感悟。

是为序。

李禾田

2021年3月8日

作者系中学语文高级教师、副研究员，吉林省普教学会原副秘书长、吉林省教科院普教所原副所长；退休前工作单位：深圳市南山区教育督导室。

目录
CONTENTS

上 篇　作文教学创优篇

中 篇 作文篇章探微篇

下 篇　作文备考寻秘篇

第七章　作文备考是有规律的

第八章　题型突破是有对策的

上篇

作文教学创优篇

第一章
作文教学是有规律的

学生怕作文症结在哪儿
——中学作文教学调查报告

笔者与同行们聊起学生的作文问题，大家都是一脸苦相，开口就怨学生"怕作文"。然而，造成学生怕作文的问题症结究竟在哪儿？笔者带着这一疑问，采用了问卷调查、抽样测评和座谈讨论等方式，对本校学生进行了调查，现将调查的情况归纳如下。

一、作文的"五难"现状

在随机抽查的100名学生中，有88名学生认为写作文是一件很烦心的事，一拿到作文题，就浑身不舒服；有7名学生认为勉强可以应付，但碰到自己不喜欢的作文题时，便胡乱写一气；只有5名学生认为写作文是一件愉快的事儿，乐意投入全部的身心。

归纳学生作文问题，主要存在以下"五难"。

（1）脑袋空空，寻找素材难。这是所有学生写作文的通病。日记虽天天记，可只是为了完成老师的任务；作文书也经常看，却只是觉得里面的故事有趣而已。他们告诉笔者，虽也知道老师让记日记和看作文书是为了积累作文素材和写作经验，但在自己的心理上只是为了完成任务，因此形不成记忆。

（2）假话连篇，抒写真情难。针对作文书，他们有句口头禅："平时睡大觉，写时显奇效。"时下书摊上作文书泛滥，而学生的抽屉里也收藏甚丰。教师的作文题一出，学生手中的作文书立马派上用场——东挪一段，西凑一句，一篇拼凑作文便应运而生。试想，这样作文何来真情实感，一旦碰到无参考可依的作文题，畏难情绪便油然而生。

（3）题材老旧，标新立异难。刚踏进校门的初中生，头脑里都有几篇"好"作文。他们告诉笔者，这是小学老师的"功劳"。因为背几篇好作文，考试时，一旦碰到类似的题目，全文照搬，保证得高分。以至进了初中，始终摆脱不了小学养成的照搬的习惯。只要是写老师的题材，就一律用老师深夜了还在批改作业，两鬓又添了多少根白发，额头又深了几条皱纹。如写妈妈，要么"我"突然生病，妈妈抱着我去看医生，跑了一路的汗水；要么"我"在灯下做作业，妈妈在灯下补衣服陪"我"，"我"偶尔一瞥，妈妈的两鬓又添几许白发。可事实上，他妈妈却根本不用补衣服，年纪也才三十多岁。

（4）语言贫乏，准确表达难。在调查过程中，有50%的同学认为，很多时候觉得心里有话说，但是一到笔下，却一个字也写不出来；或者心里想得绚丽多彩，写出来的话却平淡干瘪。通过座谈，笔者明显地感受到：作文语言的贫乏是目前学生作文中的最大问题。

（5）不懂层次，完整结构难。在抽样调查的100篇作文中，勉强称得上有头尾的作文47篇，开头交代不清的12篇，结尾留有所谓"艺术空白"的21篇，还有20篇是无头无尾，真正层次分明、结构精巧的作文不到10篇。在对这些同学的问卷调查中，问："老师教给你作文的一般结构知识了吗？"50%的同学说教了；21%的同学认为好像教了或许自己忘了；还有29%的同学认为，老师只让他们写，至于结构什么的，却很少讲。什么样的文章算是结构完整的文章，学生心里很模糊。

二、改进作文教学的思考

笔者认为，要想改变学生怕作文的现状，必从以下几个方面进行整改。

（1）在要求上，减少对写作的束缚，鼓励自由表达，倡导学生抒写自己的独特感受，我手写我心，实现写作个性化，在写作中培养学生的创造精神。

（2）在训练上，要系统规范，循序渐进，注重语言能力与思维能力的同步发展。应从大处着眼，小处着手，实行"快慢作文"和"分格训练法"。所谓

"大处着眼"，即注重作文的整体思维训练；"小处着手"即分段、分项进行目标训练，注重语言训练。具体操作中的"快慢作文"，所谓"快"即老师讲授技巧后，学生用快速作文的方式通过片段作文加以落实；所谓"慢"指学生在充分掌握了分项训练的要求后，再经过充分的思考和酝酿，把它运用到一篇完整的作文中去。所谓"分格训练法"是把作文要求分解成数项训练目标，并在作文中分项落实。

（3）在积累上，建议学校有意识地开展各项课外活动，拓宽学生视野，丰富学生的生活，培养正确的阅读习惯，使学生积累可供作文的素材和语言。

（4）在批改上，改革作文批改形式，实行教师批改和学生互批相结合，缩短作文反馈的时间，为学生提供交流心得、分享感受、沟通见解的机会，同时注重评价作文中的亮点。

（此文发表于《现代教育报》2003年6月2日）

记叙文写作思维训练与学生思维能力的开发

目前，中学语文教师最头疼的是学生作文问题。学生作文常见的毛病有三：一是学生只要谈到写作文就头疼，因为无话可说；二是学生作文虽善用技巧，但假话连篇，缺乏真情；三是学生作文题材老旧，脱不出范文已定的框框。究其原因，笔者认为，问题不在于老师的辅导，也不在于学生的灵气，而在于学生的思维素质。在这里，笔者想借语文教学中"记叙文写作思维训练与学生思维能力的开发"这一隅来谈谈如何在语文教学中实施素质教育。笔者认为：作文，首先是作者的思维活动，有清晰的思维，才有清晰的表达。记叙文是对一定背景下的人、事、景、情的综合表达。在现实生活中，学生已积累了较为丰富的人、事、景、情等表象，要把这些表象通过组接，加工而成为一篇记叙文，就必须借助于思维。因此，系统地对学生进行写作思维训练，将有助于开发学生的思维能力。笔者是通过联想、入境、提炼、修改四步训练程式来开发学生的思维能力的。

一、联想——拓展思维，让学生形成"链状"知识结构

拓宽学生思维范畴，帮助学生获取丰富的表象，其实是交给学生一把打开作文素材宝库的金钥匙。笔者的做法是有意识地让学生根据所给的文字信息充分展开联想，并通过联想，来唤醒大脑中与之相关的各种表象信息，以供作文时按要求取舍和加工。比如说，笔者在给刚升入初中的一年级学生上第一节作文课时，在黑板上写了一个大的"山"字，让学生凝神看黑板一分钟，然后问学生："看到这个字，你想到了什么？"初始，大多数学生都说，看到了山，便想到了山上的树，草、石头、以及山上的野兽，却不能更进一步地联想。于是我启发学生更远一点儿地想到与山有关的其他的内容，鼓励他们结合自己的生活经验大胆想象。结果，联想的内容一下子增加了许多，出现了多条思路：

有的由山想到祖国的大好河山，想到了自己第一次登泰山的艰险和登上后"一览众山小"的豪迈气概，感受到大自然的雄奇、峻拔、美丽和身为炎黄子孙的自豪；有的由山想到了狼牙山五壮士，想到了革命的艰难和幸福生活的来之不易，想到了应该用刻苦的学习和努力的工作来建设先烈们用鲜血换来的现在的中国；有的由山想到与山有关的唐山大地震，想到了"一方有难，八方支援"的爱心，想到了只有在社会主义社会，才能真正体现这种爱心；有的由山想到曾经登山的艰难，由登山的艰难想到了学习如登山，由登上山后的畅快和学通之后的喜悦想到学习和登山一样，只有付出坚持不懈的努力，才能收获成功的喜悦……这样一来，学生潜藏的感性认识（表象）就如喷泉一样往外涌，这时候学生的感觉不再是无话可说，而是话多得说不完，这就是联想的魅力。

其实，记叙文的目的就是要成功地叙述一件或几件事，表达作者的某种生活感悟或者赞扬某种精神品质或是批判某种现象。所以，我们就可以有计划，有目的地牵引学生形成"链式"思维：由物及人，再由人及事，由事及情；或由物及事及人及情；或由人（事）及物及情；也可以由此物（事）喻及彼物（事），如登山和学习。这样一来，形成了一种发散式的，却又都能独自成立的链状思维模式。经常这样训练，学生能在一瞬间接通"联想"的电源，从多条线上去寻找自己所需要的素材（即大脑中已贮存的表象），不仅能提高在构思和选材的速度，而且对学生形成敏锐的观察力、认识力和理解事物的能力都有着不可低估的作用。

二、入境——规范思维，让学生形成有序的思维模式

不管是老师，还是学生，在写作时，都有一个共同的感受，那就是自己的整个身心都融进了文章的情节之中，达到"浑然忘我"的境界，即我们所说的"入境"。在通过联想拓展了学生思维、使学生获得丰富的表象之后，就是怎样让学生"入境"，从而把表象组接加工成文章。要想让学生尽快"入境"，笔者认为要进行以下三方面的快速思维训练。

（一）正面思维，即横向思维和纵向思维

横向思维又称为空间顺序思维，即构思时以空间或地点的转换为序。如状物文章《风》："风在山尖，吹动小树，宛如玉手招摇；风在山腰，吹动稻浪、宛如风的裙幅飘摇；风在山脚吹皱池水，宛如绽开的风的笑靥。"根据地点的转移，用拟人手法描摹了风的情态。再如叙事文章《我的家乡美如画》，

可以从家乡的东、西、南、北、中的方位序去构思；也可从家乡的天空、地上和地下去表现。还如写人的文章《我爱爸爸》，可以从不同的环境地点去构思，如，单位上的爸爸是工作模范，家里的爸爸是理家模范，爸爸是我心中的楷模，我爱我爸爸。

纵向思维又称为时间顺序思维，即构思时以时间的推移或事情的发展为序。如状物文章《灯》：祖父小时候的灯是油梓灯，昏暗不明；父亲小时候的灯是煤油灯，要比祖父的油梓灯明亮；而"我"现在所用的灯是可调灯光强度的电台灯，既明亮，又卫生。这种思维过程告诉我们：随着时间的推移，人们的生活水平提高了，社会文明程度进步了。再如叙事文章《我的家乡美如画》，可以从过去、现在、将来三方面来对比、展望，以表现"我的家乡美如画"。还如写人的文章《我的爸爸》，可以用过去的爸爸和现在的爸爸比较，来突现爸爸的品质。

正面思维适用于能直接从题目提供的信息中寻找素材的作文文题，经常训练能让学生把构思过程练至熟练，提高构思的速度，从而逐步形成有序的思维模式。

（二）反面思维，也称反向思维

这种构思方式适用于那些无法直接从文题提供的信息找到突破口，反其道行之，却有着丰富的素材可供选择的文题，我们称之为"逆向构思"。如《静静的夜晚》，若仅从夜晚的安静、寂静来写，确实找不到什么素材，若反过来写在静静的夜晚发生了许多不平静的事，素材便一下子多了起来，如静静的夜晚里老师在批改作业，母亲在唱催眠曲，建筑工人在挑灯夜战，种子在发芽，小生命在诞生，老鼠在偷食，小偷在蠢蠢欲动等等。又如《在今天的考场上》，写什么呢，除了沙沙的答卷声和监考老师的踱步声，其余均是一片静寂，有什么值得写呢？确实没有。但若以"在今天的考场上，我在想……"为引子，反过来来写考场外的勤奋拼搏，同学互助，教师辅导题材便一下子多得写不完了。

反面思维其实是为了锻炼学生的求异思维而设置的，经常训练，对学生的思维品质的提升和思维层次的加深无疑是大有裨益的。

（三）"两面神"思维

这种思维方式适合于象征体文题，即托物言志或借物抒情的文章，如《荷》《灯》《桥》《风》等，它的构成模式一般是由自然的（或现实的）物向社会的（心灵的、抽象的）物（或情感或精神）转化。如《灯》，由自然的"灯"可以照亮人们眼前的黑暗，联想到心灵的"灯"——消沉时，老师的鼓励是灯，长者的鞭策是灯，同学的帮助是灯，甚至偶尔忆起的、使自己豁然开朗的一句名言也是灯。这些灯都能照亮自己灰暗的心理，引导自己走出困惑、失望，促使自己重新奋起。这就是"两面神"思维。教师在指导学生进行这种思维训练时，一定要强调学生把握好"物"与"神"的"相似点"和"交汇点"。

"两面神"思维是一种深层思维，它能巧妙地衔接形象思维与逻辑思维，对学生的思维能力的开发有着至关重要的作用。通过训练，学生一旦掌握这种思维模式，不仅能大大提高写作的效率，对阅读也有很大的帮助，学生会很娴熟地理解象征体散文《荔枝蜜》《白杨礼赞》《我的小桃树》《海燕》等文章中的本体和象征体。

以上三种思维方式的训练是为了使学生的思维程式化、规范化，以便使学生在写作时能尽快"入境"，提高写作的速度，掌握正确的思维方法，形成固定的思维能力。

三、提炼——点化思维，让学生形成良好的思维品质

大凡记叙文，都需要有一个主题，要向读者展示你的爱憎，那么主题就必须鲜明新颖。笔者在训练学生作文立意时，注重学生思维品质的培养，要求学生坚持三个原则：一是积极向上的原则；二是正眼看阴暗面的原则；三是符合时代潮流的原则。让学生在训练过程中正确看待这个社会，正确看待生活的挫折，正确看待这个时代，以培养健康向上的思维品质。点化学生的思维，让学生不仅在作文，而且在做人。

四、修改——整理思维，让学生养成"回瞻"的习惯

大多数学生在作文写完之后，就连忙把本子合上上交，最多也只是把作文重新看一遍，看有没有错别字或病句，很少有学生能跳出来，把自己的作文思维过程检验一番，总结出个一、二来。若作文训练有三层次，那么写完是第一层次，"回瞻"思维过程、自改是第二层次，教师的评改是第三层次。一般作文训练只有第一、第三层次，第二层次往往略过，笔者认为第二层次恰恰是至关重要的一个环节。学生在写完之后，从"浑然忘我"的境界中跳出来，重新

审视自己作文的思维过程，仔细地体味思维过程中的成功之处，发现并修正不足之处，同时进一步地思考，导致问题的原因究竟是思路不清晰，还是主题把握得不准确，抑或积累还不到位，然后做出相应的措施，或者进一步修改，或者课后积累。总之，要对自己作文的思维过程来一次"回瞻"，查漏补缺乏或总结优点，以指导下次作文。久而久之，形成习惯，学生作文的缺点会愈来愈少，而最终形成自己的风格和特色。

当然，在语文学科教学中实施素质教育并不是一件容易的事，它需要借助更多的媒介和方式。笔者的"记叙文写作思维训练"也不是万能的，它只是有效地开发了学生的思维能力，要想进一步培养学生的作文思维素质，打好语文基础，"记叙文思维训练"还需辅以有序的观察，广泛的阅读和丰厚的积累等。

（此文于1998年获得国家级论文评比二等奖）

从记"实"写"虚"到"虚""实"相生

——作文语言生动技法例谈

　　初中作文要求学生善于观察、善于思考，并把观察和思考的内容付诸于文字。于是便有了"学会记实"和"善于写虚"的作文要求（详见人教版九年义务教材初中语文第二册的"写作与口语交际"）。记实就是要求把看到的和听到的"现实生活"和"客观事物"真实而准确地表达出来，这对于培养学生准确的观察能力有着至关重要的作用。写虚就是为了表达感情的需要，把观察到的生活和事物通过感情加工使之以主观意识的形态表现出来，即主观感受。记实与写虚相结合，需要观察者善于通过联想和想象把自己的情感融进去，真切地表达自己的思想，这有助于培养学生健康的情感、深刻的悟性和严密的思维。事实上，作用于学生大脑的实虚往往在一刹那之间就完成了，他在观察客观生活和事物的时候就已经不自觉的加进了自己的观感，完成了由实到虚的心理转化过程，即已经做到了"虚""实"相生。可学生的语言又为什么不生动呢？笔者在长期的研究过程中发现，学生思维的导向性将直接关系到学生语言的生动性。如何正确地导引学生的语言思维，笔者认为可以从以下四个方面入手。

一、运用修辞，融进感情

　　例句：从未见过开得这样盛的藤萝，只见一片辉煌的淡紫色，像一条瀑布，从空中垂下，不见发端，也不见其终极。只是深深浅浅的紫，仿佛在流动，在欢笑，在不停地生长。紫色的大条幅上，泛着点点银光，就像迸溅的水花。仔细看时，才知那是每一朵紫花中的最浅淡的部分，在和阳光互相挑逗。（摘自《紫藤萝瀑布》）

　　比较句：这片紫藤萝开得很茂盛很长，不知从哪儿长出也不知长到哪儿结束。每一朵花中的最浅淡的部分在阳光下格外醒目。

显然，比较句是作者观察到的现实中的事物，是一种客观的叙述；而例句却融进了作者的想象和联想，并通过比喻和拟人的修辞手法融进了作者的感慨和赞美的思想感情。如比喻，"像一条瀑布，从空中垂下" "紫色的大条幅上，泛着点点银光，就像迸溅的水花"。如拟人，"仿佛在流动，在欢笑，在不停地生长" "在和阳光互相挑逗"。正是这些修辞手法的运用，使得"茂盛"和"格外醒目"具体化了、生动化了，作者的思想感情也融会在其中了。

又例：仿佛有一点声音从地底下发出。这一出之后，忽又扬起，像放那东洋烟火，一个弹子上天，随化作千百道五色火光，纵横散乱。这一声飞起，即有无限声音俱来并发。（摘自《绝唱》）

例句把本来无形无色的，必须通过听觉来获取的声音，写成了有形有色的可以通过视觉来获取的可见物——东洋烟火，抽象的概念变成了具体的事物，王小玉高超的歌唱艺术一下子变得可触可感了。

这种通过修辞手段来具体描绘作者的观感和思想的写法，我们称之为"修辞法"。

二、揣摩联想，表露感情

例句：我不知道为什么家里的人要将我送进书塾里去了，而且还是全城中称为最严厉的书塾。也许是因为拔何首乌毁坏了泥墙罢，也许是因为将砖头抛到间壁的梁家去了罢，也许是因为站在石井栏上跳了下来罢，……都无从知道。总而言之：……（摘自《从百草园到三味书屋》）

这是一种推测联想，是作者对已经发生或还没有发生的事情的一种推测，目的是丰富表达内容和表现复杂感情。例句中作者巧妙地使用了疑问、猜测和无可奈何的语气，表现了告别百草园时的依恋心情。这种方式最大的妙处是能把不能直接表达出来的东西通过婉曲的方式表达出来，并由此拓宽表达的内容。例如有位同学写的《回故乡》的开头："当我放寒假由县城返回山乡，感到有千言万语要给亲爱的妈妈倾诉。可是，当看见白发苍苍的妈妈，只喊了一声'妈——'就什么话也说不出来了。也许是心跳得太厉害，让太多的话语塞住了我的咽喉吧！也许是感情的暖流淹没了千言万语吧！也许是女儿喊妈妈的声音胜过了万语千言吧！"

小作者正是通过揣摩法把放假回家见到母亲时的那种复杂而真挚的感情表

达得酣畅淋漓,这就是虚实相生的魅力。

三、梦境幻觉,曲现感情

例句:这天夜里,我睡得十分香甜,梦中恍惚在那香气四溢的梨花林里漫步,还看见一个身穿着花衫的哈尼小姑娘在梨花丛中歌唱……(摘自《驿路梨花》)

这也是一种婉曲的表达方式。在听到了瑶族老人的介绍之后,"我"的心中对梨花姑娘充满了感激,赞美之情油然而生,假托梦境来表达显得自然、巧妙、生动。诸如此类的还有杨朔的《荔枝蜜》结尾段:"这天夜里,我做了一个奇怪的梦,梦见自己变成了一只小蜜蜂。"鲁迅《故乡》中的结尾段:"我在朦胧中,眼前展开一片海边碧绿的沙地来,上面深蓝的天空中挂着一轮金黄的圆月。"等等。

四、巧用移位,渗透感情

文章有时为了表达的需要,常常通过主观感受来改变客观事物的存在状态,使客观事物以与它相反的状态出现,如以动写静、以声写静等,我们把这种写法称为移位。

例句:淡黑起伏的连山,仿佛是踊跃的铁的兽脊似的,都远远地向船尾跑去了,但我还以为船慢。(摘自《社戏》)

这句话通过景物烘托的方式,以动写静,生动地写出了我急于看戏的心情。

又例:除此以外,就是寂静。耳朵里有不可捉摸的声响,极远的又是极近的,极洪大的又是极细切的,像春蚕在咀嚼桑叶,像野马在平原上奔驰,像山泉在呜咽,像波涛在澎湃。(摘自《老山界》)

为了表现山谷的静,就用不可捉摸的声响来表现,这种以声写静的方式尤显生动,并借助比喻的修辞手法更增强了表达作用。

当然,作文语言的生动与否并不完全决定于表达技巧,其关键还是在于积累。积累到一定的程度,再辅以表达技巧,那么就更能准确而丰富地表达处自己的情感。

自主体验模式下，作文创新教学的一点尝试

——例谈引导学生发掘生活素材的另类途径

期中考试后，我们针对初二年级的学生作文情况做了一次问卷调查。调查结果显示：在随机抽查的200名学生中，只有32名学生的作文素材是自己的亲身经历或是自己的切身感受，86名学生的作文素材是自己编造的，82名学生的作文素材是从作文书中"嫁接"而来的。几乎有90%的学生害怕写作文，他们几乎无一例外地认为，在写作上的最大的障碍就是"无米下锅"——无材料可写，也就是说，缺少真实的生活体验。

长时间以来，我们一直注重学生作文遣词造句能力的训练，却忽略了作文的灵魂——学生对生活的感知和体验。于是，我们开始调整方向，尝试引导学生在体验中积累生活素材。

怎样引导？我们做了这样一种假想：通过教师有意识地"制造材料"，即"生活创意"，来引发学生对生活素材的主动观察与思考，进而达到体验生活、积累生活素材的目的。我们的理由是，教师有目的地导演的系列"情境"，能为学生制造一种场合、一种氛围，从而引起学生情感的波动，使它成为一种强化的刺激信息，构成学生审美感知的表象性，使学生如临其境，由此产生表达的愿望和作文灵感。长久训练下去，学生会有意识地主动地去创设生活情趣，那么，生活源头之水岂不滚滚而来？我们决定分三步对此假想进行尝试。

一、"制造材料"，解决无米之炊

其实，产生这种假想源于一节人物描写的片段作文训练课上的灵感。因没有找到更好的切入口，我本打算按照常规的先讲技巧后念范文的方式授课，

可进教室后，发现李茜同学还没来。我透过教室的窗户，看到李茜正走进学校大门，而且神情悠闲，嘴里似乎还哼着什么。我看了看表，离上课只剩两分钟了。这孩子怎能这样！我有些恼火，自从上次语文考了全班第一名后，她就有一些骄傲自满，对自己的行为放松了许多。我提醒她两次了，可她仍不在乎，得找个机会教育教育她。

想到这里，我灵机一动：何不吓她一吓？既给她一个教训，又给其他同学提供一个观察的"模特儿"。学生不是反映没有材料可写吗？我就为他们"制造一个材料"。于是，我对全班同学说："今天，我想请同学们配合我演一出戏，不知大家愿不愿意？"同学们一听说有活动，顿时兴奋异常。"李茜同学自上次语文考了第一名之后，有些骄傲自满，学习态度发生了明显的变化，虽然这次成绩仍然是第一名，但长久下去，她的成绩一定会下降。我今天想故意说她考得很差，请大家仔细观察她听到消息后的表现，最后我再告诉她实情，请大家观察她神态变化的过程，以此写一则人物描写的片段。"

我的话音刚落，李茜就来到了教室门口。我向同学们做了一个手势，然后把李茜叫到讲台上站定，故作不高兴地说："李茜，你知道你这次考了多少分吗？"她大概从我脸上看出了什么，有些忐忑不安。我又接着说："才82分，居全班中下游！你知道你的成绩为什么下降得这么快吗？""骄傲自满！"下面的同学齐声说。她顿时满脸通红，惶惑，怅然、失望、害羞、愤怒，各种情态尽显无遗，眼睛里溢满了悔恨的泪水。下面观察的同学指指点点，兴趣盎然。我看时机差不多了，便告诉她说："我是骗你的，其实你考了98分，仍然是全班第一名，我只是想用这种方式让你体验一下骄傲自满后失败的滋味。"同学们也随之哈哈大笑。此时，她脸上表情复杂，一副哭笑不得的样子，成了全班同学观摩的极好的"模特儿"。抓住这个时机，我让学生进行片段练习——《李茜的窘态》，并让李茜同学写《我被骗了……》，着重从被骗后的心理入手。因为每个人都身临其境，所以都有表达的欲望，以往那种抓耳挠腮、乱翻作文书的现象被投入的写作替代了。10分钟后开始有人交卷，20分钟后全部交齐。并且，效果很不错。下面略选两篇加以分析。

李茜的窘态

……李茜刚在讲台上站定，王老师就对她说："你这次才考了82分，下降到全班中下游水平，你知道为什么吗？"随着同学们齐声说的"骄傲自满"，李茜本来羞红的脸更红了，眉头轻轻向上扬，微张的嘴似乎发出一声"啊？！"身子向后退了一步，右手不知所措地放在嘴边，扑闪扑闪的眼睛直瞪着大家。

在那一瞬间，她的脸上立刻出现了一丝不信任的惶惑，仿佛遭到了极大的打击一般，似乎在说："不，这不是真的，老师在骗我。"她茫然地看着前方，发现这一切都在她的意料之外，甚至根本没想过。在这时，她只要一抬头，就望见同学们的一双双感情复杂的眼睛，之后她的眼泪像断了线的珠子，滑过滚烫的脸庞……

"我是骗你的……"随着同学们善意的大笑，她又露出了一脸的迷茫、惊喜、疑惑、惭愧在她的脸上不停地变换着。她的嘴角微微动了两下，但终于没有说出来，一低头跑上了座位……

我被骗了

上课铃响后，我才出现在教室门口。我想："我的语文上次考了全班第一名，班主任一定不会批评我。"没想到他居然告诉了我一个几乎让我晕倒的消息：我的语文只考了82分。我本来不信，可看见班主任一本正经的样子，我又不能不信。班主任到最后才亮出了底牌，原来是想拿我的窘态写一篇文章，还给我一个体验失败的机会。此时，我真是百感交集，不争气的泪水还是涌出了眼眶，我努力让我的泪水不从眼眶中掉下来，眼眶中的泪水饱藏着我的委屈。老师干吗要选我呀！过了一会儿，我再细想想，想想我这段时间的表现，还真有点痛恨自己。是啊，与其说老师骗了我，还不如说老师启发了我，告诉了我被骗的滋味，因骄傲而失败的滋味。

在埋怨别人的时候，不如先反省反省自己。

念完上面两篇习作片段后，学生们的感触都很深，都觉得写作文从来都没这么轻松、顺手过。纷纷要求我把习作下发，自我修改，然后相互交流。整个课堂气氛非常热烈，学生在相互的讨论中完成了习作的修改。

最后5分钟，我要求学生总结一下这节课的收获。下面摘取的是课堂中的一个片段。

生1：我这节课最大的收获是，其实生活中有很多素材，关键是我们要有意识地多用眼睛去观察。

生2：我觉得写作文也要有一定的气氛，我们今天之所以写得快，是因为老师给我们创造了氛围，给了我们写作的材料，希望老师今后多组织这样的活动，这样会调动我们的写作兴趣的。

生3：老师告诫我们要做诚实的孩子，不要骗人，自己倒先骗起人来了。（众笑）不过，有时候善意的骗一骗，不仅是可行的，而且是必要的。比如到医院看得了绝症的病人，就不能说，听说您快死了，我来看看你，否则我就看不到你了。（众大笑）不过，我们很希望老师今后经常像今天这样善意地把我们骗一骗，好为我们积累作文素材。

生4：（笑）老师这一骗倒把个小自满者骗醒了，好！（李茜破涕一笑，大家也笑了起来）

……

师：同学们总结得都很好。值得我们思考的是，我们为什么能这么迅速、这么容易进入情境写好作文呢？原因是我们对生活投入了全部的热情，有话可说，有情可感，有了切身的体验。因为对生活的投入体验，才是积累素材的第一保证。

看到同学们胜利满足的笑容和听到我的总结后若有所思的表情，我也陷入了沉思：一个偶然的机会所创造的素材能把学生带到如此快慰的写作情境，这是我始料未及的。然而，"偶然"里面带有多少"必然"的成分？教师能不能有意识地、按照一定的系列去创造这些"偶然机会"，制造相应的"材料"？制造的系列"材料"能不能让学生对身边的现实生活形成有意识地观察和思考的习惯？

二、形成假设，构建训练体系

针对上面的疑问，我做出如下假设：教师的"生活创意"能引起学生对身边生活的有意识观察、思考，进而达到"创意生活"的境界。因而，我尝试着在每次写作训练之前，创设某种情境给学生一个可供思考的素材。比如：在训练家庭生活类文章写作的时候，我会要求学生回家为父母洗脚，并在课堂上分角色模拟当时的情景，通过观察和思考来唤醒学生内心储存的经验，达到理解和关爱父母的目的；在训练社会生活类文章写作的时候，我会要求学生去采访那些"擦鞋女"，利用星期天跟着"擦鞋女"去感受她们的生活，并在班上排演小品《"擦鞋女"的一天》，让学生体会另一种人生的艰辛；在训练学校生活类文章时，我会要求学生互换角色，去感受不同的学习生活，并在班上开展

"我做"的交流会。通过制造的系列材料和生活的本来面貌在学生大脑里的交替出现，引导学生明白：其实生活就是一个大舞台，每个人都是"生活"这出戏里面的一个演员，我们有意识地排演的这些"生活小节目"，其实都能从生活中找到原型，作文素材的本源是我们对现实生活最真实的体验。

实践告诉我，学生的眼光开始慢慢投向身边的生活。

三、自主摄取，找回生活本源

经过一段时间的训练后，学生对生活的感受开始从朦胧走向清晰，学生的作文也慢慢从"制造材料"的模式中走了出来，逐步回到真实的生活中去，开始自主摄取生活素材。比如李立同学的《真情——我的财富》就是一个很好的例证。

真情——我的财富

最大的感恩是，我们生而为有情的人，不是无情的东西，使我们能凭借情的温暖，走出或冷漠或混乱或肮脏或匆忙或无知的津渡，找到源源不断的生命之泉。

——林清玄

刚写下这个题目，便听到旁边的男生嘀咕着："怎么写，我什么都没有。"我听着，不禁微微笑了笑，真想告诉他：不，你有人间最美的真情。

今天是晴天，窗外蛙声阵阵，可是就在前天晚上，突然下起了大雨，我不禁走了神，天哪，这鬼天气，我该怎样回家呢？

下了自习，我愁眉苦脸地站在教室门口，唉！真冷，雨又这么大，就这样淋回家，非感冒不可。正在这时，听见有人在旁边说："我和你换衣服吧！你的太单薄了。"我不禁喜出望外地转过身去，是他，我的同桌，又黑又瘦，和他换衣服，倒不怕别人说闲话什么的，因为他十分纯真、天真，可以说是可爱，他让性格不太热情的我感受到许多快乐。可是，他也年龄很小，身子又单薄，还是家里的娇娇宝贝，今天他穿着一件夹克，回家绝对没问题，可如果让他穿我这件薄薄的牛仔服回家，他妈妈非说他傻不可，如果着了凉，我可负不起责任。于是我收回了笑脸："不，谢谢了，你家也挺远的。"他却满脸笑容地说："没事，我是男孩子，别忘了我还比你大一个月呢！"一向崇尚"男女平等"，极度反对"大男子主义"的我，忽然感动得说不出话来，便脱下了这件夏装，接过了那件夹克。那夹克提着沉沉的，穿着暖暖的，有一种陌生的男孩子特有的味道，我说不清是什么感觉，只觉得眼睛里有点润润的。

就那样，我回家了，心似乎也被触动了。

第二天，我早早地把那件衣服装进书包，来到学校，一进教室就见到我的衣服放在桌上，他穿着短袖球衣坐在位置上，双手抱着肩。"你的衣服都淋湿了。"他一脸纯真的笑容，满怀歉意地说。我忙问："你没着凉吧？你妈责怪你了吗？"他说："没有，就是回家时，看门老头不认识我了，不肯给我开门。"我不禁大笑起来。"快把衣服给我吧！冷啊。"这时我才想起把衣服给他。

这件事让我想了许多，那几天我心情一直很烦，总觉得这个世界都在和我作对，没有人关心我。可是他改变了我，这种真情，是同学之情，是最纯最真最深的感情，是它开导了我，成了我永远铭记心底的财富。

文章念完之后，学生受了很大的震动，当事者刘睿站起来说："没想到一个简单的事儿被李立写得这么动人。"同学们都释然了，明确了：写作的素材就在自己的身边，需要我们用"心"去发现。

当然，让学生达到"创意生活"（有意识地去设计自己的生活，创设生活情趣）的目的还有很长一段路要走，但学生设计生活的意识已逐渐沉淀下来，开始从被动走向自觉。

对整个假设、实践的过程，我们有如下一些思考。

一、"生活创意"只是一座把学生引向生活实践的桥梁

学生往往对身边的事物缺少观察和思考，这是一个不争的事实，更是长时间以来一直困惑我们语文老师的"老问题"。我们用"制造材料"这种手段，引导学生把不自觉的观察与思考转化成自觉的观察和思考，进而为学生创造生活体验的机会，逐步引导学生有意识的观察、思考、摄取现实生活中的材料。生活本是写作的源泉，朱老夫子在几千年前就曾言："问渠那得清如许，为有源头活水来。"而我们的学生却总是对这种"源头活水"熟视无睹，怎样把学生这种早已钝化了的感觉重新变得敏锐起来？用"制造材料"这一"权宜之计"，我们是想通过"生活创意"这一载体，给学生的一个如何"创意生活"的示范，最终目的是为了引导学生"自主地摄取材料"，找回生活的本源，用"真诚"去写作，用"真诚"去生活。

二、指导写作的过程其实就是唤醒学生的体验或是创设环境引导学生体验的过程

《语文课程标准》提出"学生作文也是一种体验，一篇好作文应是学生的一种独特体验"，要求"写作要感情真挚，力求表达自己对自然、社会、人生的独特感受和真切体验"。而体验的核心是引导学生投入地感受生活。而要投入地感受生活，就需要我们的学生积极地观察生活，开放五官，摄取各种外界的信息，同时捕捉自己内心细腻、微妙的情绪和感情的波动。我们假想的"生活创意"，正是在学生尚未形成观察和思维的习惯之前，用创造环境，"制造材料"这种手段，来唤醒学生的写作欲望。同时，我们在实践的过程中也渐渐让学生明白：不一定非得找一些重大题材，以此来谋求惊天地泣鬼神的效果。而我们所要做的，也是很容易做到的，就是从平淡如水的生活中打理出自己的情愫，睁大眼睛，用心去看世界，去听世界，去发现，去感受一片落叶，一束鲜花，一个微笑，一滴泪水，一个眼神，甚至是一把泥土中所蕴含的哲思、感情，从而引发自己内心的体验，诱发写作的冲动。现代教育学理论也为我们的假想增添了注脚：教师应当尽量利用学生的多种感官和已有的经验，通过各种形式的感知，丰富学生的直接经验和感性认识，使学生获得生动的表象从而比较全面、比较深刻地掌握知识。

当然，在平常的教学中，我们更要注意培养学生感受生活、思考生活的能力，以增强他们对生活的体验能力。生活如四季，不断地变换着不同的色彩，把这些都映入心海，我们会发现，世界如此可爱，生活如此精彩，相信我们的学生一定会用眼睛去看世界，用耳朵去听世界，用心灵去感受世界，诗意地生活，诗意地写作。

（此文收录于《创新教育研究与实践》崇文书局出版社，主编：彭东成、胡旺生）

第二章

写作指导是有章法的

书写性灵　感悟真情

——"可爱的动植物"导写

一、导言热身

如果你愿意留心，你会发现，在你成长的过程中，你并不孤单，除了爸妈以及其他长辈的呵护、指引，同学朋友的关心、扶持，身边还有很多的生命伴随着你一起成长。它们或许是一只小狗、一头老牛，也或许是一棵大树、一朵小花，尽管它们平凡普通，但它们都可能悄悄地走进你的生活，和你发生有趣的、令你难忘的小故事。你的许多言行举止，别人不知道，但它们知道；你的喜怒哀乐，别人不了解，但它们了解。它们微不足道，但也许给过你最强烈的震撼；它们默默无语，但也许给过你最温暖的安慰；它们并不刻意，但也许给过你最深刻的感悟。用你的笔写一写它们吧，把你和它们之间的故事，把你对它们的独特感受，生动形象地写出来。

二、真题再现

文题一：以"说说我家的……"为题写一篇文章，向别人介绍和你最亲近的一种动植物。

文题二：请围绕下面这个情景，发挥你的想象，补充情节，写一个有趣的故事。

在一个旅游景点，一位中年妇女提着两只鸟笼子，每只鸟笼子里都关了二三十只小鸟。

这位妇女不停地叫喊着："买鸟放生啊！积德行善哪！"

……

文题三：近年来，随着科学技术的进步和研究的深入，对动植物又有许多新的发现，比如有些植物喜欢音乐，环境的巨变促使动物的习性发生变化，等等。请以"动植物的新发现"为话题写一篇文章，把你知道的这方面的情况写出来。

三、技法展演

大千世界，芸芸众生，生命总会以它独特的形式行走于天地之间。就在我们身旁，那一幅幅鲜活的生命画卷正以它们独特的形式向我们展示大自然别样的魅力。看！那斗霜傲雪的蜡梅，倔强不屈的小草，高大挺拔的白杨，轻柔袅娜的垂柳，清纯可爱的睡莲，雍容华贵的牡丹，高洁素雅的翠竹……它们总是以独特的形象和身姿引我们深思，给我们启迪，教我们顿悟；还有那憨态可掬的小猪，忠贞不贰的小狗，善良温顺的小羊，活泼可爱的小兔，翱翔蓝天的小鸟，往来穿梭的小鱼……它们总是以它们纯真的性灵给我们带来快乐，带来感动，带来深沉的思索……

怎样才能把这些可爱的动植物描写得生动感人呢？我们可以从以下几个方面来尝试。

1. 有效观察，抓准特征

这里的有效观察是指在观察动植物的时候，既观察其全貌，又观察其局部；既观察其外部，又观察其内部；既观察其正面，又观察其侧面；既观察其静态，又观察其动态。只有这样，我们才能真正把握其独有的特征。

2. 调动感官，立体呈现

要想把动植物写得鲜活灵动，我们不仅要用眼睛看其外形，还要用鼻子嗅其气味，用耳朵听其声音，用手触摸其肌肤，以获得真切的体验。这样，我们的描写过程中才会有层次感，能够做到由点到面、由表及里、由远及近，也只有这样，我们所描绘的动植物才能鲜活地立在我们面前。

3. 精准用词，写活画面

精准的动词和形容词是我们最佳的选择。传神的动词，能够化静为动，化无形为有形，化无声为有声。比如周建人在写蜘蛛对待被网住的蜜蜂采取的一系列做法时用了"赶（到前面）""绕（一下）""转（身便）走""（把它细细）捆缚"等动词，活灵活现地再现了蜘蛛的捕食过程。生动的形容词调动了人的视觉、听觉和触觉等多种感官，让人充分感知所描写的对象。布丰这样写天鹅，用"优美（的身段）""浑圆（的形体）""秀丽（的轮廓）""洁白（的色泽）""柔和传神（的动作）"等形容词，刻画出了天鹅面目的优雅、外形的美丽。

4. 善用修辞，靓丽语言

比喻能让枯燥的事物变得生动，拟人能化无情为有情，排比能增强感情气势。如白居易写荔枝，"树形团团如帷盖。叶如桂，……华如橘，……实如丹，……朵如葡萄，核如枇杷，壳如红缯，膜如紫绡，瓤肉莹白如冰雪，浆液甘酸如醴酪"，白居易笔下的荔枝色香味俱全，读之让人满口生津；如法布尔写蟋蟀，"先是一只两只，羞答答地在独鸣，不久便响起交响乐来，每个草柯柯里都有一只在歌唱"，蟋蟀一下子有了灵性、有了情态；如刘成章写牛群"仅卷舌揽食的，应是好几千了；仅甩尾赶蝇的，也应是好几千了；仅以蹄踢土的，也应有好几千了"，牛群排山倒海的气势扑面而来。

5. 投入感情，引起共鸣

写作的过程中，我们应把我们的爱憎好恶都融进字里行间。因为我们所描写的动植物只有首先打动我们自己，才能打动读者，引起读者的共鸣。情感的融入是我们文字生动的灵魂。比如《蜘蛛》中写蜘蛛捉蜜蜂时，"用丝向飞将身上绕一下，转身便走，恐怕被它的标枪投着"，把蜘蛛写得灵活俏皮，令人忍俊不禁。

四、思路点拨

那么，怎样才能写好这三篇文章呢？

1. 写动物，叙事为主，通过细节描写突出"趣"

选取写作的对象之后，可采用"小步轻迈"的方式，分别从其外形、颜色、声音、习性等方面的特点入手，用多个小片段、小故事串接文章，用细节描写来突出它的可爱和情趣，尤其要突出的是它给我们的生活带来了欢快和阳光。当然，也可以采用"大开大合"的方式，通过叙述一两件事情，来表现它的乖巧、淘气、活泼、沉静等性格；也或者通过叙述一两件事情，表现它的勤劳、勇敢、倔强、敏锐等特征，从而引发我们的感激、震撼、赞赏、钦佩等情感。不论从哪个角度入手，通过细节描写来打动读者是我们首选的策略。

2. 写植物，描写为主，借助生活感悟突出"理"

写植物，我们可以从这样三个角度去尝试我们的写作思路。一是共同经历成长，双线并行。时间的推移是经线，"我"与写作对象的变化是纬线，自然界的阳光、风雨与"我"生活中的阳光、风雨交叉并行，最后，以在共同的成长过程中感悟生活的哲理作结。二是特定情境下的植物给"我"的感悟和启迪。如风雨中的小树，春雪过后的桃花，暴雨下的荷叶与莲花等等。三是从历史与社会变迁的角度解读某一植物的生命内涵，它的兴衰暗合着历史或社会的兴衰，来揭示社会发展的规律。

3. 补情节，想象为主，虚构讽喻故事突出"思"

针对"买鸟放生"这个故事情境，需要我们通过合理的想象来补充故事情节，如何想象才算是"合理"？我们目光的焦点应该定格在这位中年妇女的喊话中，即"买鸟放生啊！积德行善哪"。中年女人宣扬的是通过放生来积德行善，而骨子里却是利用游客们积德行善的心理来敛财，这本身就具有极大的讽刺意味。我们通过想象而补充的情节应该是一个矛盾冲突的场面：逐步"觉醒"的游客质问中年妇女用于"积德行善"的鸟的来历，让其处于尴尬的境地，矛盾集中，最后，让其良心发现，放掉所有的小鸟，由此而引发人们的思考和反省。当然，故事还可以更曲折一点：我们还可以以一个观察者的身份，反思中年妇女频频得逞的原因正是源于一种不正常的社会心态，引发对"真善良"和自私、作秀现象的批判和反省。

4. 话发现，虚拟为主，创新表达形式突出"感"

写动植物科技新发现的文章很容易流于形式，即将查阅了解的资料通过简单组合，以客观介绍的方式行文，表达自然显得苍白、刻板，所以不够生动。科学知识我们无法通过想象加工去更改，但我们可以创新表达形式，让解说过程变得生动有趣。我们可以采用童话的形式以拟人的手法让它们自述，让它们争论，将科学知识"人性化"；我们可以用电视访谈的形式让科学家与主持人面对面，从发现的现象谈起，将知识"情节化"；我们还可以编写电影剧本，用鲜活的故事来诠释科学知识，将科学知识"故事化"等等。这样，再来抒发我们对于科学日新月异的感慨就显得灵动而有的放矢了。

五、范文指路

说说我家的"公子小白"

王荣婕

我家的"公子小白"可不是春秋时期的五霸之一——齐桓公，它只是一只普通的小兔子。叫它"公子"是因为它是一只公兔子，说它"小白"是因为它是一只毛色纯白的小兔子。"公子小白"是外婆送给我的生日礼物。

记得它刚来我家的时候，被装在一个由钢丝做成的笼子里，毛色纯白，整个身子蜷成一团，像一个毛茸茸的小雪球。它的两只长耳朵紧紧贴在脑后，一双红眼睛露出胆怯的神色，微微翕动的三瓣嘴似乎在说："小主人，我是你家的新成员，你会对我好吗？"我心中一颤：可怜的小东西！我连忙把它从笼子里放出来，抱到了怀里，手上的感觉告诉我，它在颤抖，肯定是害怕了。我用手轻轻地抚摸着它洁白的毛发，它温顺地眯着眼睛，好像很享受的样子。我满意地笑了。

它是一只很"懂事"的兔子。为了让它获得自由，我请求爸爸不要把它装回笼子里，爸爸答应了，但提了个条件，那就是它随地拉下的大小便必须由我及时清理干净，否则，就必须装回笼子里。我一咬牙答应了。后来才发现，这真是一只"懂事"的兔子，它从不随地大小便，"内急"了赶快跑到卫生间去"解决"。我不解，难道它真的懂得"感恩"么？我不相信，就去问天才老爸，老爸也无法解释这个"原理"，只好糊弄我："我们家的兔子有灵性！"

随着时间的推移，它长大了，也变得挑食了，白菜只吃嫩的，萝卜只啃半头，尤其是最近又迷上了吃面条，变本加厉了，如果不给面条，它便不吃不喝，绝食了！妈妈抱怨说："我们家养了个兔子祖宗！"说起兔子吃面条，还真是我娇惯的结果——为了研究它的食性，我突发奇想：兔子除了吃萝卜青菜青草之外，它吃不吃面条呢？于是，我抽出一根面条在它的鼻子下晃了晃，看它的反应，没想到它一下子抢了过来，一口就咬住了面条，"嘎嘣嘎嘣"吃了个精光，然后坐直了身子，垂着两只前爪，在我的手上乱嗅。我又连忙抓了一把丢到地上，它扑了过去，"风卷残云""大块朵颐"。从那以后，它吃饭便无面条不香了。唉，真没办法，满足它吧，谁叫我属兔呢！

它还很爱玩，而且玩起来没有限度。我家在七楼，楼下是个小花园，每天下午五点是它的"放风"时间。一到这个时候，它便一刻也待不住了，不管我是否在做作业，跑到我脚下，用头蹭我的腿，用前爪扒拉我的鞋子，要我带它下去。我经不住它的"软磨硬泡"，只好带它出去玩。一到花园里，它便撒欢似地到处乱跑，东嗅嗅，西刨刨，一会儿在草丛里啃两口青草，一会儿又躲到灌木丛里警惕地看看四周，只要有人经过，它便飞也似地逃到花园对面的草丛里躲起来。时间到了，赶它回去，它竟躲到灌木丛里不出来，我只好揪住它的两只耳朵，把它拖出来，抱回家。一回家，它便跑到它的小窝里一动不动，好像是累坏了的样子。奶奶说，这兔子不能再养了，送别人算了，否则，你也会被它带坏的。可是，我怎么舍得！

我喜欢这只有灵性的兔子，它是我快乐的源泉。公子小白，我的最爱！

点评：小作者抓住了兔子"公子小白"的外形特征和"有灵性"、贪吃、贪玩等特性，表达了对这只兔子的喜爱之情。这篇文章给我们的启示是，要抓住动物最典型的外形特征和自己最熟悉的习性，通过有层次的细节刻画，使我们描绘的事物有个性和立体感。本文语言幽默风趣，情味十足，作者的情感自然渗透，可学可仿。

（此文发表于《语文周报》）

战争，人世间最残酷的恶魔

——"我所了解的战争"导写

一、导言热身

有了人类似乎就有了战争。从原始社会的部落间争夺生存地盘而挑起的战争，到奴隶社会为了获得更富足的生活而展开的掠夺；从封建社会的地主阶级为了获得集团的最大利益而燃起的战火，到资本主义社会为了获得资本的积累和地盘的扩张而发动的侵略；再到近代非正义的、正义的，外部侵略的、内部火拼的战争……直到现在，战争的硝烟也一直弥漫在一些地方的天空中。战争给人们带来深重的灾难，是人世间最残酷的恶魔！它吞噬了无数鲜活的生命，破坏了无数美好的家庭，战争的历史就是一部充满血和泪的历史。但是，战争同时又极大地刺激了科学的发展，推动了社会的进步。许多科学成就被用于战争，比如诺贝尔发明了炸药，促进了许多新型武器的开发；爱因斯坦的相对论促进了原子弹的发明等。并且，战争又催生了许多新技术、新成果，比如先进的航空、微型遥感技术等。另外，科学的进步、社会的发展，也使得战争的形式发生了极大的变化：由冷兵器到热兵器，由必须短兵相接到遥控制导……

了解战争的历史，有助于我们正确地看待战争；评述战争的功过，有助于提升我们的思辨能力；解读没有硝烟的商场"战争"，更有助于我们将来适应这个社会……

二、真题再现

文题一：教室里，几个同学正在为战争与和平的话题争论得面红耳赤。有的同学认为人类可以消除战争，永享和平；有的同学认为人类不可能消除战争；还有的同学认为战争分正义的和非正义的，正义的战争就应该进行……对他们争论的话题，你有什么看法？请将你的看法写成一篇文章。

文题二：许多尖端科技都被运用在战争中，请你以兵器与科技进步为话题写一篇文章，介绍一下这方面的情况或你自己的看法。

文题三：现在人们习惯把那些激烈对抗的活动或现象都称为"战争"或"战斗"，比如称商业竞争为"商战"，称心理上的较量为"心理战"。这样的事情还有很多，请你再介绍一些，并写一篇文章。

三、技法展演

尽管世界现今仍不太平，但对于我们还是处在和平年代，战争的概念是从书本和影视中得来的，不可能有切身的体验，因此，要写好以战争为主题的作文，我们首先要做的工作是通过查阅资料，掌握大量的古今中外的关于战争的历史事实，把握其起因、经过、结果、重要人物以及战争的性质，为辩论或是论述积累第一手素材，同时也为想象、虚构故事情节提供大的背景。在做好这个工作的基础上，我们可以从以下几个方面来尝试。

1. 大处着眼，小处着手

这是一个构思技巧的问题。古今中外大小战争浩如烟海，我们不可能一一道来，篇幅也不允许。我们可以选择某一阶段的某一次战争为大的背景，在这个背景下，通过一个小片段表现战争的残酷和给人们带来的深重灾难，比如《兵车行》；通过一个小故事表现战争中人物的英勇、感人，歌颂人物的某种精神，比如《荷花淀》《百合花》《柏林之围》；通过一个场面、情境或者是一个特写镜头等方式来表达一种情思、一种愿望，如《蒲公英》。

2. 大胆想象，真情演绎

这是一个选材技巧的问题。什么样的素材最能打动人？当然是最富有生活情味儿的素材最能打动人！我们可以以某一次或是某一阶段的战争为背景，通过想象添加一个人物来写，或者虚构一个情节来写，甚至创造一个情境来写。通过真情演绎，让这些人物、情节、情境"合理化"，并鲜活起来，通过他们的行为、语言、思想来表现主题，从而达到打动人的目的。《荷花淀》中那群随着战斗成长起来的"媳妇们"，《百合花》中那个憨厚的通讯员以及那个执意要把那条曾是她新婚用的枣红底色上洒满白色百合花的被子给牺牲了的通讯员盖上的新媳妇等，这些通过想象而虚构出来的形象都给我们留下了鲜明而深刻的印象。

3. 穿越时空，化身入境

这是一个叙述技巧的问题。我们可以根据我们掌握的资料为背景，将我们自己"隐身"进去，直接"参与"到某次的战斗中。我们可以是一位战地记者，可以是一位普通的战士，可以是一位旁观者，然后将这个过程通过我们的眼睛或者是手中的照相机、摄像机记录下来，直接添加我们的切身感受，这样会显得真实感人。《柏林之围》《百合花》《蒲公英》的叙述模式为我们提供了很好的典范，颇值得我们参照学习。

4. 变换角度，让物说话

这是一个表达技巧的问题。战争对人的伤害是巨大的，对物的损害又何尝不是这样的呢？因而，我们可以变化角度，采用"让物来说话"的写法，以焦土、破国、山河等处于战争中的物的口吻，拟人化地直陈战争的残酷，以及给人类带来的深重灾难。或者我们直接将战争拟人化，让战争恶魔亲口向受到它残酷伤害的人、物进行深深忏悔，一定会达到对战争恶魔不声自讨的目的。或者，我们虚构军事法庭，让战争成为被告，让人类、焦土、山河等做原告，控诉战争所带来的灾难，让战争为自己辩解，最后直指发动战争的罪魁祸首——人类，发人深省，这样表达可以给人以耳目一新的感觉。

5. 有理有据，观点鲜明

本单元没有为我们提供写说理文的范例，但如果我们需要以辩论的模式来行文的话，就必须要熟练掌握"一理一据（一个观点一个论据）"和"一理多据（一个观点多个论据）"的写法，并且掌握丰富的各类史料。观点需要我们善于提炼，论据需要我们从浩如烟海的战争史实中"淘宝""充填"，当然还要辅以排比、比喻等修辞手法，这样做，我们的行文才能气势磅礴、酣畅淋漓。要想做到这一点，没有丰厚的积累是无法做到游刃有余的。

四、思路点拨

那么，怎样才能写好这三篇文章呢？

1. 文题一有三种思路

一是"论说法"，即写一篇说理文，根据争论的话题和你的看法提炼一个观点，然后证明它。比如，你提出了"人类是可以消除战争、永享和平的"观点，然后通过列举古今中外的战争事例，分析论述人类发生战争的原因是物质财富的不均衡、文明程度的不均衡以及人类永无休止的贪欲，将来随着物质财富的不断丰富，社会文明程度的不断提高，人类受"和谐社会"教化而逐步形成的和平意识，战争会逐步消亡。二是"情境法"，即设置一个班级辩论的情境，将辩论的过程描述下来，并在文章的结尾添加自己的观点和感受，借此表达主题。三是"想象法"，即设想在一百年后的今天，一对小学生到武器博物馆参观，听馆员讲解百年前战争的残酷，然后通过小朋友稚气、疑惑的提问来暗示战争在那一物质和精神文明高度发达的时代已经消亡的主题。

2. 文题二可以有三种思路

第一，写一篇说理文，论述"科技的进步促进了兵器的发展"的观点，冶炼技术的进步、火药的发明、电子信息技术、操控自动化等科学技术的进步，让用于战争的武器发生了翻天覆地的变化；第二，写一篇说明文，通过翔实的资料将每一次科技的进步带来的武器的变革依照时间顺序罗列出来，给人以清晰的印象；第三，采用拟人的方式，从"武器的自述"的角度来介绍武器家族的发展历史，这样，行文显得生动活泼，可读性强。

3. 文题三思路

如果按照文题的要求，通过列举介绍的方式来行文，必然干瘪无味。我们不妨设置情境，编拟故事，将可能关涉的内容通过具体的故事生动形象地表现出来，既获取了知识，又具有可读性。

五、范文指路

人类能消除战争吗?

王荣婕

前两天，我看了几本关于战争的书，知道了战争的残酷、可怕。战争可以消除吗？带着这个问题，我问了班上的很多同学，他们有的说可以，有的却说不能。正闹得不可开交的时候，班主任来了，她说既然我们这么有兴趣，那她就抽出一节课来让我们辩论。因此，一场辩论会便悄悄地拉开了帷幕。

"我方认为：战争是可以消除的。"正方代表刘亚显得胸有成竹，"人类发动战争的原因无外乎对资源和财富的掠夺，这些都是因为当时生产力水平不高，人类需要通过战争才能获得生存的权利。虽然后来战争的理由发生了变化，是为了获取更大的利益，但其根源都在于一个'利'字。相信在未来的社会，物质生活水平极大地提高，利益的追求不再是第一需要的时候；随着人类文明程度的不断提高，和谐稳定，繁荣发展成了人类共同意识的时候，战争会自然而然地消亡，人类将不会再发生战争！"在热烈的掌声中，刘亚得意地坐了下来。

反方代表斯干推了推他鼻梁上的眼镜，缓缓站了起来，慢条斯理地说："我想问对方辩友三个问题：一是人类的贪婪和私欲大约在什么时候可以消亡？相对于过去来说，我们现在的物质生活水平不丰富吗？你说的未来社会物质生活水平的极大地提高究竟是达到什么样的程度？"顿时，全班同学报以热烈的掌声，刘亚团队窃窃私语。

斯干用手虚压了压，咳嗽一声，接着说："我方观点：战争是不可以消除的。"全场噤声，他环顾了一周："人类的欲望是不可消亡的，古往今来，人类一直在为自己的欲望寻找借口：为了食物而战、为了奴隶而战、为了土地而战、为了信仰而战、为了疯狂而战、为了海洋而战、为了石油而战、为了和平而战、为了文明而战……明天我们又要为了什么而战呢？

按照自然界的规律，欲望是一切动力的最终来源！而且这种动力将会一直推动着人类的发展。因为人类历史是一部欲望牵引着不断进化、不断发展的历史；同时也是欲望牵引着不断发生战争的历史！而战争大多是欲望的产物。人类要发展，就必然要产生新的欲望，有了欲望，战争就不可避免地要发生。因而，我方认为：战争是不可消除的。"

"不对，战争是可以消除的……"

"不对，战争是不可以消除的……"

激烈的辩论在教室里回荡，久久地萦绕在我的耳边，可我就是分不出谁对谁错，好像都有道理。下课铃却在这个时候响了起来，班主任拍拍手，示意我们停下来："同学们说的都很有道理，理由和看法都很充分。至于战争能否消除并不是我们今天一定要争辩出来的结论，关键在于我们在争论中得到了什么，我们该怎么去做？"

回到家，我坐在沙发上沉思，耳边回响着老师和同学的话语，我相信，只要人们共同努力，战争会在将来的一天走向消亡的！

点评：文章能够从大处着眼，小处着手，将"人类能否消除战争"这样一个大的话题放到一个班级的辩论会上来写，能够避重就轻，既有核心内容的辩论，又有生动过程的展演，行文颇富有情趣。老师的点拨与小作者的感悟都很含蓄，能够留给读者以深刻的思考，是一篇很不错的习作。

（此文发表于《语文周报》）

生活因期待而精彩

——"还等什么，出发吧"导写

一、趣味衔接

出发，意味着什么

20世纪的著名探险家约翰·戈达德在15岁那年，写下了"127项一生的志愿"：要到尼罗河、亚马逊河和刚果河探险；要登上珠穆朗玛峰、乞力马扎罗山河麦金利峰；驾驭大象、骆驼、鸵鸟和野马；探访马可波罗和亚历山大一世走过的道路；主演一部《人猿泰山》那样的电影；驾驭飞行器起飞降落；读完莎士比亚、亚里士多德、柏拉图的著作；谱一部乐曲，写一本书；拥有一项发明专利；给非洲的孩子筹集100万美元的捐助……目标产生巨大的动力。在此后的44年壮丽人生的跋涉中，约翰·戈达德不断实现自己的人生目标。近日，他登上了中国的万里长城，实现了第106个愿望。约翰·戈达德用一次次的出发向世人展示自己对生命的诠释。当有人问他凭借什么样的力量完成这样的宏愿时，他的回答是："很简单，我只是让心灵先到达那个地方。随后周身就有了一种神奇的力量，接下来只需沿着心灵的召唤前进就好了。"

这则故事给了我们这样的启示：有了理想，我们才会确定目标；有了目标，我们才有期待；有了期待，我们的出发才有意义。出发，意味着成功的前奏，目标的达成，境界的升华。那么，我们从中又获得哪些写作的启示呢？

（1）出发只是最终的结果，出发前的准备才是写作的重心。

（2）出发的意义或是人生的感悟是文章要表达的主旨。

二、技法衔接

1. 审准题旨，确定写作的范畴

出发是一种行动，是文章最后的落脚点。我们要明白：出发其实就是一种追求。人的一生就是在不停地出发、不停地追求中完成的。寻求一个目标，需要出发；实现一种理想，需要出发；完成一种憧憬，更需要出发。一个人的追求是无止境的，所以我们时时在准备出发。从这个意义上来说，写作内容上可以写现实生活中行动的出发，记叙自己的生活经历，由此生发出感悟；也可以写为了自己的理想信念出发，表达自己对生活积极追求的人生态度；还可以假借他人身份，揣摩某种心境，虚拟情境出发等等。具体来说，我们可以从下面两个角度来确定我们写作的范畴：具体的"出发"，比如"人生的第一次出发""一次孤独的出发""一路风景，一路歌""十三岁的一次出发""春天，我们带着期待上路""昭君的出发""苏轼的出发""杨利伟的出发"等；抽象的"出发"，比如"带着'诚信'出发""出发，告别昨天""出发，不惧泥泞""心灵的出发""生命的出发"等等。

2. 亮明中心，确定写作的重点

写作前，一定要清楚我们要表达什么，即要告诉大家怎样的感悟或是怎样的道理，才能依据这个"目标"去选材，去详略，去点缀用语。跌倒后，总结教训，重新上路是出发；不呈意气，暂避锋芒，退后一步也是出发；面对选择，左右权衡，最终定向，是出发；打破常规，另辟蹊径，换个角度还是出发；告别昨天，重塑自我，崭新亮相仍然是出发；面对未来，不知凶险，仍坚定迈步也是出发……有了这些"目标"，再去对接生活的经历，构思突破中心的情节，设计重点部分的结构和用语，自然就不在话下了。

3. 巧妙点缀，写好过渡用语

从叙事结束到主旨呈现的过渡很关键，否则就会很生硬。要想主旨点得巧妙，必须写好过渡语。常用的方法是"心悟法"（"我不由得心中一动……""我突然顿悟……""我明白了……"等）和"顺延法"（"其实，人生亦如此……""我想到了我的人生……""生活就是这样……"等），通过这样的过渡语的点缀，将叙事与主旨"圆润"地融合起来，表达就会自然、明晰，这是细节，需要好好锤炼。

三、范文衔接

范文1:

进军三尖山

阿 月

这一天终于来了！等待的日子，我是带着期待与恐惧的心情度过的。因为未来的三天，我将离开父母，在驻军军人叔叔的指导下，在这座名为"三尖山"的山上完成"野外生存训练"的任务。

现场很热闹，我们在后勤处穿戴整齐后，背上了一个大大的旅行包，包里面塞满了未来三天可能用到的必需品，我们必须先学会把自己所带的物品打好包，记好它们所处的位置。出门时，我们已经是一身的橄榄绿，个个都是精神抖擞的小军人啊！

指导员让我们给自己的团队取个名字，确定一个口号，既要响亮，又要好听。小胖马上挥舞着他胖嘟嘟的手提议："叫'汉堡队'吧，口号是'汉堡汉堡，旅途牢靠'！"逗得我们哈哈大笑。有人又提了几个名称，大家都不满意，最后牛牛同学突然说："取'金牛队'怎么样？口号是'金牛金牛，我们最牛'！"大家都一致拍手赞同。定好了队名和口号，我们找来彩纸，不一会儿"金牛队"和一头健硕的金牛就出现在旗帜上。我们一起大喊："金牛金牛，我们最牛！"

隔壁团队也毫不示弱，他们也整齐地喊道："我们的队名是'雪狼队'，我们的口号是：雪狼雪狼，雪中之王！"他们一边喊还一边做出凶狠的模样！我们哪能被他们比下去，也一起大声地喊道："我们的队名是金牛队，我们的口号是：金牛金牛，我们最牛，耶！"于是，口号声此起彼伏，空气瞬间被点燃了，我们心中的豪气顿生！

举行完简短的开营仪式后，我们就要出发了，这是我第一次离开自己的爸爸妈妈，到一个完全陌生的地方，有好多困难要自己独立面对。没有了爸妈的呵护，对未来陌生的日子我有些忐忑不安，但看着和蔼可亲的连队指导员，看着这些我或熟悉或陌生的朋友们，我的心又坚定了许多，相信，在接下来的活动中，我一定能学到更多，收获更多。

三尖山，我来了！

点评：文章写了到"三尖山"完成"野外生存训练"任务时出发前所做的准备工作，写得妙趣横生。为团队起名是文章的主要内容，活泼的话语里面充满了自信和欢乐。结尾两段点题，并表达了自己的期待和愿望。

文章线索清晰，结构简单，主题鲜明。文章以"出发"为背景组材，叙事清楚，中心突出，详略得当，是一篇值得一读的好文章。

范文2：

昭君出发

武 鸣

明天，她将走出这深宫大院，远涉大漠，以和亲公主的身份。

清冷的月光久久踟蹰在屋内，不忍离去，也不愿离去，只有她那姣好的面容上充满了坚定。不知她是在怎样的心态下做出了如此的决定，这个震动了整个皇宫的决定！满朝文武在她走进殿堂时集体的惊诧，还有元帝骤然苍白的脸都在说明他们做出了一个怎样错误的决定。可在她那仪态万千而又异常沉静的脸上却没有丝毫的波澜，可在她的心里掀起的又是多少的鄙夷和嘲讽！

她说她爱江南水汽氤氲的小桥流水人家，也曾梦想骑一匹轻快的马，打江南而过，让欢笑融入滚滚的长江水。可是，在那一刻，她却出人意料地选择了干旱荒芜的大漠，选择了漫天黄沙的孤寂的异域生活。没有人知道她当时怀揣着怎样的想法，一如那后来孤寂的、沉默了千年的、埋葬了她所有秘密的青冢。

不知是因为受奉旨来挑选宫女官员失望脸色的刺激，还是宫廷的猜忌、冷落、倾轧让她的心蓦然死去，但无论如何，那异域的寂寞、隔膜、无助、思乡也像寒流一样让她的心瞬间冰冷。做出这个决定，或许并不是一时的冲动，那些双眉紧锁，躲闪着选秀官员热情眼睛的宫女其实就已经说明了这个问题。再丰厚的赏赐，再诱人的地位也无法抹去北地的苦寒给人带来的战栗，更何况那是一条不归的路！

但是，总得有人站出来吧，总得有人为了边疆的宁静，为了民族的融合，为了更多的人不再受战乱的煎熬，为了战士不再浴血沙场，为了家人能够团聚，享受天伦之乐，她得独自饮尽这份孤独，吞咽这份艰辛，承受这份苦楚……

所以，在那个和往常并没有区别的平常的日子，她做出了这个并不平常的决定。

有人说，生命，不一定濒临死亡才显得深刻，遵从于自己的内心，用心去做，用心去答，生命才显得美丽！昭君在做出那个不平常的决定的时候，是不是已经透悟了这个道理？

时间到了，昭君最后看了一眼那富丽堂皇的皇宫，坐上马车，站在历史的风口，出发了！

点评：这篇文章构思很精巧，借助历史事实通过想象虚构了昭君出塞前夕临出发时的情境。小作者通过自己的理解，将昭君的大义和决然描绘得栩栩如生，同时，也将元帝等一帮君臣的丑恶嘴脸进行了无情地鞭挞。本文语言简洁而内蕴深厚，尤其是文章倒数第二段对文章主旨的揭示，尤显厚重，体现了小作者不凡的功底。

借助历史事实，通过想象虚构情境表达作者内心的想法也是一种很精彩的构思方式。这篇文章不仅重构了历史故事、鲜活了历史人物，更表达了自己人生的感悟，甚至将话题"出发"也衍生了新的意义，可谓是"一石三鸟"，可圈可点。

范文3：

突 围

王溢涓

吃过晚饭，当我坐到书桌前的时候，月亮已经挂到树梢上了。

丝丝清幽的月光洒在我堆积如山的作业上，皎洁的月光吸引我的视线，我缓缓抬起头，月似钩，勾出我心里不尽的愁。轻叹一声，打开窗子，阵阵晚风拂面而来，仿佛吹淡了我心中的愁绪。抬眸，静静地凝望那纯净如水的素月，心中的压力似乎也减缓了一些。不知为何，此时的我，竟会有一种"举杯邀明月，对影成三人"的孤寂哀愁：也许整天陪伴我的只有这些作业和资料吧！伸出手，淡淡的月光在我手上徘徊。捏紧，它们又从我的手中溜走，不着一丝痕迹，真是"别是一般滋味在心头"。

尽管我已经付出了十分的努力，但在次这残酷的竞争中，我却只充当了一个配角。可是，我不甘心。

我一直在努力把我能做的每件事都尽量做好，可事实总是不如人意，离老师和家长心目中的主角还有很大一段差距，可老师和长辈们总带着一种不相信的语气问我："这几天怎么回事？这不是你该有的水平，到底怎么了？能不能跟我说说？"看着老师、长辈们充满期待的眼睛，我不忍心告诉他们："其实，我已经很努力了，做回主角，我还需要一个过程。"但我又怕真的说出来，他们又认为我这是托词。我突然感到一种莫名的悲哀，一种隐隐的伤痛从心底里慢慢涌上来，我不知道这是不是那种叫作"忧愁"东西，但我知道我已经被它深深地笼罩了……

"人有悲欢离合，月有阴晴圆缺，此事古难全……"随口念出此句，我的心中也不由地一动：人生不可能永远一帆风顺，跌入低谷是为了蓄积力量，跃上更高的浪峰。月正是因为有了阴晴圆缺才显得美丽而令人期待，人不也是因为经历了顺境与逆境的交替磨炼才更显成熟么。

月已经升上中天了，远望去是那么的清丽与皎洁，我心中默念道：谢谢你，月儿，此刻，是你让我成功地从忧愁中突围。

点评：这篇文章的构思是从抽象的"出发"切入的，正如作者所说"从忧愁中突围"，"出发"的内涵已经从具体的行动延拓到心灵的突破，这是构思上的创新，也使文章内涵深厚起来。

小作者从自己郁闷的心情写起，借助月亮来释放心情，也是借苏东坡的对月感悟指引自己走出了忧愁与郁闷的限制，成功"突围"。心灵在这一瞬间出发，走到了一个全新的领域。将具体的事物抽象化，再与心灵对接，诠释出更新的概念，小作者似乎深谙此道。

（此文收录于《初中作文起步与提高》重庆出版社，主编：黄琼、殷秀萍）

我的未来不是梦

——关于"梦想"导写

一、趣味衔接

梦　想

比尔·克利亚是美国犹他州的一位中学教师，有一次，他给学生们布置了作业，要求学生们以《未来的梦想》为题写一篇作文。

一个叫蒙迪·罗伯特的孩子，兴高采烈地写下了自己的梦想。他梦想将来长大后拥有一座一流的牧马场。他在作文里将牧马场描述得很详尽，还画下了一幅占地二百英亩的牧马场示意图。当他自豪地将作业交给老师的时候，老师却只给了他一个大大的"F"（差）。面对蒙迪·罗伯特的疑问，比尔·克利亚老师的解释是，作业很认真，但梦想离现实太远，太不切合实际了。

蒙迪·罗伯特珍藏了这份作业，十几年后，当比尔·克利亚老师带领学生参观一座一流的牧马场的时候，却惊奇地发现这位热情接待大家的牧场主正是蒙迪·罗伯特——他实现了自己的梦想！

比尔·克利亚老师流下了既高兴又忏悔的泪水，最后他说："蒙迪·罗伯特依靠自己坚忍不拔的努力实现了自己的梦想，我希望所有的同学都要展开梦想的翅膀，用梦想挽起明天，拥抱生活的灿烂！"

这则故事给了我们这样的启示：任何人的梦想都是不可小觑的。那么从故事中我们又获得了哪些写作的启示呢？

（1）有了梦想，通过努力都是可以实现的。

（2）情节的设置要善于营造巧合，这样更能增加文章的可读性，提升读者的阅读兴趣。

二、技法衔接

"梦想"在词典里解释为"空想""妄想""梦中怀想""理想""渴望"等。如果我们从"空想""妄想""梦中怀想"的角度来思考，那么就可以从"梦想与现实"或"梦想与行动"的矛盾关系切入；如果从"理想""渴望"的角度来思考，则可反映自己或他人在成长过程中的理想和渴望，来表述自己或他人的真情实感。

梦想的本身是虚空的，但产生梦想的基础是实在的。也就是说，任何梦想，都只是一种主观的假设，是一种个人或集体愿望的寄托。但是为什么会有这种梦想呢？这才是我们写作的出发点。我们可以从下面两个角度来完成这篇文章的构思。

一是叙写"梦想"经历，展现人生追求，生活因梦想而精彩。叙写的这个"梦想"可以是自己的亲身体验，也可以是他人的心愿与追求。如，一个山村失学儿童的梦想是能安静地坐在教室里和其他孩子一起在知识的海洋里徜徉；一个贫穷但爱美的女生的梦想是能拥有一件美丽的裙裳如蝴蝶般飞舞在人群中；一个富有责任感的少年的梦想是成为一名无所不能的天使，把健康与幸福带给每一个人。其实，一个民族、一个国家也都有自己的梦想，秦始皇的帝国大军东征西杀，目的是实现统一中国的梦想；中国航天人日夜奋战，目的是为了实现飞天的梦想。如果你有心，你还会感受到自然界万物生灵同样具有自己的"梦想"，小溪的梦想是汇入大海的怀抱；雏鹰的梦想是翱翔蓝天；小树的梦想是高过周围的树木，享受更多的阳光……不管追梦的过程是成功还是失败，都会给我们带来诸多启迪和感悟，这都是我们要叙写的重心。那就让我们叙写一次梦想的经历吧，把梦想的产生，到为之努力奋斗的过程，再到最后的结果，及由此生发的感悟，都用心写下来就是一篇好文章。但要注意：由事生发理，立意要深刻新颖；由事生发情，感情要真挚自然。

二是再现生活情境，解读"梦想"内涵。我们可以驾一叶扁舟，从历史的长河中采撷关于梦想的浪花；我们也可以徜徉文学的大海，撷取文学艺术形象，握紧他们的脉搏，一起梦想。"关关雎鸠，在河之洲。窈窕淑女，君子好逑。参差荇菜，左右流之。窈窕淑女，寤寐求之……"（《关雎》）"蒹葭苍苍，白露为霜。所谓伊人，在水一方。溯洄从之，道阻且长。溯游从之，宛在水中央……"（《蒹葭》）主人公或辗转反侧，或苦苦追寻，能得到一份纯真的爱情是他们的梦想；"何当共剪西窗烛，却话巴山夜雨时"是诗人对与亲友团聚的梦想；"长风破浪会有时，直挂云帆济沧海"既是诗人李白的自信，更是他渴望能施展才华，报效国家的憧憬与梦想；"取义成仁今日事，人间遍种自由花"折射出的是身临险境的无产阶级革命英雄陈毅对全人类开遍共产主义之花的梦想……个人的梦想、民族的梦想，生活的真实，文学的创造，取材十分广泛。组材时可以多个"梦想"组合，不同时代，不同类型兼顾，充分调用我们的联想与想象，以再现形象的方式，以文学的手法多角度立体的诠释"梦想"的丰富内涵。

三、范文衔接

范文1：

一路与梦想同行

武 鸣

长这么大，我一直在变换自己的梦想。

七岁的时候，我梦想做一名优秀的教师，想用粉笔写下青春的乐章；用书本奏响青春的笙歌；用朴实的语言托起明天的希望！那时候小小的我，总是在模仿老师的一个动作、一个神态……

九岁的时候，我又想当一名中外闻名的发明家，想发明一颗太阳挂在夜空，那样就不会害怕走夜路了；还想发明一盒永不褪色的水笔，那样不管我画多少张画都有最绚丽的颜色；还想制作一张世界上最舒服的床，让累了一天的爸妈可以好好放松一下……

十一岁的时候，我又梦想着当一个家财万贯的企业家，给爸妈最富裕的生活，带着爸妈到世界各地去游玩，我要让他们逢人就夸：我们这都是享我闺女的福啊！而那时候的我，像一只翱翔在空中的雄鹰，坐在最顶层的我的办公室里，掌控着我脚下的一切！

十三岁的我，我的梦想又变了，我想当一名军人！一名威武的军人，一名可以保家卫国的军人！我没有了儿时的天真，却多了一份自信；没有了不切实际的梦，反而多了份为梦想而拼搏的动力；没有了摇曳不定的思绪，反而多了坚定不移的信念！我就是想当军人，梦想从此不再改变！

一路走到现在，我终于确定了自己的梦想。我知道，这条路充满艰辛，甚至还可能为之付出生命，但我无怨无悔。我将从现在开始努力做准备，强身健体，苦练本领，做军人！

我的一路有梦想同行！

点评：小作者详细地介绍了自己各个年龄段梦想的内容，我们可以清晰地看到小作者成长的痕迹：从感性走向理性，从个人走向集体，从小家走向国家！看似随意，却饱蕴匠心，可圈可点。

文章以小段排列，结构简单清晰；语言干净凝练，情感却蕴含其中，内敛真挚！另外，文章结构完整，首尾呼应，并在结尾处点题，巧妙、含蓄。

范文2：

心中的梦想

一考生

理想是石，敲出星星之火；理想是火，点燃熄灭的灯；理想是灯，照亮夜行的路；理想是路，引你走向黎明。

——题记

许多人都有自己的理想，且都愿意为自己的理想而活，而奋斗。多年来，埋藏在我心底的梦，就是成为一名书法家。小时候，当很多孩子还在喜欢玩玩具、看动画的时候，我却偏偏迷上了汉字。孩子们陶醉在玩具、动画带来的乐趣中，我却沉浸在对汉字的痴迷中，因此，从小我就喜欢欣赏别人的好字，渐渐地也就喜欢起写字来。对我而言，欣赏一篇好字，让人赏心悦目，无疑是一种享受；能写一手好字，就像在刻意打扮自己，写出后让人称慕不已，原本是一种幸福。

我特别喜欢欣赏王羲之、司马彦的字，也喜欢模仿着他们的笔迹去练字。当我第一次进校门读书时，看见老师在黑板上写下一手好字。那匀称美观的汉字，一个个从老师的巧手之下跳了出来，让人羡慕死了。从那一刻起，我就在想，要是我能写一手比老师还好的汉字，该多好啊！后来，我就发奋苦练，写出的字帖足足有二十来本，还不包括老师发的。老师发现了我写字的天赋，就鼓励我朝着书法家奋斗。其实，我哪儿敢跟书法家比呀，只不过随便涂鸦而已。可老师却说："是人就当有梦想，你应该朝这个方向去努力！"此后，我又在写字上下了不少功夫。全校的老师都夸我的字写得好，是块当书法家的料子。但我依然深知，我的字与书法家相去甚远。直到在一次硬笔字竞赛中，我一举斩获了一等奖后，我才坚定自己的梦想——当名书法家。尽管实现这个梦想的道路还很漫长，但我深信用自己的一生去努力，理想也许并不遥远。

有一句歌词说得好："心还在，梦就在！"为了我心中已久的书法家梦，我愿将我的青春交付与书法，直到美梦成真！

点评：小作者的梦想是当一名书法家，并详细地介绍了自己梦想产生的过程以及为之做出的努力，还在结尾表达了自己的决心。行文轻松自然，感情真挚。

叙述一件事情，交代清楚事情的前因后果，并在结尾表达自己的决心或是感悟，是一种比较典范的结构模式，我们要注意用语和过渡的自然、圆润。这篇文章在这方面的技巧都处理得很到位。

范文3：

梦想之旅

王溢涓

周末随爸爸回老家踏青，除了满相机的春色，竟然还有一脑子的"梦想"！

二叔的梦想：生态庄园

二叔外出打工十年，今年不去了，说是要用多年打工的积蓄打造他的梦想——一座真正属于自己的"庄园"。我们停车时，他正在屋侧修整他的"生态"鸭棚。房子周围是他的"生态猪圈"，"生态鸡舍"和"生态鱼塘"。

"哥，我准备买一台多功能收割机，你帮我参考一下……""哥，我准备在这里架一排引水管，把后山水库的水引过来，实现饮用灌溉一体化""哥，我已经申请了上网业务，下次回家帮我带一台电脑"……二叔拉着我爸，自豪地勾画着他的"生态庄园"蓝图，眉梢眼底都洋溢着笑容。

刘奶奶的梦想：乡村清洁工

"伢儿，回来看奶奶了！"我吓了一跳，谁嗓门这么大？回头一看，原来是刘奶奶。"走，我带你去看桃花，山那边一大片，最好看了。"她拉起我就走。这个刘奶奶，嗓门大，腿脚好，越活越年轻了。"年前来了一些单位上的人，组织我们搞卫生，把屋前屋后扫干净，码整齐，有个名堂，叫'美丽农村'。"我点点头，她接着说："听说城里有专门做这样事儿的人，叫什么清洁工，扫个地都能挣钱！""刘奶奶，你想当清洁工？""是呀，你看我们这儿有的人不讲卫生，东西乱丢，地下也不扫。收干净了看了也舒服，自己住了也舒服，还可以得一点儿钱，我觉得我做蛮合适，你说呢？"我点了点头，说："那好，我让我爸给队长说说。不过，成不成我可不保证。"刘奶奶满脸笑容，脚下也轻快了许多。

牛牛的梦想：空中互动课堂

没想到，在桃林遇到了我儿时的玩伴——牛牛。他架着一个画架正对着桃林，画板上是一副未完工的"半坡争艳图"。

"我们老师说你们教室里全部使用电子白板上课了，电子白板是个啥玩意？"

"上回军哥说电脑连上网线就能实现面对面的说话，还可以问问题，叫什么空中课堂，我想试试，你试过没？"

他的问题像连珠炮似的接连发出，脸上尽是急切之色。我有些应对无暇，直接无语了。我发现，他虽然处在乡镇初中，但他的思想却已翻越了大山，穿越了时空……

回去的路上，爸爸在默默地开车，一脸的沉思状。我透过后视镜，看老家在夜幕中渐渐隐去，消失在山峦中。老家似乎又离我远去了，但我突然又觉得老家离我是那么的切近，我不知道是为什么？或许是老家人们的梦想是那么的朴素而又真切吧。

点评：这篇文章用板块结构的方式，分别讲了二叔、刘奶奶、牛牛的梦想，很富有时代气息，而且语言表达非常符合人物身份且富含情趣。

通过自己的观察，解读旁人的梦想，用板块组合的方式来表达共同的主题，这是一种比较成功的结构模式。写作时，要注意首尾文字的提领和概括，还要注意每个版块事件的典范性。在这一点上，本文的小作者处理的非常艺术，值得品味。

（此文收录于《初中作文起步与提高》重庆出版社，主编：黄琼、殷秀萍）

"那一瞬间，我_____"导写

一、文题展示

题目：那一瞬间，我_____

要求：（1）请将题目补充完整；（2）除诗歌外，文体不限，不少于600字；（3）内容具体，有真情实感，不得抄袭；（4）文中不得出现真实的人名、校名、地名。

二、审题关键

这是一个半命题作文，兼具限制性和灵活性的特点，补题是关键。如何把半命题作文变成便于自己发挥的自命题，是一种"秤砣虽小压千斤"的高层次构思技巧。

这道作文题已经为我们框定了一定的范畴，即"那一瞬间"，同时，也把对象引到了"我"上，所以审题不难。我们只需注意题目所提供的范围和情境，选择最适合自己写作的题材。从题目看，"那一瞬间"的具体所指直接决定了"我"的心理感受和写作的方向。"一瞬间"就是一刹那、某一特定时刻，是限制性词汇，表面上看限制了时间，但如果向更深层次挖掘，题材是相当宽泛的。"那一瞬间"可以是一个不易察觉的细节，可以是一个不经意的动作，可以是一个特写镜头，也可以是一副画面，还可以是一个动人的场面高潮。除了自己实际生活经历中的那一瞬间，我们还可以将视线转向自然或历史。"那一瞬间"可能是旭日东升的破翳而出，可能是浩瀚星空中的一道亮光，可能是树叶离开枝头的毅然决然；还可能是项羽乌江自刎时的不甘无奈，是嵇康弹完绝唱《广陵散》掷琴于地的虚脱与落寞……题目中的另一个关键信息"我"，显然是提醒我们关注个人最深刻的心理感受。这感受可以是"真善美"凝聚的感动，可以是"假恶丑"演绎的愤怒，我们可以采撷平淡生活中的温暖，也可以捕捉矛盾冲突中的冷峻。

三、思路点拨

这道半命题作文，采用第一人称的方式，引导我们把目光聚焦在"那一瞬间"，定格画面，关注那时那刻"我"最深刻、最细腻的心理感受，强调自我，侧重体验。我们可以写发生在自己身边的真实所见所闻：发现母亲鬓角白发的一瞬间、父亲举起巴掌的一瞬间、好友转身离去的一瞬间；可以写名著中或历史上的经典一幕，如阿姆斯特朗踏上月球的一瞬间、天安门前共和国老兵含泪敬礼的一瞬间、驶上港珠澳大桥的那一瞬间。如果是写自己身边的事件，力求真实可感。如果是写历史镜头，则要写出自己独特的认识和心理感受。"我"的感受可以是感动了、释然了、后悔了、犹豫了、惭愧了、震撼了等等。具体审题及构思情况见图2-1。

半命题作文（那一瞬间，我_____）

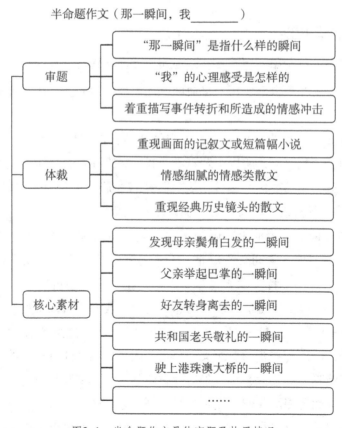

图2-1 半命题作文具体审题及构思情况

四、标杆作文

那一瞬间，我犹豫了

黄尤雯

"九思，你怎么不等我就走了！"我气鼓鼓地攀上自行车后座，稳稳当当地坐下，两脚一荡一荡的，似划船般有趣。

"你还好意思说？我不等你，你坐得上这车？我就不应该等你！"九思说着，用力踩下踏板，自行车如风般"嗖"地一下往前蹿去，我的身子不自主地向后倾倒。

英语老师挺着浑圆的八月大肚，将一身素色长衫穿出了冬日棉衣的紧实感，他左手拿着长长的铁尺，右手推了推反光的金丝眼镜框，宛如一座山丘般，立在我们面前。我低矮着身子，低着头，堪堪躲过那逼人的目光。

"这是你们本周第三次迟到。"他一字一字地吐出这句话，缓慢而坚定，不容反驳和解释。

我俩被关在教室外，耳畔是粉笔在黑板上划动的吱吱声，间或夹杂着一两声咳嗽，同学们断断续续的翻书声，以及……九思微微的吸鼻声。

"你生病了吗？"我用手肘轻轻捅了捅她。

"嗯。"余光瞥到那个懊丧的影子，我愣了愣，又伸手拉了拉她的衣角，飞速地打量了周围。

"去老师那开张请假条，回家休息吧。"不等她回答，我拔腿就要往办公室跑。

"我说，你做事能不能过点儿脑子？"九思制止了我的步伐，缓缓开口，"正罚站呢，你可乖点儿吧！"言罢，又回到先前的模样，脑袋有一下没一下地点着，又发出微微的吸鼻声。

我识趣地撇了撇嘴，站回了原来的位置，心想："九思真是小气鬼，还在为早上的事生气呢。"

下课铃声奏响了午餐的号角，同学们像即将冲锋陷阵的士兵，从各个教室蜂拥而出。

回到家门前，九思将车停放好，说道："你要是再迟到，我就再也不等你了。"自行车铁锈点点的支撑脚与地面紧紧贴合，刺眼的正午阳光放肆地炙烤着万物。我的脸被晒得生疼，便飞似的跑上楼，似乎应了一声，又好像没有张开过嘴。

午饭后，我揣着母亲郑重其事交给我、让我分给九思的双黄蛋，慢悠悠地下楼。午后的阳光依旧很刺眼，但门前熟悉的自行车却没了踪影。我怅然若失地在原地呆站了几分钟，然后朝前慢慢走了几步，随即快速地朝学校方向跑去。头顶的太阳热辣辣地挤压着我，耳边的风紧紧地捶着我的脸颊，胸口似着了火般滚烫。

终于挨到下了课，拨开层层人群，我看见九思安静地坐在窗边。我想冲上去问个所以然，可鲁莽的我却在那一瞬间，停下了脚步，我还要坐她的车吗？望向九思的那一瞬间，我犹豫了……

也许我是真的给她带去了很多困扰吧，她本是那样安静沉稳的女孩啊。

早已凉透的双黄蛋最后被我丢给了那只骨瘦如柴的老黄狗，它一点点吞咽着，一点点蚕食着我的欢喜。心忽地，在那一瞬间，空了。她是一阵风，缓慢而安静地走来，轻轻地、轻轻地擦过我身侧，留下了刹那云烟似的缥缈……

风走了，什么都没了。我微凉的手，举在半空，定格。

习作鉴评：本文用诗般轻灵的语言，克制而沉静地表达了那一瞬间"我"的犹豫、"我"的困惑、"我"的落寞。文章从对话写起，用情境式开头，将读者迅速领入故事中，来观察沉稳的九思和鲁莽的"我"；又通过被罚站时，九思和"我"的不同表现，为后面两人的分道扬镳自然地铺设了基调；第三个场景借助正午刺眼的阳光，烘托了"我"和九思之间看似不动声色，实则强烈的情感冲突，是全文的场面高潮，是"我"情绪的转折点；而最后望向九思的那一瞬间，又回到含蓄、轻灵和沉静的情境，足见作者行文的凝练和挥洒自如。

五、类题链接

表2-1　题目及写作提示

题目	写作提示
1. 请以"＿＿＿＿＿的滋味"为题目，写一篇文章。 要求： （1）在横线上填写恰当的词语（如诚信、执着、坚持等），将题目补充完整。	写好这道半命题作文的关键是打开思路，结合自身的生活，补出最适合自己的题目，将作文引入得心应手的境地。题目中的"滋味"本义是"味道"，在这里比喻为"某种感受"，因此要从以下三点来写作：一是必须叙写一个中心事件，或围绕一个中心，写一组事件，在事件的基础上写出自己的内心感受。只有事件写具体了，写流畅

题目	写作提示
（2）除诗歌、戏剧外，自选文体，文章不少于600字，严禁抄袭。 （3）文中不得出现真实的人名、校名和地名。	了，"滋味"才会真切。二是对于感受，既可以是事后生发出的，也可以融在事件中，从细微中品味。三是要有充足的描写，敏锐地捕捉生活中别人不易察觉，但却足以令人动容的画面或细节，让读者在你细腻、充实的描写中也能品到个中滋味，从而产生心理共鸣。
2. 时光，太匆匆，它仿佛水一样从我们的身边流过，无声无息，渐行渐远……而曾经一起走过的日子，那些拼搏过、哀伤过、快乐过、感动过的片段，如一朵永不凋零的花，开在我们的记忆中，成为我们生命中最鲜艳的亮色。 请以"开在记忆里的花朵"为题，写一篇作文。 （1）立意自定，文体不限，不少于600字。 （2）文中不得出现真实的人名、地名。 （3）卷面整洁，字迹清楚。	文题中的"花朵"，并非指自然界中真实存在的植物花朵，而是一种喻化的表达，用来比喻难忘的人和事，或比喻一种精神。同时，既然是"花朵"，那一定是美好的、积极向上的、鲜艳亮丽的，因此选材要注意题目隐含的限定范围，写作时应着眼于对自己有非同一般意义、让自己深深感动、体验深刻、被珍藏在记忆深处的事件。这事件也许小到除了你自己、无人知晓；也许大到轰动一时、众所周知。比如可以写亲人无微不至关怀自己的亲情、可以写朋友之间误会消解后的真情，可以写师长耐心教诲的温情，也可以写历史文化名人的伟大精神和价值。不管材料大小，都要突显事件比喻化的"精神"和"情感"。个人的成长和成熟需要这些亲情、友情、真情、温情的灌溉及滋养，社会的运转和发展需要这些爱国精神、奉献精神、牺牲精神、无私精神的助力及推动。

（此文发表于《语文周报》）

第三章
教学设计是有策略的

一根火柴点燃的思维火花

　　鄂教版七年级语文教材课文《大自然的启示》是松下幸之助所写的一篇散文，写的是作者观察自然景物所产生的独特的人生感悟。在该课教学即将结束时，按照预先的设计，我让学生把本课的学习感受写在纸条上交给我。有位同学写道："通过学习这篇课文，我感受到了闻名世界的企业家松下幸之助的另一面——他是一个热爱观察自然，善于感悟，工于表达的人。我特别惊叹他善于从平常的细小现象中感悟到人生的大道理。我希望自己也能成为像他一样善于感悟的人。"看罢纸条，我不禁暗问自己：关于这篇文章的教学就到此为止吗？按照预先的设计，这篇文章的教学价值实现了最大化吗？经过一番思考和设计，我决定再上一节拓展训练课，在培养学生"观察——思考——表达"能力群上做点儿尝试。课堂实录如下。

　　教师：通过上节课的学习，很多同学非常佩服松下幸之助有一双善于观察的眼睛，更有一个善于思考的头脑，他总是能够从对平凡事物的观察中悟出人生的道理。其实，只要认真观察，展开联想，把观察到的现象与我们的生活实际联系起来仔细思考，我们也能从看似平凡无奇的现象中发掘出一点儿道理。大家愿意尝试一下吗？

　　（学生的兴趣被调动起来了，一个个摩拳擦掌，跃跃欲试。）

　　教师：现在，老师提供一种现象，看同学们通过观察和思考能从中悟出哪些道理。这种现象就是——擦火柴。

（教师从兜里掏出一包火柴，取出一根擦燃了）

学生片刻的思考。

学生1：星星之火，可以燎原。一根火柴虽然渺小，但它可以点燃一大片的草原。这告诉我们，不能低估看似不足道的东西的力量。

学生2：火柴，虽然擦燃以后生命不长，但燃烧了自己，照亮了别人。这是一种勇于献身的高贵品质，我们要学习这种精神。

学生3：（急不可待）我认为还可以这样来理解，凡是炫耀自己的，必定寿命不长。

教师：这些同学把擦亮火柴这个现象同我们的生活一联系起来，就形成了自己独特的感悟。同时，我们发现，如果从不同的角度来看问题，往往会得出不同甚至相反的结论。

那么，我们也来换个角度。刚才这几位同学都是从现象产生的结果中获得的人生感悟，那么，我们能不能从现象产生的过程中来作点儿思考呢？

学生4：火柴擦燃后发光是物理现象，燃烧的一刹那是化学现象，擦火柴的动作是物理现象，这告诉我们不同的现象有时是相互联系的，我们要善于思考各种现象之间的联系。

教师：你的思维真灵活，刚才你的发言给了我启示——火柴擦了可以燃，这是内因；火柴擦了才能燃，这是外因。这告诉我们，很多事情的发生，是内因和外因共同作用的结果。大家想一想，擦火柴的动作是物理的，火柴燃烧是化学现象……

学生5：我明白了，擦火柴的动作是物理的，火柴燃烧是化学现象，这说明事物在一定的条件下可以实现转化，或者可以发生变化。

学生6：（插嘴）运动产生变化，就像课文上说的云在溃散崩离中产生变化。

教师：对，我们的同学们具有了透过现象看本质的本领，真不简单！

（冷场。）

教师（启发）：其实，事物在运行的过程中，运行的方式不同，其结果也会不同。比如：火柴擦燃后，假如火柴头朝上……假如火柴头朝下……"运行方式"又是一个新的角度啊！

学生7：火柴头朝上，火柴燃得不旺，甚至会熄灭；火柴头朝下，就会充分燃烧。这就好比一个人，假如骄傲地昂着头，他就会退步，只有谦虚地埋头苦干，他才会进步。

（学生掌声。）

学生8：假如火柴梗折断了，我们不可以随便把它扔了，因为一般来讲，断火柴还是可以擦燃的。这就好比一个人虽然有缺点，但是我们也不可以放弃他，因为只要给他机会，他仍然会为别人做出贡献。

教师：你用"假如"这个词，打开了一条新思路，如果说刚才是变换思考的角度的话，现在你就是变换了思考的方向。

学生9（很快用上了新思路）：假如火柴被打湿了，使劲地擦，是擦不燃的，相反只会让这根火柴报废，应当烘干后再使用。这就启示我们，如果不具备一定的条件，蛮干硬干，会适得其反，应当创造条件或者等条件成熟了再干，这样才可能获得成功。

学生10：假如火柴盒的摩擦纸坏了，我们还可以用其他的办法使火柴燃起来。这就启示我们，达到目的的方法是多种多样的。但是，就使火柴燃烧而言，用摩擦纸可能是目前最方便的方法，也就是说，方法虽然多，但有好坏优劣之分。

学生11：点燃物体，可以使用火柴，也可以使用打火机，但现在的情况是打火机正在淘汰火柴。原因很简单，火柴不可以重复利用，打火机可以重复利用。这说明，进步的东西总要淘汰落后的东西。

教师：如果老师猜的没错的话，刚才发言的几位同学都是受到了他人的启示后才想出来的吧（学生点头表示认同。），你们的思想也产生了……

学生12：在相互的交流中可以产生思想的火花，就像摩擦可以产生火花一样。

学生13：假如老师的火柴一直放在干燥的地方，用的时候就点得着，假如一直放在潮湿的地方，就受潮了，点不着。这启示我们，环境对人和事物都是有很大的影响作用的。

学生14：假如用非常小的力、非常慢的速度擦火柴，火柴不会燃烧；假如用非常大的力或者非常快的速度擦火柴，火柴燃一下就会熄灭。这就告诉我们，做事情要把握好度，要恰到好处。

（冷场。）

教师（再启发）：思维老沿着一条路走就有可能走进死胡同。如果此路不通，是否可以考虑另辟新路？比如从事物的颜色、质地、长短、粗细等方面来思考……

学生15：火柴有红头的，有黑头的，还有绿头的，但都可以擦燃……（语塞）

教师：唯才是举，这个成语你懂吗？

学生15：对了，这就告诉我们，不要仅凭外貌判断一个人，要根据他的内心实质。就像火柴，只要能擦燃，我才不管它是红头黑头呢！

教师：仅仅看人如此吗？

学生15：判断事物，不要看表面现象，要看实质和结果。

学生16：火柴可以用来生火取暖，也可以用来纵火，关键要看是什么样的人在使用。就像核能，可以制成武器屠杀生灵，也可以用来发电造福人类。

教师：在我们的身边生活中有这样的现象吗？

学生17：有的同学买了复读机，根本就没学英语，而是天天在听歌；还有的同学，一有钱就买零食吃，从来没看过买书看。

教师：火柴也好，核能也好，复读机也好，钱也好，它们实质上都是工具。刚才的这些例子告诉我们——

学生18：很多工具到了人的手中，可以用来做好事，也可以用来做坏事，我们要利用工具做正确的事情。

学生19：火柴头离开了火柴棒，不能使用；火柴棒离开了火柴头，擦不燃。这就告诉我们，相辅才能相成。

学生20：老师的火柴盒里的火柴是有限的，擦燃一根就少一根。这就告诉我们，要让每一根火柴发挥它的作用，不能浪费。

学生21：我们的生命是有限的，过一天就少一天，我们要让每一天都过的有价值。

……

反思与评价：

（1）《语文课程标准》指出：教师"应创造性的理解和使用教材，积极开发课程资源"。这节课，教师在引导学生理解了教材之后，根据学生需求和教学需要，对教材内容进行了合理的拓展和开发，巧妙地通过一个思维训练点，搭建了一个可供师生交流的平台，在这个平台上，学生的创造性思维得到了全面的训练和展示。

（2）"教师是学习活动的引导者、组织者、促进者"。在这节课中，教师始终站在激发、引导、评价的位置上，最大限度地开发学生的思维。教师在充分预设的基础上，敏锐地抓住学生在课堂中生成的亮点，拓展更广大的、更深厚的思维空间，启发学生找到更多的话题，对思维进行更充分的训练。真正实现了"教师的作用是导而不是教"这句话。

（3）学生情感、态度、价值观的形成源于他们对自然、社会的观察与思考，源于他们对社会行为和自身行为的认同、拒绝和反思。学生在这节课中所表现出来的对真善美的赞赏和对假丑恶的贬斥的态度，以及在思维训练的过程中形成的科学的思维方法和世界观，必将对学生的成长形成深远的影响。

（执教：李汉祥　评价：王胜）

（此文发表于《教学案例》）

精心取材

——以记叙文写作材料的构思策略为例

一、教学目标

1.通过三组材料的分析，提炼出记叙文写作材料的构思策略；

2.形成从丰富的材料中探求写作规律的意识；

3.拓宽思维，形成从广阔的生活空间中找寻写作素材的思维习惯。

二、教学重点

1.通过三组材料的分析，提炼出记叙文写作材料的构思策略；

2.形成从丰富的材料中探求写作规律的意识。

三、教学难点

拓宽思维，形成从广阔的生活空间中找寻写作素材的思维习惯。

四、课时安排

一课时。

五、教学过程

（一）导入

常言说，巧妇难为无米之炊。意思就是说如果没有米和食材，再灵巧的双手也无法烹饪出精美的膳食出来。

相对于写作来说，这里所说的"米"和"食材"就是写作的材料。

那么，一如米和食材重要的写作材料如何去找？这就是我们这节课的主要任务和目标。

下面，我们就结合一则具体的例子，来探寻找寻写作素材的方法。

（二）呈例热身

请看下面这则作文题，大体说说你的构思方法，不需要太具体，说说你的策略就行。

有人说："我们一生都在行走。走过荆棘和坎坷，我们坚强了；走过流言与蜚语，我们沉稳了；走过嫉妒与狭隘，我们宽容了；走过疼痛与孤独，我们长大了……"是的，成长是一个不断前行的过程。不论路途是多么的遥远和艰辛，我们都没有停下自己的脚步，一路走了过来。驻足回望，每一处停留都是一幅美丽的风景。

请以"成长，因为我们走过了……"为题，写一篇不少于600字的文章。

三分钟后，学生发言。

教师可这样启发：拿到这样的题目，会在一瞬间接通我们的经历。或许是我们亲身的经历，或许是我们阅读后的积淀，或许是我们曾经听过的他人的讲述，或许是我们曾经的梦境，或许是我们曾经的心灵体验抑或期待……

这些都像放电影一样，在拿到题目的瞬间，一下子涌到我们的面前，供我们选择；也或者眼前一片空白，思绪不起半点波澜……

怎么办？

唯一的办法是唤醒！

怎么唤醒？有没有规律？

当然！回答是肯定的。下面，我们开始步入探寻之旅！

（三）探寻规律

探究一：请阅读下面第一组的三则情节概要，从内容与主题阐发的角度思考：这三则情节概要在材料的选择上有什么共同特征。

情节概要①　老师告诉我，这次月考我从全校第五名滑到了第五十名。一回家，我就冲进房间，关上门号啕大哭。妈妈冲了进来一把抱住我："乖，你怎么了？"爸也卷起袖子大踏步进来："说，谁欺负你了，我找他拼命去！"我连忙摇头。妈接着又问："你闯祸了？"我又摇头。妈妈连忙把手抚上我的额头……我甩开她的手，大声说："我没病！我考砸了，我都滑到全校第五十名了！"爸妈一愣，随即都笑起来："我以为天塌下来了！"爸还跟了一句："你搞这么大动作，我还以为你滑到第五百名了！""你闺女有那么差吗？！"我很快还嘴了。爸爸紧接着对妈妈说："好，正常了。你看看咱闺女流了这么多眼泪，你去煮杯牛奶给她补充水分，我来帮她分析原因。"夜深了，我起来小解，听到爸妈还在房里说话。我靠在门上一听，顿时泪流满面。妈说自己这段时间贪看电视，对我关心少了，造成了我成绩的下滑；爸也说这段时间外面应酬多了，回来很少和我沟通思想了，对我的思想动态把握不够。"这孩子从小个性就强，受这样的打击……唉，都是我们的错啊！"作为当事人的我已经睡下，没想到他们却还在反省。我在心里默念道："爸妈，你们也不容易。我也想过来了，受点挫折可以积累经验。你们放心，我会慢慢坚强，自己迈过生活的坎儿，让你们少为我操心！"

情节概要② 每天下自习，我都会和程功走过这段深深的、窄窄的小巷。我是出了名的胆小，在这段阴森可怕的小巷内，程功是我唯一的依靠。这天刚下自习，程功便说，这几天有急事先走。当我反应过来说"你等等我"的时候，他已经不见踪影。摆在我面前的现实是我必须独自走过那段黑黑的小巷。我对程功的离奇消失感到气愤，但又无可奈何。第一天晚上，我在巷口徘徊了半个小时，然后疯跑了过去；第二天晚上，我手握两块砖头，闭着眼睛摸索着过去了；第三天晚上，我捏紧拳头走了过去，却"意外"地在巷子出口碰到了程功。我恍然大悟。他为了锻炼我的胆量，他连续三天都提前走，但都躲在巷子出口看着我路过，直到我"成功"地走出，他才"意外"地出现。得知真相的我，万分感动，在朋友的帮助下，我走出了心灵的"小巷"。

情节概要③ 我一直不愿意母亲陪我练球，因为别的母亲都是坐在那里聊天，而我的母亲却遍地帮我捡掉在地上的乒乓球；别人的母亲总给教练提点新要求，而我的母亲什么都不说，只会憨憨地在地上捡球，偶尔帮我擦擦汗，递水杯给我。我从别人母亲眼里读出了鄙夷和不屑，我总是恶声恶气地让她到旁边休息，她却认为是我心疼她，反而开心地捡得更欢了。因为每次教练都陪我多练十分钟，有位妈妈看出端倪，上前发牢骚，说都是交一样的钱，为什么他要特殊。教练淡淡地回了一句："这位妈妈帮孩子捡球，孩子就能多出一半的时间来练习，进步自然要更大一些。多给十分钟给这个孩子，是表达我对他母亲的敬意！"那位母亲羞愧地退下。看到母亲脸上洋溢着自豪的笑容，我的眼角有些酸涩。想起我不止一次地拒绝她陪我一起来，甚至觉得自己母亲没有别人母亲聪明，我们付给教练钱了的，像捡球这样的事就应该是教练的事情，她这样免费为别人打工，真是不值得。经教练这么一提醒，我才知道自己的思想有多么的狭隘。或许妈妈并没有想到要博得教练的尊重，她只是把爱孩子付诸在行动上，但她却引导我走出了少年轻狂。

读有所感：以上三则情节概要都选择了令人感动的材料，第一则选择了父母的"反省夜话"的材料，第二则选择了朋友程功离奇失踪是为了锻炼我的胆量的材料。此二则材料分别从亲情和友情的角度切入，很好地展现了"我"走过生活的"坎"得以成长时，父母的关爱、朋友的帮助对我所起的作用，有效地表达了文章的主题。第三则材料虽然也是亲情，但视角已经拓展到了社会，教练评价妈妈的话语点醒了我，让我走出了少年轻狂，有效地表达了文章的主题。这三则素材都有一个共同的特征事例都让人感动，以感动作为落脚点，然后依照这个方向去选择材料，就会找到合乎题目要求的材料。

共同特征、规律总结一：让人感动，从传情的角度取材。

延拓：写人记事的文章，最能打动人的还是那些朴素的情感。生活中的些许小事，看起来很平凡，但持续坚持，就能让人感动不已；有时，是不经意的一个小动作、一个常被忽略的眼神、一句平淡的话语，甚至是一次默默地守候，在特定的情境下也能打动人。围绕在我们身边的有亲情、友情、师生情；走进社会，还有陌生人的关怀、帮助等，这些都是我们的取材范畴。我们需要做的是，以"感动"为坐标，去捕捉那些能够打动我们自己，同时也打动他人的人或者事。

探究二： 请阅读下面第二组的三则情节概要，从内容与主题阐发的角度思考这三则情节概要在材料的选择上有什么共同特征。

情节概要① 周末，我们举行家庭爬山活动，目标是三尖山的山顶。妈妈宣布了竞赛的规则和奖金：自由选择路径，最先到达山顶的可以获得100元的自由支配基金。妈妈是个胖子，我最大的竞争对手是爸爸。为了获得这100元的自由支配基金，我决定兵行险招——直线向山顶挺近，因为我身体灵活。爸爸、妈妈则选择了那条蜿蜒的盘山小道。比赛开始了，我手脚并用，迅速攀升到半山腰，把爸妈甩出老大一截。但刚才求胜心切，我用力过猛，体力消耗了大半，剩下的路更艰险，我的速度明显慢了下来，爸妈却慢慢逼近了。我慌忙一阵猛赶，在距离山顶约二十米地方的时候，我再也提不起半点力气，仰躺在一块突出的大石头上喘粗气，眼睁睁地看着爸妈超过我向山顶进发。后来，已经上山顶的爸爸下来把我"拖"上了山顶。这次爬山的经历让我深切体会到"欲速则不达"的道理。

情节概要② 星期一中午放学，我推着车走向校门，刚骑上车就发现车子摇晃得有点儿不正常。果然，车胎破了一条长达20厘米的口子。我只好换胎了。星期四早上上学，我发现才补了两天的车胎又破了！我只好匆匆叫醒妈妈，让她帮我补胎。星期六晚上，在书店看完书回家，发现车胎好像又破了。经检查，发现一个小钉子正狠狠地钉在我的新轮胎上。一个星期车胎连破了三次，难道真的是老天爷惩罚我？当然不是。反省这两天我所走的路，心中不由释然了：星期一早上我睡迟了，为了赶时间，我抄近路，路过了一个垃圾堆，里面的破玻璃毁了我的轮胎；星期三晚上，为了炫耀我的新轮胎，"考验"它的性能，我从台阶上冲了下去；星期六的晚上，因为太过于兴奋，不止一次把车子骑离了正道，一次又一次地穿过房屋装潢后的废料……

凡事都是有因果的，你做错了，就必须为你的行动付出代价，怨不得任何人。

情节概要③ 进入九年级，我感觉我整天都处于忙乱状态，便和妈妈商量，每天30分钟的练字时间就取消吧。妈妈不同意。说坚持了这么多年，已经成了习惯，突然改变很可惜。我火了，整天作业都做不完，我的每一分钟都在完成作业、思考问题，我的时间没有一点儿空隙。妈妈笑了笑，别忙着下结论，你看我做个实验。她取来一个瓷碗，装满一碗玉米粒，问我："还能装吗？"我摇摇头。结果她又拿出一小杯大米均匀地洒在玉米粒上，摇动了几下，大米居然又被装了进去，她又问："还能装吗？"我一下子明白了，说："当然，还可以装小麦面或者是水。"妈妈笑着点点头。我回顾我每天的学习生活，其实还是有很多空隙可以利用的。我可以在洗脚的时候背英语单词或者是读文章，改掉拖拉的毛病提高效率，把作业切割成小板块一点点来完成等。一段时间后，我的练字时间不仅保存了下来，而且还腾出了很多时间，完成了更多的任务，成绩也不断提升。从这里，我深切感受到：愚者只会发牢骚，做让步；而智者总是在想办法，去解决问题。

读有所感：第一则材料，为了突出表达"欲速则不达"的道理，作者选择了爬山的材料。第二则材料为了突出凡事都是有因果的，做错了就应该付出代价的道理，选择了自行车三次破胎的经历。第三则材料为了突出表达"愚者只会发牢骚，做让步；而智者总是在想办法，去解决问题"的道理，选择了妈妈做实验来启发我生活中其实是有许多可以利用的闲散时间的道理，让我做出了许多的改变并从中获益。这三则材料都能从感悟生活意义的角度入手，去选择合适的材料来写，起到了很好的表达效果。我们曾经学过的文章《走一步，再走一步》就是这样的。

共同特征、规律总结二：给人启迪，从述理的角度取材。

延拓：生活中有许多事蕴含着哲理，给人启迪。从感悟生活意义的角度去选取材料，我们会找到很多的突破口。比如以下生活中的哲理。

生活中的哲理句：

1. 做好第一次并不难，难的是做好每一次。

2. 思念折腾人，也锻炼人，更锻造人的性格的沉稳和感情的深沉。思念别人是一种温馨，被人思念是一种幸福。

3. 无过是一种假想，思过是一种成熟，改过是一种美德。

4. 精神操守方，思想方法圆；目标志向方，行动决策圆；严以律己方，宽以待人圆。

5. 断臂维纳斯在乐观主义者眼里是美丽的，在悲观主义者眼里是残疾的，在现实主义者眼里是美丽且残疾的。

6. 昨天是一张废弃了的支票，明天是一笔尚未到期的存款，只有今天是你可以支配的现金。

7. 社会就像鱼塘，虽然泥沙俱下，可要真是清水一潭也有点儿可怕。家庭就像鱼缸，需要清洗，需要换气，需要精心护理，不然就生存不下去。

8. 幸运之神的降临，往往只是因为你多看了一眼，多想了一下，多走了一步。

9. 使人疲惫的不是远方的高山，而是鞋里的一粒沙子。

10. 世上只有想不通的人，没有走不通的路。

如果，我们有意识地记忆一些这样的哲理句，我们就可以在它们的指引下，和我们的生活经历对接，许多鲜活的素材就会蜂拥而至。

探究三：请阅读下面第三组的三则情节概要，从内容与主题阐发的角度思考这三则情节概要在材料的选择上有什么共同特征。

情节概要① 夜晚，在前不着村后不着店的哀牢山深处，我们发现了一个休憩之所——小茅屋。小茅屋里面的生活物质齐全，主人留下的话语温馨。受到恩惠的我们对屋主人充满感激。这时，瑶族老人出现了，我们向他表示感激，他却说他不是主人，他也是受恩者，前来送粮食的。在交谈中，他打听到了屋主人是一个叫梨花的哈尼小姑娘。第二天，我们对小茅屋进行了修葺，并在梨花丛中发现了一群哈尼小姑娘，瑶族老人以为其中一个小姑娘就是梨花，行大礼，结果那个小姑娘说自己也不是屋主人，造屋的是解放军，最先照料小屋的是梨花姑娘，梨花姑娘前几年嫁人了，当然，自那以后，小茅屋就由她们来照料。寻了一圈的屋主任，原来凡是对小茅屋有过照料的人都是屋主人。到此我不由得想起一句诗——"驿路梨花处处开"。（彭荆风《驿路梨花》）

情节概要②　苏林教授发现了一个奇怪的事，有一个叫陈伊玲的学生初试成绩非常优异，复试成绩却令人失望。苏林教授非常生气，认为陈伊玲是个自暴自弃的女孩。但这个城市刚经历了台风的袭击，他认为要去寻找一下其中的原因。到了陈伊玲所住的地方，苏材教授才知道这里曾经发生过火灾，并从陈伊玲的弟弟口中知道了陈伊玲是个热心的团员，为了安置灾民，忙得一宿没睡，影响了嗓子，第二天才知道是复试的日子，匆匆赶去。这就是她为什么参加复试的时候是最后一个去的，而且前后成绩差别大的原因。苏林教师深受感动，对陈伊玲弟弟说，她的第二次考试已经被录取了，并迫切地想把这个误会告诉所有人。（何为《第二次考试》）

情节概要③　重感冒一个星期，重回学校的我最大的担忧是耽误了一个星期的课，我肯定要落后一大截。尤其是一个星期之后，学校就要进行期中考试，班级第一名一定要落在我的竞争对手李真手里。我有些无奈，这个感冒真不是时候。可打开抽屉，赫然发现各科笔记做得整整齐齐地放在那里。是谁这么好心？我把我的好朋友都问了一遍，她们都摇头说不是自己。那会是谁呢？笔记上的字很像李真，但我很快否定了，怎么可能是她！这可是她超越我的最好机会。由于复习时间紧，我就没有往下追究了。因为有了笔记的帮助，我几乎没有落下功课。期中考试如期来临，我发挥得很好，仍然稳居第一名。总结会上，老师表扬了我，说我虽然病了一个星期，但功课仍然没有落下。"好样的！"他向我祝贺。但他话锋一转，意味深长地说："你知道你能考第一名，最应该感谢的人是谁吗？"我一愣。李真连忙站起来说："老师，我们说好了的！""我知道，你说想和她公平竞争，但我不能让她蒙在鼓里。"老师转过身来对我说："帮你做笔记的人，你想过李真了吗？"一股羞愧涌上心头，我朝李真深深地鞠了一躬，真诚地说："谢谢！"李真接口说："恭喜你，期末我再和你争夺第一名！"教室里响起了热烈的掌声。

读有所感：第一则材料围绕谁是小茅屋的主人来选材，中间让瑶族老人、哈尼小姑娘适时出现，不断增添"我们"的误会，然后借哈尼小姑娘的口引出梨花姑娘和解放军叔叔，最后揭示主题——因为我们对小茅屋都做了贡献，也都受到了恩惠，我们都是小茅屋的主人。这样选材让读者在不断地疑惑中找到真相，增添了阅读的兴趣。第二则材料围绕陈伊玲初试和复试差别大的原因来选材。先是两次考试的状况描述，以前后成绩的极大的差异来设置悬念，然后用苏林教授的生气来铺垫，再通过陈伊玲的弟弟揭示真相，最后苏林教授欣然录取陈伊玲并迫切要告诉所有人这其中的误会。情节曲折，颇富情趣。第三则材料围绕"我"在生病期间谁帮助了"我"来选材。通过一系列的误会，最终让老师来揭示真相，突显了李真的乐于助人、光明磊落、公平竞争的优秀品质。让结局既在意料之外，又在情理之中，读来意蕴无穷。

共同特征、规律总结三：令人疑惑，从引趣的角度取材。

延拓：从人们认识事物的规律来说，离奇的情节和出人意料的结果，往往能让读者从心理上产生阅读的快感。所以，生活中许多的巧合和误会常被我们选作写作材料，通过层层设悬，步步解悬，最后才告知真相的方式来叙写文章，引发读者的快感。

六、总结

我们训练了考场记叙文写作时精细取材的三种方法：

让人感动，从传情的角度取材；

给人启迪，从述理的角度取材；

令人疑惑，从引趣的角度取材。

我们要认真体会，逐步融会贯通，善于从实践中总结提炼。

七、练习

要求：运用今天学到的取材方法取材，先写一篇情节概要，然后在情节概要的基础上扩写成一篇完整的作文。

（此文收录于《语文教学通讯·作文素材快线·中考特刊》）

"袋"装人生

——对生活琐事有点儿感悟

一、训练目标

能够从生活琐事中发现一点儿生活的意义，感悟出一点儿人生的哲理。

二、训练重点

怎样才能找到生活琐事中所蕴含的生活的意义或是哲理。

三、训练难点

感悟的层次有深浅，如何巧妙地将学生的感性认识提升到理性认识的层次上来，要突破这个"瓶颈"。

四、方法研究

本单元中的《走一步，再走一步》是一篇很典范的借鉴文章，我们可以从这篇文章入手，以生活中的常见的"袋子"为媒介，牵引出与"袋子"相关的系列生活琐事及其感悟，归纳总结提炼意义或哲理的规律，逐步引导学生形成对生活琐事有点儿感悟的意识。

五、媒体运用

投影，见附光盘中"课件\综合版\01'袋'装人生.exe"。

六、教学过程

（一）导语与前练

让我们一起来阅读《走一步，再走一步》课文片段，并联系全文说一说写了一件什么事，作者从中得到了怎样的感悟，再谈一谈这篇课文片段给了我们怎样的写作启示。

展板

暮色苍茫，天上出现了星星，悬崖下面的大地越来越暗。这时，树林里有一道手电光照来照去。我听到了杰利和我父亲的声音！父亲的手电光照着我。"下来吧，孩子，"他带着安慰的口气说，"晚饭做好了。"

"我下不去！"我哭着说，"我会掉下去，我会摔死的！"

"听我说吧，"我父亲说，"不要想着距离有多远。你只要想着你是在走一小步。你能办得到的。眼睛看着我电筒的光照着的地方，你能看见石架下面那块岩石吗？"

我慢慢地把身体移过去。"看见了。"我说。

"好，"他对我说，"现在你把左脚踏到那块岩石上。不要担心下一步。听我的话。"

这似乎能办得到。我小心翼翼地伸出左脚去探那块岩石，而且踩到了它。我顿时有了信心。"很好，"我父亲叫道，"现在移动右脚，把它移到右边稍低一点儿的地方，那里有另外一个落脚点。"我又照着做了。我的信心大增。"我能办得到的。"我想。

我每次只移动一小步，慢慢爬下悬崖。最后，我一脚踩在崖下的岩石上，投入了父亲强壮的手臂中。我先是啜泣了一会儿，然后，我产生了一种巨大的成就感。这是我永远忘不了的经历。

我曾屡次发现，每当我感到前途茫茫而灰心丧气时，只要记起很久以前我在那座小悬崖上所学到的经验，我便能应付一切。我提醒自己，不要想着远在下面的岩石，而要着眼于那最初的一小步，走了这一步再走下一步，直到抵达我所要到的地方。这时，我便可以惊奇而自豪地回头看看，自己所走过的路程是多么漫长。

指津

选文叙述的是被困悬崖的作者在父亲的帮助下，一步步走下悬崖，最终脱险的经历。得出的感悟是，面对任何困难，都不要去想这个困难是如何的巨大和难以克服，而是要把这个困难分阶段分解成一个个小的部分，然后一个一个地分步去解决，最终会战胜大困难。

启示：在生活琐事的叙述过程中，提炼出具有普遍意义的生活感悟，写成文章，就能揭示事件的意义，使文章深刻起来。

（二）授新与鉴赏

1. 什么是"感悟"？听老师做点儿讲解

小讲座

感悟，就是感受，就是体验。孙犁说："对生活的体验，就是对生活的感受。生活使我劳苦，使我休息，使我悲痛，使我快乐，使我绝望，给我希望，这就是体验。"

我们这里所说的"感悟"是对我们成长经历的理性概括，是对事物发展规律的总结提炼，还是对某个生活哲理的揭示与诠释等。

感悟往往是由某一点触发而产生的，这一点可能是某一次经历过程中的突然触动，也可能是某一次不经意观察时的刹那感慨；有可能是对某一个问题的瞬间顿悟，还有可能是对某一个观点的重新认识。但不管如何，它都让我们的情感起了波澜，让我们的认识有了提升，让我们对看似平常琐碎的小事有了深刻的理解。

那么，怎样才能从生活琐事中找到属于我们自己的感悟？让我们从日常生活中最常见的一样事物——袋子开始。（此时入题）

2. 先来看看"袋子"的神奇魅力

展板

最值得感恩的袋子——《基督山伯爵》中那只盛尸袋，是它挽救了唐太斯的生命。

最神奇的袋子——《西游记》中的乾坤袋，连堂堂齐天大圣都逃不脱被装进去的命运。

最有智慧的袋子——《三国演义》中的锦囊，诸葛亮用它装着的妙计料事如神。

最不该丢失的袋子——《水浒传》中宋江的公文包，因为它的丢失，宋江从此亡命天涯。

最保险的袋子——《欧也妮·葛朗台》中老葛朗台胸前装金库钥匙的小袋子。

最具欺骗意义的袋子——《儒林外史》中娄府两公子接到的袋子，原以为是张铁臂装的人头，到后来才知道只不过是个猪头。

最沉重的袋子——《热爱生命》中杰克装金沙的袋子，到生命垂危时才不得不丢弃。

最方便的袋子——你们知道，袋鼠、袋狼长在身上的袋子。

最矛盾的袋子——塑料袋，你们喜欢它，因为它方便；但同时也厌恶它，因为它污染环境。

最讨厌的袋子——眼袋，问问你们的妈妈，她们最有感受。

你还知道那些关于袋子的故事？

其实，"袋子"在现实生活中一直与我们息息相关，给我们诸多启迪和感悟。

3. 训练一：与学习生活对接

请看下面两则关于"袋子"故事。思考：这两则关于"袋子"的故事分别是从哪个角度提炼人生感悟的？

展板

故事一　由于英语单词老是记不住，或一记就忘了，我不得不在周末"补火"，在烈日的树荫下边守着晒在稻场里的豆子（怕牛马来糟蹋），边背单词。正当我捶着自己的脑袋，自责着自己真笨的时候，天空阴沉下来。爸爸一声令下，一家人开始抢装稻场里的豆子，两个人合作，一人撑着袋口，一人拿木锨往袋子里装。装满一袋换一只袋子装的时候，我发现一只袋子底有个洞，怪不得老是装不满。爸爸扯过几张报纸，边塞漏洞边说："袋子是漏的，要么把漏洞堵起来，要么装得比漏出来的快，否则永远装不满。"

我停下手，脑袋里闪过一丝灵光：我的记性可不就是一只破袋子吗？边往脑袋里装单词，边往外漏单词。这个漏洞堵起来是不可能的，可是我可以装得比漏出来更快呀！（《记忆的破袋子》）

故事二　放学了，踏上回家的路，到校门口的时候，忽然感觉到了自己的寒酸。拥在放学的人流中的，竟然只有包括我在内的几个人拎着方便书袋，我们这些"寒酸同盟"，被一大群挎着精美书包的人挤压成了"穷人"。这些包中，有真皮的、品牌的、时尚的，放学的人流整个成了"名包秀"。也就在这时，一位"名包族"脚下不知被什么一绊，差点儿摔倒在地，肩上的包晃荡了一下，把里面的物品一股脑儿倾泄在路面上：手机、MP3、耳机线、成人杂志、梳子、镜子、刀子、口红、眼影……我愕然了——竟然没有一样学生书本或用具！她狼狈地胡乱捡拾着地上的物品。我一下子伸直了脊梁，因为我的包里只有书本和文具，何来这些花花绿绿。原来，华美的包也有盖不住心灵虚无的时候。（《装不下的空虚》）

指津

这两则故事都是通过相似联想，将"袋子"的故事与学习生活对接起来，感悟其中的一些道理。故事一将袋子有漏洞与记忆有漏洞对接起来，得出必须让记忆容量大于遗忘数量的启示，也就是说，只有记得多才能弥补记忆的漏洞。故事二将袋子的品牌与袋中的内容进行对比式对接，得出再华美的外表也无法装衬心灵的空虚的结论，人只有靠勤奋努力的学习才能充盈自信，这则故事是对那些虚有其表而腹中空空的人的一种辛辣讽刺。

可见，将生活琐事的意义与学习生活对接起来，能够清晰地表达我们对生活琐事的感悟，这是途径之一。

请用与学习生活对接的角度，为下面这则关于"袋子"的故事拟写一个关于生活感悟的结尾。

小练

周末的作业还没有做完，但是我已经两个多小时没有挪窝了。终于熬不住的我，扔下笔，冲出屋去。在出门的刹那，我被墙角的一幕所吸引。角落里有两个袋子，都是最常见的蛇皮袋。一个装满粮食，鼓鼓地挺立着；另一个什么也没有装，蔫蔫地趴在地上。我想：那只装粮食的袋子，即使倒下，也应该是鼓鼓地挺直着身子；而那只没装东西的袋子，即使扶起来，也终究会躺下。

备案

（1）空袋子总是躺下，实袋子才会直立。真才实学，决定了我们的人生姿势。我揉揉眼，伸展了一下手脚，又回去继续去做作业。

（2）实袋子之所以能够挺直身子，是因为它的内部装满了有用的东西——粮食。只有用知识把大脑充实了，我们才能理直气壮地挺直身子，因为丰富的学识是我们自信的基础。我伸展了一下身体，重新坐了下来，心情不再烦躁。

4. 训练二：与做人品性对接

欣赏下面两则关于"袋子"故事。思考：这两则关于"袋子"的故事是从哪个角度提炼人生感悟的？

展板

故事三 这天我要去上学，由于是住读生，妈妈把我要带的东西塞了两大包。出门的时候，我心疼妈妈一天的辛苦，自己一前一后背起了两个大包。走出不多远，跟在身后的妈妈笑了："孩子，两个包新旧不一，一个漂亮，一个丑陋，你为什么把漂亮的背在前面，把丑陋的背在后面呢？"我一看，可不是？这是自然的一种行为，我想：没有哪个人会把丑袋子放在前面，美袋子放在后面。一路上，我的头脑中萦绕着这件事情，却不自觉地想起班上刚发生的另一件事情。上周竞选班长的时候，几位竞选对手争得面红耳赤，争先恐后地列举自己的优点、指责别人的缺点，气氛热烈，但我总觉得有些异样。当时我并不明白为什么，现在我终于明白了。

其实，每个人都有两只袋子：一只装自己的优点，一只装自己的缺点。人们习惯性地把装优点的袋子放在身前，装缺点的袋子放在身后。所以，人们往往只能看到自己的优点和别人的缺点。（《人生的两只袋子》）

故事四　一次陪妈妈逛商店，我们在一家店里买了一双鞋，我直接穿在脚上，手上拎着旧鞋。走出店门的时候，导购阿姨递过来一个袋子，我摇摇头说："拎着就好，谢谢您。"阿姨坚持说："装上吧，拎双旧鞋多不方便。"我欣然接受了，由她把旧鞋装起来，拎着出了门。坐在回家的车上，我打量起手中的袋子来，袋子是纸质的，四四方方，有些精美，上面印着那家店的名号、联系方式、服务承诺等信息，我不由佩服起店家的聪明来，这可不就是个广告嘛！和以往看电视广告、接宣传单等有所不同的是，我非常高兴地接受了它！

要想取之，必先予之。我在佩服商家的聪明之余，不禁陷入了深深的思考：对待生活的态度，决定做人的品质——与人方便，自己方便。商家善为顾客着想的品质也成就了自己的宣传效应。（《袋子营销》）

指津

这两则故事都是将事件的意义与如何做人对接起来，感悟做人的一些道理。故事三巧妙地将放在前面的新袋子与放在后面的旧袋子分别与人的优缺点相联系，得出人们在潜意识中都习惯于只看自己的优点和别人的缺点，而忽略自己的缺点和别人的优点的道理，发人深省；故事四将商家为宣传而替顾客准备的方便纸袋与做人的品质相联系，提炼出商家营销策略的背后所蕴藏的做人本质的问题。看似是无心之举或是为了某种利益的做法，但都与一个人的品性息息相关。

因此，将生活琐事的意义与做人品性对接起来，能够清晰地表达我们对生活琐事的感悟，这是提炼生活琐事背后哲理的途径之二。

请用与做人品性对接的角度，为下面这则关于"袋子"的故事拟写一个关于生活感悟的结尾。

小练

我从七岁开始打乒乓球，六年过去了，我获得过区少儿乒乓球赛冠军，在身边几乎找不到对手。每次和人交谈，我就和他们谈乒乓球，谁让我对它最珍爱呢？那次和妈妈一起乘公交车回家，我和几个同学侃了一路的乒乓球，尤其是那次获得冠军过程，那可真是神采飞扬、意气风发。妈妈用似乎带有深意的眼神看了我几眼，想说什么，但终于什么都没有说。其实，我也从几个同学的脸上看到了不耐烦和敷衍。临进家门时，妈妈提着太多东西，让我从她的包里找家门钥匙。妈妈的提包口袋真多，我唰唰地拉开一道道拉链，妈妈提醒我说："在我看来，咱们的家最重要，家门钥匙一定在最里层的那个口袋里。"我拉开大口袋里面的小口袋，果然找到了。走进家门的时候，妈妈的话又回荡在我的耳旁，我愣愣地有所思考。

备案

（1）人们总是把最珍爱的东西，珍藏在口袋的最里层。从此，我极少和人侃乒乓球。

（2）成绩是用来收藏的，而不是用来炫耀的。从此，我与人聊乒乓球不再讲那次大赛的荣耀，只谈教训和收获。

5. 训练三：与社会现实对接

欣赏下面两则关于"袋子"故事。思考：这两则关于"袋子"的故事是从哪个角度提炼人生感悟的？

展板

故事五 走进家门的时候，我看到了挂在门内衣帽架上的三只包（或者统称袋）。那只敞口的硬塑料袋无疑是奶奶的，奶奶每天早晨会把它拎在腕上出门，回来的时候，里面就盛装着一家人今天要吃的菜。那宽带子、鼓鼓囊囊的皮包，就是妈妈的，清楚地记得，家中所有的支出都是从那只袋子里取出来的，它简直算得上一个取不尽的银行。那只小巧玲珑的长带小红包，就是姐姐的了，她文雅地背着这只包进进出出，我却时常发现它是空的，用姐姐的话说："那叫一个装饰，背的是'派儿'！"

我禁不住一笑：原来袋子也有年龄，袋子里面装的其实是时代啊！（《祖

孙三代的包》）

故事六　中午，爸爸正在看报纸，突然放下报纸慨叹："你说国家花那么大气力治理塑料袋，怎么一年下来塑料袋的使用量还是居高不下？看来，这不是超市收费就能解决的问题，国民素质才是关键哪！"妈妈在一旁织毛衣，头也没抬地说："你还真是忧民忧国忧世界！都像你这样想，塑料袋早就禁下来了。"爸爸得意地说："那是！"又捧起报纸看起来。到晚上，爸爸兴冲冲地下班回来了，手里拎个塑料袋高声叫着："孩子他妈，晚上烧甲鱼！"妈妈从厨房探出头来："哟！忧世界的人还是得用塑料袋嘛！"爸爸呆望着手里的塑料袋，搔搔后脑勺，不知道该把那东西往哪儿放。

一个袋子怎么会惹这么大的祸？责任不在袋子本身，而在习惯。我们的许多习惯都是明知不好，却始终摆脱不了。（《袋子惹的祸？》）

指津

这两则故事都是将事件的意义与社会现象对接起来，从小故事延伸到社会生活中的一些大道理。故事五将家人的包包（袋子）与家人的身份地位、承担的社会责任和这个社会的潮流对接起来，通过家人包包（袋子）的特征，浓缩了当今社会的特征。故事六将爸爸言行不一的矛盾与当今国家禁塑对接起来，提炼了禁塑的关键在于改变人们的观念和习惯的观点。

由此看来，将生活琐事的意义与社会现实对接起来，能够清晰地表达我们对生活琐事的感悟，这是途径之三。

请用与社会现实对接的角度，为下面这则关于"袋子"的故事拟写一个关于生活感悟的结尾。

小练

姑姑经营着一家投资公司，生意还不错。姑姑生平最大的嗜好就是购买包包和手袋，凡是自认为好看的或是别人说好看的，一定想千方设万计把它买回来，新鲜几天后便丢在一旁，然后再去淘新的包包。姑父说姑姑是个"购包狂"，以至于家里有近百个大大小小的包包，简直可以开包包博览会了。我曾问姑姑，这些包包里面最喜欢的是那个。姑姑说没有最喜欢的，这个阶段流行什么包，我就背（提）什么包。我有些不以为然，这不是跟风么？最近，听说姑姑的公司有些问题，姑父含混地说，公司一直跟着潮流走，什么赚钱投资什么，结果市场变化太快，许多产品积压，资金已经无法周转。我一愣：姑姑经营公司的理念该不是和她买包包的想法一样吧？

备案

（1）如果自己的大脑让别人的思想来跑马，注定要失败。

（2）在激烈的社会竞争中，如果没有自己的特色和品牌，仅靠投机取巧和拾人牙慧是不可能获得持续发展的。

（三）总结与生发

小讲座

对生活有所感悟的方法有多种，不仅仅是上面的三种，还有与情感融通、与自然规律对接等等，需要我们多观察、多思考、多归纳、多总结、多提炼。

比如，下面两则短文是与情感融通的例子。我们可以仔细阅读，体味体味。

故事七　说起袋子，就有数不清的记忆。有一次在小雨中路过一块农田，田里还有一位农民大伯在劳作，他把一只蛇皮袋相对的两角往内一塞，就成了一件雨披，令路边无伞无雨衣的人好生羡慕；还有一次，也是在刮着寒风的路上，一对中年夫妻骑乘一辆摩托车慢慢地前进，后座上的女士，把自己硕大的背包放在男士的肚皮前，挡着寒风，相偎的两人令人觉得温暖；还有一次是在家里，两个三四岁的小客人在地板上嬉闹，把他们妈妈包里的东西倒出来，把包套在头上当帽子，比较着谁更像怪兽，那种快乐真让人受感染……

你知道吗？袋子的功能不只是盛装物品，它还是盛装着温暖与快乐的东西。

（《袋子的妙用》）

故事八　家里的小储藏室，却是妈妈的大世界。每隔一段时间，妈妈就要把家里过时的东西收拾到一起，分门别类用袋子装起来——玩具、衣服、鞋子、厨具等等，再堆积在储藏室的架子上。时间长了，架子上就放满各色各样的袋子。有一次我在妈妈清点那些东西时，好奇地问："妈，那些东西没什么用处，收它们干什么？"妈妈从容地一笑："我收到袋子里的东西，虽然都不再是有实用价值的东西，但它们绝对是有代表性的东西。你看这双小鞋子，是你穿的第一双鞋，现在它只能装下你的脚拇指了。"

我似乎明白了：袋子的收藏，其实是用心的生活态度；一个善于珍藏过去的人，一定是一个珍惜现在的人。

（《妈妈的珍藏》）

（四）实践与练习

练习

以"袋子给我的启示"为题，写一篇记叙文，要求运用今天所学的方法，表达对生活的感悟。

授后留白

其实，在我们的生活中，能够勾连生活琐事的不仅仅只有"袋子"，生活中的许多物品都具备这个功能，为了巩固所学的这些方法，甚至探究更新的方法，我们可以自己开辟一些训练的小话题，比如对下面这些物品所构筑的生活琐事来进行感悟训练：

① 桌凳　　　　　　　　② 电灯

③ 水龙头　　　　　　　④ 织网的蜘蛛

⑤ 爬墙的蚂蚁　　　　　⑥ 书柜

（此文收录于《微点作文教案》作文周刊出版社，主编：周更武、郑西银）

校运会上的那些事儿

——多视角下的动作描写训练

一、训练目标

1. 引导学生体会动作描写的作用。

2. 训练学生熟练运用动作描写来刻画人物形象。

二、训练重难点

熟练运用动作描写来刻画人物形象。

三、教学过程

（一）导入与热身

上周，区运动会在我们学校举行，你观摩了盛况了吗？你看到了哪些精彩的瞬间？你能描摹出这些精彩的瞬间吗？

今天，我们就借助"校运会上的那些事儿"这一话题来窥探动作描写的规律，学会运用动作描写。

（二）明理与铺垫

小讲座

动作描写也叫行动描写，它是刻画人物形象的手段之一，也是表现人物的思想情感、性格特点最直接，最基本的方法之一。

动作描写应该注意：①符合人物特点；②动作鲜明、准确有个性；③文字要具体、生动、细微；④每个动作的选择都是为了表现人物、推动情节、服务主题。

（三）探究与训练

训练一：借助慢镜头突显细节

请同学们比较下面三个片段中AB两段文字的内容，思考动作描写有怎样的表达规律。

A：4×100接力赛选手名单是通过集体投票产生的，小辣椒落选了，她非常生气。

B：4×100接力赛选手名单是通过集体投票产生的，小辣椒落选了。本来她**倾**着上身，**竖**着耳朵，两手**抓**着桌沿，现在听到班长念到最后一个人名字却没有她时，她猛地**站**起来，**噘**着小嘴，双手一**叉**腰，脚下一**跺**，**丢**了一句“你们太小瞧人了”便**摔**门扬长而去。

A：于飞第三次试跳，终于成功了。

B：这已经是第三次试跳了，因紧张、焦急，于飞涨红的脸上冒出了一层细密的汗珠。他习惯性地活动了一下脚踝，以缓解紧张的情绪。接着，他**吸**了一口气，半**弓**着腰，双唇**抿**着，眼睛**盯**着十几米外的跳板。然后，他后脚猛地发力，只见人影一闪，他**腾**身而起，远远地**落**在沙坑内，跳出了最好的成绩！

A：后勤组的“胖胖”同学太可爱了。

B：后勤组的“胖胖”同学左臂**抱**着参加3000米长跑比赛同学的上衣和裤子，右手**举**着班旗，**跟跑**在其他跟跑同学的屁股后面，一边还不忘**叫**一声“加油”。左手中的衣裤不停地掉下来，他也不断地**停**下来捡起衣裤往左臂弯中一**塞**，再**站**起身来跟上，配着他身上的黄色运动衣，活像一只大棕熊。

策略：放慢节奏，分解动作，放大细节。

名家也是这样做的——

鲁迅的《从百草园到三味书屋》

A.弄个竹筛，弄点秕谷，等鸟雀吃的时候，拉绳子，就捉住它们了。

B.**扫**开一块雪，**露**出地面，用一枝短棒支起一面大的竹筛来，下面**撒**些秕谷，棒上**系**一条长绳，人远远地**牵**着，看鸟雀下来啄食，走到竹筛底下的时候，将绳子一拉，便**罩**住了。

训练二：添加修饰语丰富画面

请同学们观察B段文字中括号中的内容，思考其表达的规律。

> A：4×100接力赛选手名单是通过集体投票产生的，小辣椒落选了，她非常生气。

> B：4×100接力赛选手名单是通过集体投票产生的，小辣椒落选了。本来她（小心翼翼地）倾着上身，（紧张地）竖着耳朵，两手（牢牢地）抓着桌沿，现在听到班长念到最后一个人名字却没有她时，她猛地站起来，噘着小嘴，双手一叉腰，脚下（狠狠地）一踩，丢了一句"你们太小瞧人了"便摔门扬长而去。

> A：于飞第三次试跳，终于成功了。

> B：这已经是第三次试跳了，因紧张、焦急，于飞涨红的脸上冒出了一层细密的汗珠。他习惯性地活动了一下脚踝，以缓解紧张的情绪。接着，他（深）吸了一口气，半弓着腰，双唇（紧紧地）抿着，眼睛（死死地）盯着十几米外的跳板。然后，后脚猛地发力，只见人影一闪，他腾身而起，（远远地）落在沙坑内，跳出了最好的成绩！

A：后勤组的"胖胖"同学太可爱了。

B：后勤组的"胖胖"同学左臂（环）抱着参加3000米长跑比赛同学的上衣和裤子，右手（高）举着班旗，（笨拙地）跟跑在其他跟跑同学的屁股后面，一边还不忘（短促地）叫一声"加油"。左手中的衣裤不停地掉下来，他也不断地停下来（跪下半膝）捡起衣裤往左臂弯中（随意）一塞，（摇晃着）站起身来跟上，配着他身上的黄色运动衣，活像一只大棕熊。

如何添加——

营造氛围嵌入

表达情感嵌入

凸显特征嵌入

名家也是这样做的——

李森祥的《台阶》

有一天，父亲挑了一担水回来，噔噔噔，很轻松地跨上了三级台阶，到第四级时，他的脚抬得很高，仿佛是在跨一道门槛，踩下去的时候像是被什么东西硌了一硌，他停顿了一下，才提后脚。那根很老的毛竹扁担受了震动，便"嘎叽"地惨叫了一声，父亲身子晃一晃，水便泼了一些在台阶上。我连忙去抢父亲的担子，他却很粗暴地一把推开我："不要你凑热闹，我连一担水都挑——不动吗！"

训练三：巧设穿插语揭示内涵

请同学们阅读下面的三个片段，思考这些片段中加上了划横线的黑体文字后，表达又发生了哪些变化，其中有怎样的表达规律。

① 4×100接力赛选手名单是通过集体投票产生的，小辣椒落选了。本来她（小心翼翼地）倾着上身，（紧张地）竖着耳朵，两手（牢牢地）抓着桌沿，现在听到班长念到最后一个人名字却没有她时，她猛地站起来，撅着小嘴，双手一叉腰，脚下（狠狠地）一跺，丢了一句"你们太小瞧人了"便摔门扬长而去。她的那么一点儿小身板，居然有这么大的力气。大家面面相觑，愣在那里。

②　这已经是第三次试跳了，因紧张、焦急，于飞涨红的脸上冒出了一层细密的汗珠。他习惯性地活动了一下脚踝，以缓解紧张的情绪。接着，他（深）吸了一口气，半弓着腰，双唇（紧紧地）抿着，眼睛（死死地）盯着十几米外的跳板，仿佛要把这段让他屡屡犯错的距离深深地刻印在脑海里。然后，后脚猛地发力，只见人影一闪，他腾身而起，（远远地）落在沙坑内，跳出了最好的成绩！

③　后勤组的"胖胖"同学左臂（环）抱着参加3000米长跑比赛同学的上衣和裤子，右手（高）举着班旗，（笨拙地）跟跑在其他跟跑同学的屁股后面，一边还不忘（短促地）叫一声"加油"。左手中的衣裤不停地掉下来，他也不断地停下来（跪下半膝）捡起衣裤往左臂弯中一塞，（摇晃着）站起身来跟上，配着他身上的黄色运动衣，活像一只大棕熊。真难为他了，平常一点儿事都不做、体育课上一圈都跑不下来的他，抱着这么多的衣裤居然跑了这么远还没有倒下，奇迹啊！

如何巧设穿插语——

揣摩心理

表达感悟

融情评价

采用这种方法可以从解说人物动作的用意入手，可以从对某些动作感悟或他人表现的角度入手，也可以借助对比、烘托的方式表达对人物行为动作的态度、评价的角度入手，我们可以从实践中逐步总结归纳。

名家也是这样做的——（请看黑体字部分）

1. 都德的《最后一课》

我每次抬起头来，总看见韩麦尔先生坐在椅子里，一动也不动，瞪着眼看周围的东西，**好像要把这小教室里的东西都装在眼睛里带走似的。**

2. 巴尔扎克的《高老头》

老头身子一纵，扑上梳妆匣，**好似一头老虎扑上一个睡着的婴儿。**

3. 夏浩然、樊云芳《"飞天"凌空——跳水姑娘吕伟夺魁记》

轻舒双臂，向上举起，只见吕伟轻轻一蹬，就向空中飞去。一瞬间，她那**修长美妙的身体犹如被空气托住了，衬着蓝天白云，酷似敦煌壁画中凌空翔舞的"飞天"。**

四、总结与生发

今天我们训练了用动作描写刻画人物的三种方法：**借助慢镜头突显细节、添加修饰语丰富画面、巧设穿插语揭示内涵**。但方法不仅仅只有这几种情况，需要我们在平常的训练过程中不断地总结和提炼。

五、实践与练习

请大家任选一种情境，借助你的生活经验，运用今天学到的多视角摹写动作的方法，写一段关于动作描写的片段。

1. 他（她）高兴坏了。

2. 他（她）难受极了。

3. 太尴尬了。

4. 最打动我的那一瞬。

六、分享与交流

（内容略）

中篇

作文篇章探微篇

第四章
写作技法是有规律的

铺垫：暗流涌动，蓄势待发

——让文章的情节充满跌宕起伏的韵味

一、话题阐释

铺垫是在一个人物出场前或者一个事件发生前，预先布置局势，安排一些情节场景作为征兆，制造气氛的一种表现手法。

铺垫能使文章结构严谨，在情节发展上构成伏笔和照应，使故事既出乎意料之外，又在情理之中。还可以渲染气氛，形成"山雨欲来"的情势，促使读者产生期待、盼望的急切心情，从而增强文章的吸引力和表现力。

常用的铺垫策略主要有以下四种方式。

（1）背景式铺垫，即交代故事发生的原因或环境。文中常运用环境描写来为故事情节做铺垫，这样能使故事显得更真实、更合理。

（2）衬托式铺垫，即用次要情节正面衬托主要情节。往往在主要情节出现之前，先用次要情节反复进行渲染，造成舍我其谁的效应，然后推出主要情节。主要情节自然就"水涨船高"，从而达到震撼人心的艺术效果。

（3）反差式铺垫，即铺垫的方向与情节发展的方向相反。这样一来，前面的铺垫与后面的情节形成巨大的反差，情节跌宕，意味深长，表达的艺术效果就尤显强烈。

（4）铺陈式铺垫，在抒情散文中，对景物的描写、铺排往往是为下文的抒情、议论做铺垫。在叙事作品中，铺陈式铺垫是在情节的叙述过程中，不断呈现新的暗示，然后在后文的情节中得到呼应，达到一种环环相扣的艺术效果。

二、文题展示

文题：永远的_____

要求：先把题目补充完整，写一篇不少于600字的文章。要求做到文从字顺，能表达真情实感。除诗歌、戏剧外，文体不限。

三、遗憾作文一

永远的母爱

斯 干

外婆病了，我和母亲搬回舅舅家住。（**开篇交代缘由，简洁。**）

到了舅舅家，我才知道，外婆得了老年痴呆症，根本就不认得我了。见了我，她一愣，说："你是谁家的孩子，怎么这么像我家的小小啊？"（**小小是谁，应该有所补充交代。**）我有些哑然。舅舅连忙过来将我拉走："别听她胡说，她现在除了对你妈妈还有点儿印象之外，谁都不认识，包括你外公、包括我，甚至这个家，天天叫嚣着要回家去，却不知道她究竟要回到哪个家去，唉！"舅舅一脸的无奈。吃饭的时候，大家围在一起，妈妈帮外婆夹了一筷子菜，外婆突然扬起头说："小小，他们怎么天天在我们家吃饭，太讨厌了，把他们赶出去。"说完便摆出一副不耐烦和不情愿的状态来，弄得一家人哭笑不得。（**舅舅的话从侧面来写外婆的反常表现，外婆的语言与神态、动作的描写是从正面来写外婆的反常表现，均为后文主题的表达做铺垫，属于反差式铺垫。只是外婆的语言不太符合人物的身份。**）

我总算明白母亲为什么要搬回舅舅家住了，因为外婆一刻也离不开妈妈，除非她认为我妈妈上学去了。（**此处表达很笼统，细致一些、具体一些就更好了。**）家里人看准了这一点，每当外婆闹着要回家的时候，就吓她："再闹，再闹小小就不要你了。"外婆便会立刻安静下来。（**此处小细节突出了我母亲"小小"在外婆心目中的地位。**）

腊月十八，外婆的生日，来了一大桌客人为外婆祝寿。母亲亲自下厨。这时外婆不和任何人说话，也不理会别人对她的祝福，眼睛只盯着桌上的菜。每当舅妈端上来一个菜，她都要夹一大筷子菜放在碗里，自己却一口都不吃，客人们都很疑惑，但都不敢说什么。

当上完最后一道菜，母亲也坐了下来，正在同客人客套，外婆忽地从座位上站起来，一把抓住母亲，把母亲拖到自己座位上，说："小小，我帮你抢了点儿菜，你快点儿吃，下午还要上学呢。"母亲愣住了，看着那堆成小山似的菜，和外婆那满是慈祥的笑脸，不禁嚎啕大哭。（**此处不大合乎常规，母亲是成年人，又有外客在，母亲不会失态而痛哭，如果将母亲的感动表达得更含蓄些就好了。**）在外婆的心中，所有的记忆都已经消失殆尽，但她始终记得她还是一个母亲，她还要照顾她的小女儿！真是伟大的母爱！（**结尾升华主题还做得不够，但太过于直接，缺乏点化技巧。**）

失误剖析：

本文记叙了"我"外婆因为患老年痴呆症后的种种不正常的表现，热情讴歌了外婆那永不泯灭的伟大母爱。文章正面与侧面描写交叉进行，将外婆的怪异行为写得比较详尽，铺垫笔法用得也非常巧妙，显示了作者较为深厚的构思、布局功底。但仍然存在三点不足：一是文章没有注意到人物的身份，有些情节的出现显得不够真实。如外婆对我母亲说"小小，他们怎么天天在我们家吃饭，太讨厌了，把他们赶出去"有损外婆的形象。还有后文中的母亲因为外婆而感动得大哭不太合适。二是部分铺垫情节显得比较笼统，缺乏细节刻画，没有起到铺垫的作用。三是结尾主题升华部分太过于直接，前面的铺垫在这里没有得到很好的回应，缺乏点化技巧。

四、升格佳作

永远的母爱

斯 干

外婆病了，我和母亲搬回舅舅家住。

到了舅舅家，我才知道，外婆得了老年痴呆症，根本就不认得我了。见了我，她一愣，说："你是谁家的孩子，怎么这么像我家的小小（小小就是我妈妈的乳名）啊？"我有些哑然。舅舅连忙过来将我拉走："别听她胡说，她现在除了对你妈妈还有点儿印象之外，谁都不认识，包括你外公、包括我，甚至这个家，天天叫嚣着要回家去，却不知道她究竟要回到哪个家去，唉！"舅舅一脸的无奈。吃饭的时候，大家围在一起，妈妈帮外婆夹了一筷子菜，外婆突然扬起头说："小小，这些都是什么人啊，怎么天天在我们家吃饭啊？我们家也不富裕，吃完饭让他们各自回去吧。"说完便摆出一副不耐烦和不情愿的状态来，弄得一家人哭笑不得。

我总算明白妈妈为什么要搬回舅舅家住了，因为外婆一天到晚只念叨一个名字——小小——她的小女儿——我的母亲。每次看到我妈妈，外婆脸上都会露出异样的笑容，叫她"小小"，还说："你刚才又到哪去了，放学了怎么还不来陪我说话？"其实小小的儿子——我都快初中毕业了。家里人看准了这一点，每当外婆闹着要回家的时候，就吓她："再闹，再闹小小就不要你了。"外婆便会立刻安静下来。

腊月十八，外婆的生日，来了一大桌客人来为外婆祝寿。母亲亲自下厨。这时外婆不和任何人说话，也不理会别人对她的祝福，眼睛只盯着桌上的菜。每当舅妈端上来一个菜，她都要夹一大筷子菜放在碗里，自己却一口都不吃，客人们都很疑惑，但都不敢说什么。

当上完最后一道菜，母亲也坐了下来，正在同客人客套，外婆忽地从座位上站起来，一把抓住母亲，把母亲拖到自己座位上，说："小小，我帮你抢了点儿菜，你快点儿吃，下午还要上学呢。"母亲一愣，连忙抱歉地冲大家笑了笑，把外婆拉到客厅的沙发上坐下，并端过外婆为她盛满菜的碗。回来时，我分明看到母亲的眼睛红红的，眼角挂着一颗不易觉察的泪珠。

我突然明白了母亲流泪的真正含义，外婆的灵魂在长期疾病的折磨中已经慢慢死去了；但始终顽强地挺立在那儿的、一直不肯放弃的，是那颗时刻惦记着儿女的——母亲的心。

亮点解读：

升格后的习作主要有四大亮点：一是内容的铺叙与主题的升华得到巧妙的融合。叙述过程中反复描写外婆的反常表现，吊住了读者的胃口，文尾的主题升华却显得异军突起，盛赞外婆那永不停止的伟大母爱，形成了一种震撼人心的表达效果。二是注重了细节点染。无论是外婆反常的举动还是母亲因为外婆疼爱而感动的神态、动作，都描摹得非常细腻，有助于情感的表达。三是巧用侧面描写增强表达效果。舅舅的话揭示了外婆反常行为的原因，也为后文的情节做了铺垫，还有来客见到外婆反常举动的疑惑神态、母亲感动后的表现等都侧面很好地烘托了外婆的形象。四是结构安排巧妙。文章的主体部分是层层垫起的反向铺垫，有效地突出了文末的主题的突转，使看似啰嗦的铺垫过程一下子具有了别具匠心的韵味。正因为有了这四点优点，此文才显得构思美、结构美、行文美，读来韵味无穷。

五、遗憾作文二

永远的"桥"

张道禹

时间就像一个漏斗，漏去了沙子，留下了闪闪发光的沙金。

——题记

（题记应该与主题有关，而这个题记似乎与主题相去甚远。另外漏斗没有"选金筛"的功能，这样表达不准确，应该另外创写一句。）

我家门口有一盏灯，是我父母专门为我装上去的，因为我从小胆子就小，很怕黑。

说来也奇怪，装上那灯后，我的胆子就大了很多，再也不怕独自摸黑上楼了。（**我为什么经常摸黑上楼，没有交代。**）

灯照亮了我回家的路，也照亮了我心中的坎。（**这句话显得很突兀，没有交代由来。**）

我的数学成绩一直不错，是父母心目中的常胜将军，这次失利让我很紧张。我想回去后一定会挨骂。我独自走在回家的路上，心中万分忐忑。（**事情开始得有些不明不白，没有交代缘由。**）

风卷起的几片落叶，让人感到无限萧瑟。（**此处用景物烘托，很好，但缺乏进一步刻画。另外，在黑暗中摸索，如何看得到落叶，没有交代清楚。**）独自在楼道里缓慢地摸索着回家的路，我突然感到眼前的这片漆黑是那么的令人恐惧，似乎前面的那一步就是无底的深渊，我踌躇了……

唉！我长叹一声，随着叹息声，我眼前忽然一亮，家门口的那盏声控灯在闪烁着光芒。我竟然走到家门口了。

我也在刹那间醒悟，（**我为什么会在刹那间醒悟，此处表达比较突兀和生硬，前面缺少过渡和铺垫，若加进对灯的描写，含蓄地点明所起的作用，此处就顺理成章了。**）其实失败并不可怕，失败了站不起来才最可怕。我心中的那个纠结感已经消失了，我如释重负，迎着灯光快步走回了家。

我鼓起勇气向父母说了这件事，也表达了我的担忧。没想到父亲轻轻一笑，说："儿子，不用灰心丧气，只要你从中吸取教训，下次一定可以考好，我相信你！"顿时，我的眼睛里像蒙上了一层雾气……父母的支持和鼓励在我的心中亮起了另一盏闪亮的灯，指引我走过心灵的黑暗。（**此处的顺势拓展，将父母的作用与灯的作用对接起来，为下文的主题阐发做好铺垫。**）

从那以后，我没有再害怕过黑暗。数学考试成绩虽然也有反复，但我再也不会惧怕回家，因为那里有永远为我照亮的"灯"。（**灯具有了象征意义，为主题升华做好了铺垫。**）

那灯光就像一座桥，载我从黑暗走向光明。

那灯光就是温暖我一生的"桥"，令我永生难忘。

失误剖析：

灯即是桥，是指引"我"从现实的黑暗走向光明的桥，也是促进我从心灵的黑暗走向心灵光明的桥。文章借助一次数学考试失利来说事，巧妙地阐释了家门口的那盏灯和自己开明的父母帮助自己走出心灵黑暗的心理历程。文章象征手法运用得比较纯熟，但还是存在三个缺点：一是部分情节交代不清楚，比如开头我为什么经常走夜路，没有交代；我得出这样的感悟是源于什么事情，交代比较模糊。二是部分情节过渡比较生硬，缺少必要的铺垫和导引。三是注意到了通过环境描写来烘托，但表达生涩、不完整，没有起到应有的作用。

六、升格佳作

永远的"桥"

张道禹

从此岸到彼岸，跨越的不仅是路程，还有心灵。

——题记

我从小胆子就小，很怕黑。尤其是下晚自习回家，漆黑的楼道给了我许多莫名的恐惧。于是，父母在我家门口装上了一盏灯。

说来也奇怪，装上那灯后，我的胆子就大了很多，再也不怕独自摸黑上楼了。因为我觉得前面就是光明，就是温暖，就是希望。

灯照亮了我回家的路，也照亮了我心中的坎。这个感悟源于那次数学考试失利后，下晚自习回家的经历。

在此之前，我的数学成绩总是不错的，是父母心目中的常胜将军。这次失利让我很紧张，我知道父母对我期望很高，我不应令他们失望的。我独自走在回家的路上，心中万分忐忑。

回去说不说呢？我不希望看到父母的脸上因为听到我的成绩而现出失望的沧桑。

风卷起的几片落叶，在对面窗户透出的光影里无助地旋转了几圈，落寞地掉在我面前的地上，让人感到无限萧瑟。我突然觉得我就是那片落叶。独自在楼道里缓慢地摸索着回家的路，我突然感到眼前的这片漆黑是那么的令人恐惧，似乎前面的那一步就是无底的深渊，我踌躇了……

唉！我长叹一声，随着叹息声，我眼前忽然一亮，家门口的那盏声控灯在闪烁着光芒。我竟然走到家门口了。

那灯光在平时并不怎么惹人注目，但在眼前这茫茫的黑暗中却是那么的耀眼！它好似一把利剑，戳穿黑色的帷幕，又好似一缕阳光，洞穿乌云密布的天空。

我也在刹那间醒悟，其实失败并不可怕，失败了站不起来才最可怕。我心中的那个纠结感已经消失了，我如释重负，迎着灯光快步走回了家。

我鼓起勇气向父母说了这件事，也表达了我的担忧。没想到父亲轻轻一笑，说："儿子，不用灰心丧气，只要你从中吸取教训，下次一定可以考好，我相信你！"顿时，我的眼睛里像蒙上了一层雾气……父母的支持和鼓励在我的心中亮起了另一盏闪亮的灯，指引我走过心灵的黑暗。

从那以后，我没有再害怕过黑暗。数学考试成绩虽然也有反复，但我再也不会惧怕回家，因为那里有永远为我照亮的"灯"。

那灯光就像一座桥，载我从黑暗走向光明。

那灯光就是温暖我一生的"桥"，令我永生难忘。

亮点解读：

升格后的习作主要有四大亮点：一是开篇的题记含蓄隽永，具有哲思韵味，不仅揭示了题目意蕴，还暗示了文章主旨。二是文章构思巧妙，考试失利的事很平常，为照亮上楼的路，安装一盏声控灯也很平常，但作者却巧妙地将现实与心灵融合起来，借考试失利这么一件平常事，完成了一次心灵成长的飞跃。三是处处铺垫，结构严谨，文章交错运用了背景铺垫、环境铺垫、主题铺垫等多种铺垫方法，使故事情节发展有序，过渡圆润。四是语言精美，行文流畅，比如"我不希望看到父母的脸上因为听到我的成绩而现出失望的沧桑""它好似一把利剑，戳穿黑色的帷幕，又好似一缕阳光，洞穿乌云密布的天空""顿时，我的眼睛里像蒙上了一层雾气"等等，在文章中如一颗颗闪亮的珍珠，点缀其间，熠熠生辉。

七、遗憾作文三

永远的"伤痕"

康胜男

夏至未至，气温却渐渐升高了，水龙头旁总是挤满了人，大家都想用这清凉的水赶走储蓄了一个冬季的疲惫。望着人群，我不禁想起孩提时那个稚嫩的举动。（**触景生情，引入自然。**）

小学的水龙头被安装在几棵桑树旁边，大树撑开的绿伞，与"伞"下的我们成了一幅不老的风景。

我总是一下课便冲到这里来，并不是为了洗手，也不是为了更多地享受清凉，而是为了叶下的那个小生命——野蚕。（**设下悬念，吊住胃口。**）

听奶奶讲，蚕要化成蛾非常不易，因为在它即将幻化的那几天，上苍要在它的茧上洒下九滴雨水。蚕若经过了磨难便可成活，倘若经不起，就只能生生世世埋在茧中，一张薄丝会为它隔开所有的危险，但同时也割断了整个世界——它不能目睹一切。（**此处的插叙，为后文的情节做背景铺垫，也是"我"内心情感的缘起。**）

我是在体育课上发现这只茧的，它就在水龙头旁的一棵桑树上，通体洁白。当我正在担心它为什么把茧结在这么危险的地方时，一阵下课铃声伴随急促的脚步，同学们已飞也似的奔来。我顾不得多想，便挡在了茧的前面，哗哗的水流打湿了我的小脚丫子，又慢慢侵上裤腿，丝丝凉意漫上心来，我的心中却为能保护一个生命而感到温暖。（**此处的叙述不足以表达"伤痕"主题，因为只有"我"的无心之举，令蚕茧置于危险的境地，才会让我的内心产生内疚，也才会有震撼的表达效果，此处应作相应的"艺术"加工。**）

从此，我便一直担任这个卫兵。

天气闷热，我正低头写算术，突然感到鼻子里暖暖的，随即一滴鲜红鲜红的血流淌下来。还没等我反应过来，老师已带我来到了水龙头旁。

"你不要站在那里，容易把衣服打湿的，乖，快过来。"老师可急坏了，七拉八扯的硬拉我到水龙头旁，我一手捂住鼻子，一手尽力挣开老师的手。老师没办法，只好拧开水龙头，接一点儿水就直接往我脸上抹，水滴越过我的身子，越过我的脸，啪啪地打在桑树叶儿上，打在那个茧的周围，终于，一滴水降落在它的身上。（**此段有些交代不清，我站在什么地方？水滴是怎么越过我而滴在蚕茧周围的？**）

我突然止住了哭泣，凝望着那个洁白的梦境，（**此处交代有些突兀，我什么时候哭了？"洁白的梦境"表达也有些牵强。**）老师也停了下来，风静了，水止了。

那串水滴开始渗透整个蚕茧，慢慢汇集在茧尖上，越积越多，像是蚕宝宝的眼泪。它终于承受不住，随着水滴一起"啪"地砸在地板上。板上的积水溅起层层涟漪，泛滥在我的心间，划过一道道深深浅浅的伤痕。（**诗话的语言，含蓄地表达了"我"当时的震惊、愧疚和伤感，但与开头没有呼应。**）

失误剖析：

文章采用倒叙的方式将自己儿时的一件因为无心之举而伤害了一个微小生命的事叙述出来，表达了自己的愧疚之情。文章语言优美，情感表达细腻，颇富韵味，足见作者驾驭语言的功底。但文章还存在下面几个遗憾：一是情节的铺垫交代不够完整，蚕茧之所以处于危险的境地，应该与"我"有关，所以我才一直关注，但文章却忽略了这一点。二是少数情节交代不清，有失真的嫌疑，如高潮部分，蚕茧被溅起的水滴浸润而掉落地上的情节没有交代清楚。三是结构不完整，开头有回忆的缘起，结尾却没有回挽的升华，首尾不呼应。

八、升格佳作

永远的"伤痕"

康胜男

夏至未至，气温却渐渐升高了，在水龙头旁总是挤满了人，大家都想用这清凉的水赶走储蓄了一个冬季的疲惫。望着人群，我不禁想起孩提时那个稚嫩的举动。

小学的水龙头被安装在几棵桑树旁边，大树撑开的绿伞，与"伞"下的我们成了一幅不老的风景。

我总是一下课便冲到这里来，并不是为了洗手，也不是为了更多地享受清凉，而是为了叶下的那个小生命——野蚕。

听奶奶讲，蚕要化成蛾非常不易，因为在它即将幻化的那几天，上苍要在它的茧上洒下九滴雨水蚕。若经过了磨难便可成活，倘若经不起，就只能生生世世埋在茧中，一张薄丝会为它隔开所有的危险，但同时也割断了整个世界——它不能目睹一切。

我是在体育课上发现这只茧的，它就在水龙头旁的一棵桑树上，通体洁白。当时我不经意地拉下那根树枝，没想到它竟然没有弹回去，恰好垂在水龙头旁边，我们洗手的水流也恰好可以溅在那只洁白的茧上。当我正在担心的时候，一阵下课铃声伴随着急促的脚步声，同学们已飞也似的奔来。我顾不得多想，便挡在了茧的前面，哗哗的水流打湿了我的小脚丫子，又慢慢浸上裤腿，丝丝凉意漫上心来，但我的心中却为能保护一个生命而备感温暖。我心中的罪恶感也减轻了许多，只是不断地祈祷，希望它早日破蛹化蝶。

从此，我便一直担任这个卫兵。

天气闷热，我正低头写算术，突然感到鼻子里暖暖的，随即一滴鲜红鲜红的血流淌下来。还没等我反应过来，老师已带我来到了水龙头旁。

"你不要站在那里，容易把衣服打湿的，乖，快过来。"老师硬拉我到水龙头旁，我倔强地将身子挡在蚕茧前。老师没办法，只好拧开水龙头，强行按下我的头，接一点儿水就直接往我脸上抹。于是，水滴越过我的身子，越过我的脸，啪啪地打在桑树叶儿上，打在那个茧的周围，终于，一串水滴溅落在它的身上。

像有心灵感应，我突然固执地扭过头，凄然看着那不幸的蚕茧，老师也停了下来，风静了，水止了。

那串水滴开始渗透整个蚕茧，慢慢汇集在茧尖上，越积越多，像是蚕宝宝的眼泪。它终于承受不住，随着水滴一起"啪"地砸在地板上。板上的积水溅起层层涟漪，泛滥在我的心间，划过一道道深深浅浅的伤痕。

多少年了，每当我独自沉思的时候，那枚素洁的蚕茧便会划过我的心灵，让我的心在刹那间不由自主地痛楚起来。

亮点解读：

升格后的习作主要有四大亮点：一是文章结构完整，首尾呼应。开篇用简洁的语言将思绪拉入那令人伤感的过去，结尾回到现实，不仅回应了文章的题目，而且还升华了文章的主题。二是构思巧妙，过渡圆润。文章采用了倒叙的叙述方式，层层铺垫，将故事情节写得跌宕起伏，吊住了读者的胃口。三是感情真挚，表达细腻。不论是叙事，还是抒情，我们都能够从文章的字里行间感悟到作者流露的真情，这主要得益于小作者高超的表达技巧。例如"板上的积水溅起层层涟漪，泛滥在我的心间，划过一道道深深浅浅的伤痕""每当我独自沉思的时候，那枚素洁的蚕茧便会划过我的心灵，让我的心在刹那间不由自主地痛楚起来"……读来让人感到回肠荡气，舌底生津，韵味无穷。

九、名师小结

铺垫，其实就是一种结构技法，恰当运用，会让我们的文章迅速跃上一个新的台阶。请记住下面几句话：

如果要让我们的文章情节完整、过渡圆润，那么我们要设计好背景铺垫；

如果要让我们的文章主题鲜明，表达细腻，那么我们要设计好细节铺垫；

如果要让我们的文章结构精巧，出人意料，那么我们要设计好反差铺垫；

如果要让我们的文章情景交融，含蓄隽永，那么我们要设计好环境铺垫；

……

（此文收录于《初中生遗憾文升格》青春杂志出版社，主编：张华）

设悬：吊住胃口，尺水兴波

——让文章的情节紧紧攫住读者的心

一、话题阐释

设悬就是设置悬念，它是把故事情节、人物命运推向关键时刻却又故意岔开，不做交代，或者说出一个奇怪的现象却不露原因，把读者推向欲罢不忍、急待看到结局的心理状态的一种艺术结构手段。

设置悬念主要是吊住读者的胃口，让读者在文章营造的情境中欲罢不能，从而增强文章的吸引力和表现力。

常用的设悬策略主要由以下四种方法。

（1）倒钩设悬，即把事情的结局或者某一片段预先告诉读者，让读者产生寻根觅底的欲望。一般采用倒叙手法，在开头营造一个吸引人的比较特别的情境，一下子吸引了读者的注意，勾住读者的心，让他们迫切地读下去。

（2）断离设悬，即故事叙述到危机的关头，突然停顿，将话头接到另一个情境中去，到结尾再将谜底揭开，这就是吊住胃口的做法。旁拓到另外一个情境的目的是对目前正在叙述的这件事做补充，让这件事与先前叙述的事情融合到一起来，让读者感觉即在意料之外，又在情理之中。

（3）反差设悬，即将违背常理或是有悖于人们思维习惯的结论展现出来，激发读者追查原因的心理。在开头点出不合情理的现状，引发读者探究的欲望，然后再层层剥茧，直到结尾在揭示真相，让读者在恍然大悟中获得阅读的快感。

（4）串接设悬，即为了追寻某个结果，不断用误会来串起情节，直到最后才揭示真相的设悬方法。其关键在于步步设悬，环环相扣，后者是前者的结果，同时又是再后者的悬疑，不断吊住读者的胃口，让读者禁不住诱惑，不停地阅读下去。

悬念作为一种技法，对行文的要求比较高，既要不动声色，又要处处留点儿希望，让读者感觉出乎意料又合情合理。

二、文题展示

文题：在我们成长的路上，有很多令人难忘的曲折经历，有时，当我们倍感失望，甚至几乎绝望的时候，新的转机却倏然而至，给我们送来新的希望；有时，当我们沉迷于一帆风顺而放松警惕时，一道坎坷突然横亘在面前，阻断我们悠闲的步伐，或者让我们摔个大跟头，留给我们深刻的教训。但不管怎样，它都开始让我们成长了，对于这些经历，不论是顺境的，还是逆境的，我们都要感谢。

请以"经历"为话题，自拟题目，写一篇不少于600字的文章。除诗歌、戏剧外，文体不限。

三、遗憾作文一

那条小巷有条凶狗

向 黎

"铃铃铃……"晚自习下了。迫于两个原因，我这学期没有骑车上学：一是不想缴纳管理费，二是想跑步锻炼锻炼。不过，我这人耐性不大，跑了两天就不想跑了，于是天天搭别人的便车。这不，我约上同学一起走出校门。（**开篇交代事情的缘起，简洁明快。**）

同路的同学渐渐散去，最后只剩下我们俩了。（**强调只剩下"我们俩"，暗示将有事情发生，设下悬念。但此处若添加一点儿环境描写，营造一下气氛就好了。**）

到路口了，同学要从A路走，我可以从A路走，多坐一会儿车，但绕远了；也可以从B路走，那条路上行人比较多，不用担心害怕，产生恐惧。不过有一条小路可以从A路通向B路，既可以多搭会儿车，也可以走向人多的地方，但有一个缺点，那条小路人烟稀少，甚是恐怖。管他的，拼就拼吧，我就选择了A路。（**矛盾心理，看似在舒缓情节，实是为后文情节造势。**）

……

又到路口了，这回我不得不下来。我往小巷里望了一望，黑漆漆的，什么也看不清。我深吸了一口气，鼓足勇气向黑暗走去。

其实也不怎么恐怖，当然，这也是我的自我安慰。走了大概有一半的路程，突然路边传来了一阵细微的声音。"汪！汪！"接着我听见两声震耳欲聋的狗叫声，我的心一下子提到了嗓子眼。黑暗中，一双发亮的眼睛正盯着我。我吓愣在那里，一动也不敢动。因为我知道，我一动，狗就会扑过来，张开血盆大口……（**接下来会发生什么，狗扑上来了吗？我们的心也跟着紧张了起来，吸引我们读下去。**）

空气仿佛凝固了，（**此处环境描写很到位：简洁，但能很好地烘托那种紧张的氛围。**）只有那只狗的叫声不停地塞进我的耳朵里来。我不敢退回去，可我又不敢往前走，捏紧的拳头里满是泞泞的汗水。（**此处的两难境地能让读者身临其境，勾住读者的心理，起到了很好的悬念作用。**）"不行，这样僵持下去不行，必须走！"我又一次鼓足了勇气，把"学生标志牌"往嘴里一咬，迈着又轻又慢又小的步子向前滑动，可是狗也向前迈了一步。我见势不妙，只好又停了下来。过了一会儿，我又加紧走了几步，终于，我渐渐离开了那条狗，走出了那条黑黑的小巷，我长长地舒了一口气。（**此段是设悬解悬的高潮段落，要想写得扣人心弦，就要不断设置悬念，吊住读者的胃口，此段后面部分叙述得比较匆忙，缺少更细腻的渲染，是一个遗憾。**）

回首那条小巷，我已看不到那条狗了。想想刚才，我真不知道是怎么走出来的。但是我知道，我不可能一直都停在那里，我要向前走。其实，我们的人生不也是这样吗？我们不能被困难吓倒，更不能逃避，唯一的出路是面对现实，鼓足勇气，走出心灵中那条黑黑的小巷，战胜那条"凶狗"。（**一语双关，感悟深刻。衔接巧妙，非常轻松地完成了从事到理的完美过渡，妙！**）

失误剖析：

本文记叙了"我"因为贪图多坐会儿自行车而被黑暗的小巷中凶狗吓到，最后终于战胜恐惧而走出黑暗小巷的恐怖经历，并从这次危险的经历中感悟了人生的哲理，获得成长。文章情节简单但多处局部设悬，心理刻画非常细腻，叙述过程扣人心弦，显示了小作者比较老练的构思布局能力。但仍然存在两点不足：一是环境烘托稍显不足。环境烘托应该是设置悬念的一种比较好的表达形式，既有暗示作用，有能让读者身临其境，增强表达效果。二是高潮部分叙述太过于匆忙，缺乏进一步的拓展和延伸，让人感觉意犹未尽，削弱了表达效果。

四、升格佳作

那条小巷有条凶狗

向 黎

"铃铃铃……"晚自习下了。迫于两个原因，我这学期没有骑车上学：一是不想缴纳管理费，二是想跑步锻炼锻炼。不过，我这人耐性不大，跑了两天就不想跑了，于是天天搭别人的便车。这不，我约上同学一起走出校门。

今天的天气不大好，夜风吹来有些冷飕飕的。月亮早就躲进云层里了，只有两颗星星还在坚守岗位。同路的同学渐渐散去，最后只剩下我们俩了，周围除了黑暗还是黑暗。

到路口了，同学要从A路走，我可以从A路走，多坐一会儿车，但绕远了；也可以从B路走，那条路上行人比较多，不用担心害怕，产生恐惧。不过有一条小路可以从A路通向B路，既可以多搭会儿车，也可以走向人多的地方，但有一个缺点，那条小路人烟稀少。管他的，拼就拼吧，我就选择了A路。

……

又到路口了，这回我不得不下来。我往小巷里望了一望，黑漆漆的，什么也看不清。我深吸了一口气，鼓足勇气向黑暗走去。

其实也不怎么恐怖，当然，这也是我的自我安慰。走了大概有一半的路程，突然路边传来了一阵细微的声音。"汪！汪！"接着我听见两声震耳欲聋的狗叫声，我的心一下子提到了嗓子眼。黑暗中，一双发亮的眼睛正盯着我。我吓愣在那里，一动也不敢动。因为我知道，我一动，狗就会扑过来，张开血盆大口……

空气仿佛凝固了，只有那只狗的叫声不停地塞进我的耳朵里来。我不敢退回去，可我又不敢往前走，捏紧的拳头里满是涔涔的汗水。不知过了多长时间，我感觉像一个世纪。我渐渐清醒过来。"不行，这样僵持下去不行，必须走！"我又一次鼓足了勇气，把"学生标志牌"往嘴里一咬，迈着又轻又慢又小的步子向前滑动，可是狗也向前迈了一步。我见势不妙，只好又停了下来。我喘了口气，决定再往前走，这下，狗没有追了。于是，我加紧走了几步，终于，我渐渐离开了那条狗，走出了那条黑黑的小巷，我长长地舒了一口气。

回首那条小巷，我已看不到那条狗了。想想刚才，我真不知道是怎么走出来的。但是我知道，我不可能一直都停在那里，我要向前走。其实，我们的人生不也是这样吗？我们不能被困难吓倒，更不能逃避，唯一的出路是面对现实，鼓足勇气，走出心灵中那条黑黑的小巷，战胜那条"凶狗"。

亮点解读：

升格后的习作主要有四大亮点：一是添加了环境描写，很好地营造了氛围，为悬念的设置和故事情节的进一步发展奠定了基础。二是对高潮部分进行了拓展和延伸，把匆匆走向结局的步伐放慢了一步，更充分地调动了读者的胃口。三是巧用地利用心理描写来引起读者的心理共鸣，让读者如身临其境。四是结尾主题升华巧妙含蓄，过渡圆润。小作者从走过黑暗小巷的经历中提升了对生活的感悟，增强了战胜困难的信心，获得了心灵的成长。正因为有了这四点优点，此文才显得叙述清爽、主题深厚。此文可品、可仿。

五、遗憾作文二

破

邹阿鸣

这个星期我太倒霉了，不信，请听我细细道来。（**怎么回事？设下悬念。**）

星期一中午放学，我推着车走向校门，炎热的天气让我把五中的校纪校规忘得一干二净，我利索地骑上了车。"怎么这么不对劲儿？"我心中顿生疑云，今天车子摇晃得真有点儿不正常。经验告诉我：车胎破了。果然不幸被我言中，车胎破了一条长达20厘米的口子。我只好换胎了，我极不情愿地将8元钱递给摊主。

再次翻身骑上车，我心里想：这该不是老天爷对我不遵守校纪校规的惩罚吧。

星期四早上，我刚从迷茫中醒来就准备去学校。可是刚推上车子，那个感觉又一次袭上心头。该不是轮胎又破了？蹲下身来一看，才知我的推断100%准确——才补了两天的车胎又破了！我匆匆叫醒妈妈，让她帮我补胎。走在路上，我越想越气：老天爷干吗老和我作对啊？

星期六晚上，我按常规去新华书店看书。精妙的故事情节让我沉迷其中，一个小时很快过去了，我不得不离开。刚坐上车子，我的心不由得又"咯噔"了一下，车胎好像又破了。经检查，发现一个小钉子正狠狠地钉在我的新轮胎上。我仰天长叹一声，推着车，迈着艰难的步子向家走去……（**原来是这么回事，解悬。为什么会这样倒霉呢？设置新的悬念。**）

一个星期车胎连破了三次，你说我倒霉不？这正应了人们常说的那句话：人要倒霉，真是喝凉水都塞牙。对于这一点，过去我是不信的，没想到真发生在我身上了。不过，幸好我是个乐天派，在哪儿摔倒，就在哪儿爬起来。我就不相信，霉运就一直会找上我。（**此处应该分析原因来解悬，然后顺势过渡到生活的感悟，但此处的叙述似乎偏题了。**）

雪莱不是说过：冬天来了，春天还会远么？！我要与霉运做斗争。（**因为上面的原因分析没有到位，所以此处的感悟有些不伦不类。**）

失误剖析：

这篇文章是依照整体设悬、解悬的结构模式来构思的。文章比较清晰地叙述了一周内三次车胎破裂的经历，表达自己的无奈和愤怒。文章有一个明显的缺点，那就是设置了悬念，却没有很好地解悬，导致文章立意不高。他真的是那么倒霉吗？车胎一星期连续三次破裂，这里面一定是有原因的，解悬就是要探求其中的原因，借此来升华文章的主题。这篇文章却没能做到这一点，故而主题升华得有点偏题。

六、升格佳作

破

邹阿鸣

这个星期我太倒霉了，不信，请听我细细道来。

星期一中午放学，我推着车走向校门，炎热的天气让我把五中的校纪校规忘得一干二净，我利索地骑上了车。"怎么这么不对劲儿？"我心中顿生疑云，今天车子摇晃得真有点儿不正常。经验告诉我：车胎破了。果然不幸被我言中，车胎破了一条长达20厘米的口子。我只好换胎了，我极不情愿地将8元钱递给摊主。

再次翻身骑上车，我心里想：这该不是老天爷对我不遵守校纪校规的惩罚吧。

星期四早上，我刚从迷茫中醒来就准备去学校。可是刚推上车子，那个感觉又一次袭上心头。该不是轮胎又破了？蹲下身来一看，才知我的推断100%准确——才补了两天的车胎又破了！我匆匆叫醒妈妈，让她帮我补胎。走在路上，我越想越气：老天爷干吗老和我作对啊？

星期六晚上，我按常规去新华书店看书。精妙的故事情节让我沉迷其中，一个小时很快过去了，我不得不离开。刚坐上车子，我的心不由得又"咯噔"

了一下，车胎好像又破了。经检查，发现一个小钉子正狠狠地钉在我的新轮胎上。我仰天长叹一声，推着车，迈着艰难的步子向家走去……

一个星期车胎连破了三次，这不得不引起我的深思。难道真的是老天爷惩罚我？我当然不相信这些。回想这两天我所走的路，心中不由释然了：星期一早上我睡迟了，为了赶时间，我抄近路，路过了一个垃圾堆，如果里面没有破玻璃，我宁愿去跳楼；星期三晚上，为了炫耀我的新轮胎，"考验"它的性能，我从台阶上冲了上去；星期六的晚上，我因为太过于兴奋，不止一次把车子骑离了正道，一次又一次地穿过房屋装潢后的废料……

凡事都是有因果的，你做错了，就必须为你的行动付出代价，怨不得任何人。

亮点解读：

升格后的习作最大的亮点就是对车胎为什么会连续破三次做了深入细致的分析，最后得出"凡事都是有因果的，你做错了，就必须为你的行动付出代价，怨不得任何人"的警语，显得非常恰当和深刻。另外，这篇文章分两次设置了整体悬念，然后分层解悬，环环相扣，结构严谨。先是开篇用"倒霉"和"细细道来"来吊住读者的胃口，然后叙述了倒霉的原因，看似解悬，但又暗含了新的悬念，车胎怎么会这样呢？一定是有原因的。最后分析原因，揭开悬念，令人恍然大悟，顺势得出人生感悟，不由令读者暗暗点头。本文构思精巧，结构严密，引人入胜，是一篇不可多得的好文章。

七、遗憾作文三

那扇窗啊……

陈 俊

天，着实的热，同学们不停地"左右开弓"，扇扇子的手早已酸痛不已，可是，谁也不愿意打开窗户，让凉爽的风吹进来。窗户玻璃上贴着一层厚厚的草稿纸或是报纸。（**为什么会这样，开篇设悬。**）

因为大家都知道，如果打开窗户，我们很多同学的"不检点行为"就会尽收老师眼底，那么，这些同学就可能要遭殃了。（**此处解悬，不开窗，是让老师监控不到我们的行动。**）

我们的这间教室正对着班主任老师的办公室，我们的一举一动都被班主任监控着。过去，我们不明就里，疑惑着老师没在教室怎么就清楚我们的举动呢？

我们想到的唯一办法就是把窗户贴上厚纸。（**此处来得突兀，似乎应该接上交代原因，比如，老师是透过窗户的玻璃来监视我们的行动的，老师的视力很好。**）

可是，我们又发现，前一天辛辛苦苦贴的纸到第二天又都消失得无影无踪，不少"兄弟姐妹"被班主任召到办公室"接见"，回来都一脸的苦相。于是，我们都明白了，撕掉窗户纸的是我们最最敬爱的班主任。也于是，一场拉锯战展开了——我们白天贴，班主任晚上撕。

（**此处如果有一个过渡段就更好了。**）

终于，有一天早上，我们来到教室的时候，昨天贴上去的报纸仍原封不动地贴着。（**悬念产生了，为什么会这样？**）正在我们疑惑的时候，班主任来了。我分明感到她走上讲台的步伐少了平时的轻快，而是变得有些沉重。她清了清嗓子，缓缓地对大家说："同学们，过去，我总认为大家还没有长大，还需要老师的监督和矫正，后来，发现我错了。其实，你们都长大了，有自我监控的能力了，我应该还给你们自由的空间，引导你们自我控制。对不起，为我过去的做法向你们道歉！"（**解悬了，原来是这样！可是，老师为什么会突然明白呢？没有交代清楚。**）

班上响起了热烈的掌声和善意的笑声。坐在窗户旁的同学迅速站了起来，三下两下撕掉窗户上的纸，打开窗户，一阵凉爽的风吹进来，惬意极了。老师、同学对视了一眼，会心一笑。

是啊，世界原本是阳光灿烂的，又何必去遮遮掩掩呢！（**这句话含义深刻，但表达含蓄，妙！**）

自此，教室里安静了，因为我们长大了，长大的孩子有自控力……（**此处多余，属于画蛇添足，删去。**）

失误剖析：

文章写得颇富有情趣——都是那扇窗子惹的祸，老师监视学生，要通过那扇窗子，学生要躲避老师的监视，必须遮盖窗子，于是，矛盾产生了，遮窗与撕掉覆盖窗户的纸成了矛盾最尖锐的对立点，也是悬念的设置点。后来，矛盾解决了，师生互相谅解了，故事也结束了。文章写得很美，但还是存在一些遗憾：比如老师为什么会突然理解了孩子们，没有交代清楚；我们为什么要在窗户上贴上厚纸，虽然可以猜出来，但文章也没有做必要的交代；文章主题升华的表达很含蓄很到位，但结尾却还拖一条光明的尾巴，不妥。如果解决了这些问题，这篇文章就成了一篇不可多得的好文章。

八、升格佳作

那扇窗啊……

陈 俊

天，着实的热，同学们不停地"左右开弓"，扇扇子的手早已酸痛不已，可是，谁也不愿意打开窗户，让凉爽的风吹进来。窗户玻璃上贴着一层厚厚的草稿纸或是报纸。

因为大家都知道，如果打开窗户，我们很多同学的"不检点行为"就会尽收老师眼底，那么，这些同学就可能要遭殃了。

我们的这间教室正对着班主任老师的办公室，我们的一举一动都被班主任监控着。过去，我们不明就里，疑惑着老师没在教室怎么就清楚我们的举动呢？后来才发现，都是窗户惹的祸。班主任的眼睛超好的，我们的任何举动她都看得清清楚楚，没办法，我们只好蒙住她的眼睛——把窗户贴上厚纸。

可是，我们又发现，前一天辛辛苦苦贴的纸到第二天又都消失得无影无踪，不少"兄弟姐妹"被班主任召到办公室"接见"，回来都一脸的苦相。于是，我们都明白了，撕掉窗户纸的是我们最最敬爱的班主任。也于是，一场拉锯战展开了——我们白天贴，班主任晚上撕。

这是一种耐力和坚持的挑战。

终于，有一天早上，我们来到教室的时候，昨天贴上去的报纸仍原封不动地贴着。正在我们疑惑的时候，班主任来了。我分明感到她走上讲台的步伐少了平时的轻快，而是变得有些沉重。她清了清嗓子，缓缓地对大家说："同学们，过去，我总认为大家还没有长大，还需要老师的监督和矫正，后来，发现我错了。昨天晚上，我正准备撕掉大家贴在窗户上的报纸的时候，我突然被其中的一篇文章吸引了。文中说，你们都长大了，自我监控的能力增强了，我应该还给你们自由的空间，引导你们自我控制。对不起，为我过去的做法向你们道歉！"

班上响起了热烈的掌声和善意的笑声。坐在窗户旁的同学迅速站了起来，三下两下撕掉窗户上的纸，打开窗户，一阵凉爽的风吹进来，惬意极了。老师、同学对视了一眼，会心一笑。

是啊，世界原本是阳光灿烂的，又何必去遮遮掩掩呢！

亮点解读：

升格后的习作主要有四大亮点：一是文章用串接设悬的方式布局，使情节层层推进，环环相扣，结构严密。二是构思巧妙，矛盾集中。文章将矛盾集中在贴窗户纸和撕窗户纸这一对矛盾上，也就是监控与反监控的矛盾，其实也就是师生互不信任而产生的矛盾，矛盾的产生与矛盾的解决构建了整篇文章的情节，结构紧凑。三是语言优美，富含情趣。比如"撕掉窗户纸的是我们最最敬爱的班主任""这是一种耐力和坚持的挑战""是啊，世界原本是阳光灿烂的，又何必去遮遮掩掩呢"等等，读来如坐春风，如品香茗。四是主题含蓄，韵味无穷，能让读者做多侧面的解读。总之，是一篇值得品味的好文章。

九、名师小结

设悬，就是一种结构技法，恰当运用，会让我们的文章起伏跌宕，异彩纷呈，能让读者沉迷其中，欲罢不能。请记住下面几句话：

设置悬念就是抖个包袱，讲究的是抖的技巧，而不是故弄玄虚；

设置悬念就是吊住胃口，讲究的是循循善诱，而不是一惊一乍；

设置悬念就是设个圈套，讲究的是请君入瓮，而不是生拉硬拽；

设置悬念就是打个埋伏，讲究的是环环相扣，而不是上下失据；

……

（此文收录于《初中生遗憾文升格》，青春杂志出版社，主编：张华）

表达：笔法多样，文思泉涌

——让"表达之花"自如绽放于文树章海

一、话题阐释

宛若种类繁多、低吟高唱的鸟是树木常开常新、既歌且舞的花朵，宛若遍布原野、自由奔跑的羊群是草原随意点染、灵性生机的花朵，宛若闪闪烁烁、不知疲倦的星星是天空驱逐黑暗、璀璨夺目的花朵，那么笔法摇曳、贴切传神的"表达"就是浩瀚无垠、幽美深邃的文树章海的美丽花朵。

表达，又叫表达方式、表达方法。它是文章思想内容变成具体存在的艺术形式和手段，是文章的重要构成因素，也是衡量文章艺术性的重要条件。没有表达，故事难以说清，事物不能形容，感情无法宣泄，观点鲜不能阐明……总之，没有表达，无以成文；没有表达，更不会有美文。不同的表达仿佛种类各异、形色有别的花朵，在共同组成各种体裁的文章的同时亦美化了文学的百花园。只有合理、灵活地运用各种表达方式，文章才能词达意至、内蕴丰美。

表达方式可以分为记叙，描写，议论，抒情，说明五种，它们各有妙用，不能互相代替。记叙是作者对人物的经历和事件的发展变化过程以及场景、空间的转换所作的叙说和交代。各类文体中要交代人物经历、事件经过、列举实例或论据等都非它不能，其要求是语言力求干净、简明。描写是用生动形象的语言绘形绘声绘色地把写作对象的状貌、情态刻画出来，再现客观事物的"样子"的一种表达方式。记叙文中以人、事、景等作为写作对象时，写作对象的形、声、色、味、态都必须依仗它来进行刻画，其运用要求是力求生动贴切。议论就是作者对某个现象或问题发表见解，以表明自己的观点和态度。议论文中观点的提出和阐明、记叙文中主题的点明和深化都离不开它，其运用要求为力求准确严密。抒情是直接或间接地抒发内心感情的一种表达方式，它是文章感染、打动读者的重要手段。记叙文主旨的点明、议论或说明文中作者情感态度的表达常常靠它和议论"双剑合璧"之力完成。它的运用要求是发自真心。说明是用简明扼要的文字，把事物的形状、性质、特征、成因、关系、功用等解说清楚的表达方式。各种文章中对事物、事理的介绍都要靠它，运用它时要做到准确周密。

仅从叙述类的文体来说，多种表达方式的结合常有下列形式。

（1）以记叙为主，穿插描写和抒情。记叙是为了完成主体情节，穿插的描写是从细节的角度来让过程更生动，为主体的阐发和人物品质的体现做铺垫；抒情的内容往往起到画龙点睛的作用，或者流露作者感情，或者表达文章主题，或者揭示故事意蕴。记叙、描写和抒情相互结合，增强文章的表达效果。

（2）以抒情为主，穿插描写和议论。以抒情为主体，描写是为抒情奠基和蓄势，是为了让情感的抒发有的放矢；议论是为了点睛，揭示主题。抒情、描写和议论相互结合，增强文章的厚重感。

（3）以描写为主，穿插抒情和记叙。记叙融合描写，使文章有血有肉，倍显丰满；抒情实在描写的基础上升华，表达强烈的感情。描写、抒情和记叙相互结合，文章显得灵动生辉，意蕴无穷。

二、文题展示

文题：阅读下面关于"距离"文字，调动你的切身感受，写一篇以"距离"为话题且不少于600字的文章。除诗歌、戏剧外体裁不限。

"世界上最遥远的距离，不是生与死，而是我就站在你面前，你却不知道我爱你。"

黑暗中的蝴蝶说，原本想亲近火焰，竟被吞噬了粉嫩的外衣；草地上的雄鹰说，原本想亲近人类，却退化了刚健的羽翼；温室里的幼苗说，原本想靠近温暖，却丧失了抵御风雪的毅力。可见，亲密未必昭示和谐与美丽，有时也会留下累累疤痕、阵阵伤痛。

世界上最遥远的距离，不是树与树的距离，而是同根生长的树枝，却无法风中相依；世界上最遥远的距离，不是树枝无法相依，而是相互瞭望的星星，却没有交会的轨迹；世界上最遥远的距离，不是星星之间的轨迹，而是纵然轨迹交会，却在转瞬间无处寻觅。

三、遗憾作文一

距离的味道

张瑶玲

此刻，世界的光彩都黯淡了，周围出奇的静。我应该感谢月亮，因为它为大地铺洒了一层薄薄的银光，以至于我透过卧室的窗帘还能够看到一丝光亮。（**开篇运用环境描写，渲染气氛、烘托心情，交代了家人间的矛盾带来的心理上的黯然和不适，并为文章设置了悬念。**）

我伸手去开灯，却怎么也够不着。"吱呀"一声，门开了。一缕微光顺势从门缝里溜进来，我黯淡的心也随之一亮。门口是妈妈那熟悉而略显憔悴的身影。"可以去吃饭了"这句话说出来好像费了她全身的力气一样，了悟一切的我赶紧回答："哦，知道了。"说完就起身紧跟在妈妈身后走出了房间。（**作为事件当事人之一的妈妈出现，从外形和语言两方面初步描绘她，初步表现矛盾给她带来的变化；也一语双关写出了妈妈对我的关怀，让黯然的我感受到了光亮和温暖。文章进一步铺垫、设悬**）

客厅的门是开着的，好像在等着什么人回来一样。我望了眼墙上战战兢兢、滴答作响的石英钟，竟然已经晚上八点半了——这几天开饭的时间比以往迟多了。（**进一步铺垫，不过稍显单薄。要是将饭桌上的菜做一下交代——很丰盛，既有我喜欢吃的哪些菜又有哥哥喜欢吃的哪些菜，并写一下妈妈边给我夹我喜欢吃的菜，边心不在焉地望向门外就更好了。**）

饭桌上，是静的。因为平时总是和我吵着玩的哥哥没在。我情不自禁地噘着嘴嘟囔起来："哥真是的，'十一'总共只放七天假，我都从学校回来几天了，他还不回家。"说完才意识到做了哪壶不开提哪壶的傻事，歉意地望向妈妈，却无意捕捉到她眼里一丝落寞迅速地被像是恼怒的神情代替。"不回来就不回来，最好永远都不回来。"我更是噤若寒蝉，一直到我吃完饭，餐厅里都只有我的咀嚼声和滴答作响的钟声。（**对妈妈神态的细节描写比较细腻，对妈妈的语言描写也符合她嘴硬心软、要强的性格。**）

早晨，我意外又惊喜地看到哥哥回来了，却没和他说什么话。我知道他这几天"离家出走"在朋友家住。一会儿，妈妈叫我从这边走出门去，面对我们两人，却只叮嘱了我一句："我出去转转，记着做作业。"完全无视了哥哥。我点点头，哥哥的眼神有些复杂，一句话没说，也掉头从我身边走开。（**主角**

全部登场，此时应该浓墨重彩地描写双方见面时的场景：各自神态、语言、动作、家里的气氛、我的心理等等；此处叙事交代也不完整，应该运用插叙将妈妈与哥哥二人矛盾的起因、经过等都交代清楚。）

那几天，家人见面一句话都不说，气氛十分僵。我受不了这种压抑的感觉，十分苦恼，也因此领略了"距离"的味道。唉，家人之间何必要隔着这样一段距离？（**文章结尾仅仅叙述家里的气氛，抒写自己苦恼的心情、表达自己的困扰还远远不够，只运用叙述、抒情将立意停留在"情"上文章显得浅显单薄，应该添加议论，将之与抒情结合起来，既表达愿望又揭示哲理。**）

失误剖析：

本文记叙了妈妈和哥哥发生矛盾后放假回家的我目睹矛盾双方闹别扭时心情的黯淡的感受。文章能运用多种描写方法，刻画细腻，语言较为生动。选材角度小，感情真挚，很有生活实感。不足之处有三：第一，作为一篇记叙文，缺少必要的叙述——应该将事情发生的时间、地点、起因、经过、结果等要素叙述清楚。第二，虎头蛇尾，详略不当。文章中哥哥回家后妈妈与哥哥之间的暗流涌动、互不理睬情节应该最能让我感受到家人之间心灵距离遥远给我带来的不适，应该作为主体部分详写，文章却展开不够。第三，文章立意尚浅，未能较好地运用议论抒情点明主题，使叙事类记叙文的主旨上升到"揭示一定哲理"的高度。

四、升格佳作

距离的味道

张瑶玲

此刻，世界的光彩都黯淡了，周围出奇的静。我应该感谢月亮，因为它为大地铺洒了一层薄薄的银光，以至于我透过卧室的窗帘还能够看到一丝光亮。

我伸手去开灯，却怎么也够不着。"吱呀"一声，门开了。一缕微光顺势从门缝里溜进来，我黯淡的心也随之一亮。门口是妈妈那熟悉而略显憔悴的身影。"可以去吃饭了"这句话说出来好像费了她全身的力气一样，了悟一切的我赶紧回答："哦，知道了。"说完就起身紧跟在妈妈身后走出了房间。

客厅的门是开着的，好像在等着什么人回来一样。我望了眼墙上战战兢兢、滴答作响的石英钟，竟然已经晚上八点半了——这几天开饭的时间比以往迟多了。热气袅袅升腾的餐桌上摆着七八个盘子，除了我爱吃的糖醋鱼和油淋茄子，剩下的竟然都是哥哥的最爱。我"埋头苦干"的时候妈妈竟然一反常态地没有和我说话，我抬起头才发现她眼神空洞地望着防盗门的方向……我努力地无话找话："哥也真是的，'十一'总共只放七天假，我都从学校回来几天了，他还不回家。"说完才意识到做了哪壶不开提哪壶的傻事。我歉意地望向妈妈，却无意间捕捉到她眼里的一丝落寞及随之而来的恼怒。"不回来就不回来，最好永远都别回来。"妈妈的话让我噤若寒蝉，只好放弃原本逗她说话的打算。

第二天早餐时，我惊喜地发现哥哥竟不知什么时候回来了。就在我招呼面沉似水的他过来吃早饭时，原本正喝粥的妈妈把碗一推，站起身来冷冷地说了声"还知道回来"，然后就快步走到客厅去了。闻到火药味的我见势连忙对哥哥说："哥，妈买了你最喜欢吃的油条，快吃吧，不然要凉了。"哥哥看看一脸紧张的我，终于放下挑着的眉毛吃起了我递过去的早饭。饭后他递给我一个盒子，朝客厅的方向努努嘴说："这是给她买的治心绞痛的药，等我走后给她，就说是你买的；你好不容易放假，老哥却不能陪你玩了，自己玩得开心点儿……"听着他的话忽然想到刚回家那晚爸爸的叮嘱："因你妈妈不满意你哥刚交的女朋友，他们五天前大吵了一架，你哥已经'离家出走'去他哥们儿家住了好几天了。你要有机会就两边劝一下……"回过神来的我刚想劝哥哥自己把药拿给妈妈，就看到妈妈从客厅走了进来，面对我们两人，她只看着我叮嘱了一句"我出去转转，你记着做作业"，竟完全无视了哥哥的存在。我只好点了点头。妈妈走后，眼神复杂的哥哥也一句话没说，掉头就走了。整个屋子里又恢复了死一般的冷寂。我的心仿佛成了巨石压口的水井，阵阵憋闷……

自那日早饭后，直到我返校前都没再看见哥哥露过面，妈妈也一直闷闷不乐。

坐在返校的车上，想到自己最终没能完成的爸爸交给的任务，无奈之极的我不由慨叹："果真如泰戈尔所说，'世界上最远的距离不是彼此关心却不能够在一起，而是明明互相关心却装作毫不在意'。"多么希望妈妈和哥哥都能有冲破心灵城墙的勇气，因为，心灵与心灵之间的距离不会因为广阔而变得遥远，只会变得更加贴近。

亮点解读：

此文能够得以升格，主要得益于以下几点：一是能合理运用多种表达方式，让叙事更清楚，也让文章脉络更清晰。二是补充了笔墨表现妈妈对哥哥的关爱，也详写了哥哥回家后的情景，突出了哥哥对妈妈的关心，将他们的内心与外在表现进行对比，更好地突出了本文中"距离"的含义"世界上最远的距离不是彼此关心却不能够在一起，而是明明互相关心却装作毫不在意"。如此安排，两个人物"面恶心善、刀子嘴豆腐心、要强"的性格也表现得更加鲜明。三是文末活用名言，既揭示了闹矛盾的亲人之间心灵城墙产生的根本原因，也从自己的角度表达了渴望家人在发生矛盾后能豁达大度主动示和、共创和谐幸福家庭环境的渴望。本文情理交融，立意深刻。

五、遗憾作文二

一记耳光的距离

姚智浩

灰色的天空下，我正漫无目的地在路上走着。

细雨霏霏，周围的一切都被淋湿了，地上的水洼映出了那一层层云团，发出惨淡的白光。（**环境描写颇富特色，较好地烘托了人物的心情。**）我的心似乎也被飘飞的雨丝打湿了，沉沉地泛起了几丝哀愁。（**表达细腻，设下悬念。**）

在这清晨里，一切都是静止的，只有风在楼房间游荡着。偶尔几声赶路人的咳嗽声也都被风吹的七零八落了，仿佛满地的碎银。（**此处的寂静与后文的耳光声形成鲜明的对比，营造了氛围，造足了声势。**）

头顶仍是那几朵姿态"曼妙"的灰云在空中游弋着。

即使如此之静，可我的耳边仍回荡着那声耳光，那声手掌接触脸时一瞬间发出的声音，怎么也挥之不去。

我摸着脸颊，一阵火辣辣的疼痛立刻传遍全身，一直钻入心里。

昏暗的路灯下，我和爸面对面站着。十分钟前，我对妈妈吼了一声，他二话没说，一巴掌甩来，"啪"一声清脆的、响亮的声音在空旷的大街上回荡着，如一曲华丽的前奏。（**交代了这一巴掌的来历，却没有说清楚原因。**）

现在心情还是一团糟，如那沉重的灰云。

"吱——"一声悠远的鸟鸣声划破了宁静响彻了云边。

似乎敲动了蒙在我心上的那刻画着痛苦往事的密不透风的膜。

也许是这一声鸟鸣中富含的生机吧，它在这死气沉沉的阴雨天里显得格外的清亮，不断地回响在房屋之间，不断地敲击着我的心。（**此处环境描写不错，但似乎没针对性。**）

心情仍是沉闷……眼前仍是灰暗……

这时，阳光似乎已经待不住了，挤在灰云之间发出耀眼的光芒，照在灰云上，被反射成了无数的金色碎片，装点着天空，显得华丽而美好。

阳光照在我身上，驱走了无限的寒意，这阳光似乎直接射进了我的心里，透过了那层膜，融化了那层膜，丝丝暖意萦绕于心。

我看着那被太阳挤破的铅灰色的云层，不禁释然，有什么东西能够永远的挡住最美好的事物呢？只是没有勇气挤破罢了。（后面这几段语言表达比较精美，但似乎与文章主题相去甚远，尤其是对"我"心情转化的过程描写比较牵强，有些事情的来龙去脉还没有交代清楚，有偏题之嫌。）

失误剖析：

本文作者是想通过对挨了父亲一记耳光后的反省来表达自己在成长的过程中对成长"阵痛"的反省，内中关涉了父母与子女、子女与父母如何正确相处的相关问题的探索。文章采用了多种表达方式，而且尤善环境描写烘托和心理刻画。但文章也存在几处遗憾：一是事情的来龙去脉交代的还是比较模糊，小作者的这一巴掌究竟是否该挨，文章没有表述清楚；二是部分环境描写不能很好地为推动故事情节、展现人物心理和揭示文章主题服务，有偏离中心的嫌疑；三是文章的主题揭示没有找到恰当的切入口，把解释过程引向了歧路，让人感觉即使是再丰富的表达或是再优美的语言，如果不能为中心主题服务，也只能是"美丽的废话"。

六、升格佳作

一记耳光的距离

姚智浩

灰色的天空下，我正漫无目的地在路上走着。

细雨霏霏，周围的一切都被淋湿了，地上的水洼映出了那一层层云团，发出惨淡的白光。我的心似乎也被飘飞的雨丝打湿了，沉沉地泛起了几丝哀愁。

在这清晨里，一切都是静止的，只有风在楼房间游荡着。偶尔几声赶路人的咳嗽声也都被风吹得七零八落了，仿佛满地的碎银。

头顶仍是那几朵姿态"曼妙"的灰云在空中游弋着。

即使如此之静，可我的耳边仍回荡着那声耳光，那手掌接触我的脸时在一瞬间发出的声音，怎么也挥之不去。

我摸着脸颊，一阵火辣辣的疼痛立刻传遍全身，一直钻入心里。

昏暗的路灯下，我和爸面对面站着，虽然近在咫尺，但他那生气的脸却十分模糊而悠远。十分钟前，我对妈妈吼了一声，就在妈妈满脸愕然后掩面而去的刹那，横空而来一巴掌，脆生生地印在我的脸上。"啪"，响亮的声音在空旷的大街上回荡着，如一曲华丽的前奏般铿锵。长这么大，我第一次用"河东狮吼"对妈妈，她的啰唆再一次超越了我忍耐的极限，尽管我知道她的每句话都是为我好。我也是第一次"享受"爸爸这毫无征兆的一巴掌，在被打懵的一瞬间，我甚至有了要回击一下眼前这个被称为我爸爸的男人的念头，尽管我知道，他给我的这一巴掌于我来说一点儿都不冤。

现在心情还是一团糟，如那沉重的灰云。

"吱——"一声悠远的鸟鸣声划破了宁静。从围墙里伸出的那根树枝上，一只大鸟不停地帮身旁的小鸟梳理着羽毛，小鸟却不停地扭动着身子，似乎很不情愿。

也许是这一声鸟鸣中富含的生机吧，它在这死气沉沉的阴雨天里显得格外的清亮，不断地敲击着我的心；也或许是刚才那一幕对我有所触动吧，我的心开始有丝丝暖意。

我忽然忆起前两天我看过的一个句子——"世界上最遥远的距离，不是生与死，而是我就站在你面前，你却不知道我爱你"，当时，我怎么也没有读懂，现在却有那么一点儿顿悟的味道。随着年龄的增长，我用所谓的矜持和面子拉开了与父母的距离，我常用"代沟"来获取心理上的安慰，浑然不知道我已经走了很远。幸亏那一巴掌的脆响，给了我一个猛醒的机会。

脸已经不再那么疼痛，父母的面容又重新在我们的面前清晰起来。我要回家！

亮点解读：

升格后的文章，有下面几个亮点：一是多种表达方式的综合运用，让文章的表达显得非常优美，叙事、描写、抒情的穿插运用，使文章的语言显得轻盈灵动。二是叙事含蓄但表达清晰。因为我对母亲的粗暴态度，父亲给了我一记警醒的耳光，我从愤怒和怨恨到理解和醒悟，心理历程的表述异常清晰，显露了深厚布局行文的功底。三是修改后的环境描写巧妙地推动了故事情节的发展，准确地展现了人物的心理，充分地揭示了文章的主题。

七、遗憾作文三

五月的天

程蔡滢

"小A，你看怎么办！"我伸手递了一张纸巾给她。（**开门见山，直接入题，简洁明了。同时设下悬念：发生了什么事？**）

她一愣，眉头紧蹙，起身走到垃圾桶旁。我顿时舒了一口气，可没想到她竟把那张纸巾给扔掉了。（**此时，我有什么反应，应有所交代。**）

又是下午第一节课。我上。语文。五月份的阳光，不是很耀眼；五月份的天空，还不是很透明；五月份的风，也不是很冰冷。一切的一切都如此漫不经心。

一班。四楼。

"今天我们上《安塞腰鼓》这一课，请同学们先把课文朗读一遍……"（**用插叙的方式交代事情发生的时间、地点和当时的情境，语言干净、洗练。**）

我看了一下手机时间，3：05分，还有10分钟下课。余光不偏不斜，正好在小A座位上定格。小A是个学习成绩不怎么样的女生，她上课经常讲小话，睡觉，看小说，陋习斑斑。咦？她好像在嚼东西。她的嘴角明显地又动了一下，我确定了，她是在吃东西。对！绝对是泡泡糖。我冷笑。竟敢在我的课上吃东西，胆子还真不小！

我走到她旁边，向她的前座借了一张纸巾，伸向她。全班同学都面面相觑，不知道我葫芦里卖的什么药。大概只有小A知道吧！

只见她缓缓走向垃圾桶，于是，这张纸巾的命运就被这五月的风结束在垃圾桶里。小A转身，望着我，我使出全身的劲儿瞪住她，她用一副无所谓的表情回敬我。（**这部分的叙述交代清楚了事情的来龙去脉，但有些语言还需要进一步修饰。**）

"老师，我知道你是什么意思，可是小A她真的没有吃东西。"小B是大家公认的好学生，她打破了严肃尴尬的气氛。

"小B，你不用为她开脱，她是惯犯了。枯燥的语文课，她如何能听下去？"我说。

"老师，您不要戴着有色眼镜看我们。我和小A一样，是差生。虽然，我们经常上课吃东西，可是小A这次真的没有吃东西啊！我是她的同桌，我很清楚A！"小C，班里的倒数……但人很正直。

"是啊！老师，我也能证明！"小D说。（**这部分采用对话描写的方式，把矛盾推向高潮，好！**）

"算了，算了，我不深究了，下课，下课。"我不知道我为什么选择逃开。（**此处显得有些突兀，之前应该加一些心理描写来铺垫。**）

小A眼里闪烁着什么，不是感激，不是痛恨，不是无奈，不是悲伤，是……? 这个孩子的内心就连老练的我这次竟也未能读懂。（**此处应该添加"我"对这件事情的评判，表明"我"的态度，借此来含蓄地揭示文章的主题。**）

五月的天空，很迷蒙。（**结尾含义深刻，情、境、理互融，好！**）

失误剖析：

本文通过一名教师的视觉来解读孩子与教师之间矛盾，含蓄地表达了对教师不顾孩子尊严的举动以及不用公正眼光看待孩子的不满，也鲜明地表达了作者的轻微反抗。视觉比较独特，结构比较大胆而新颖，语言干净洗练，但也存在一些问题：过渡不够圆润，需要的铺垫还不到位，部分语言还需进一步修饰；主题的揭示过于模糊，还需进一步明朗化。

八、升格佳作

五月的天

程蔡滢

"小A，你看怎么办！"我伸手递了一张纸巾给她。

她一愣，眉头紧蹙，起身走到垃圾桶旁。我顿时舒了一口气，可没想到她竟把那张纸巾给扔掉了。我也是一怔。全班同学的眼神都集中在我们身上，教室里静得似乎凝固了起来。在峙中，小A终于缓缓低下了头……

又是下午第一节课。我上。语文。五月份的阳光，不是很耀眼；五月份的天空，还不是很透明；五月份的风，也不是很冰冷。一切的一切都如此漫不经心。

一班。四楼。

"今天我们上《安塞腰鼓》这一课，请同学们先把课文朗读一遍……"

我看了一下手机时间，3：05分，还有10分钟下课。余光不偏不斜，正好在小A座位上定格。小A是个学习成绩不怎么样的女生，她上课经常讲小话，睡觉，看小说，陋习斑斑。咦？她好像在嚼东西。她的嘴角明显地又动了一下，我确定了，她是在吃东西。对！绝对是泡泡糖。我冷笑。竟敢在我的课上吃东西，胆子还真不小！

　　我走到她旁边，向她的前座借了一张纸巾，伸向她。全班同学都面面相觑，不知道我葫芦里卖的什么药。大概只有小A知道吧！

　　只见她缓缓走向垃圾桶，纸巾很轻，五月的风，不是很大，还很温柔。于是，这张纸巾的命运就被这五月的风结束在垃圾桶里。小A转身，望着我，我使出全身的劲儿瞪住她，她用一副无所谓的表情回敬我，尽管她的眼神在有意无意地躲闪着。

　　"老师，我知道你是什么意思，可是小A她真的没有吃东西。"小B大家公认的好学生，她打破了严肃尴尬的气氛。

　　"小B，你不用为她开脱，她是惯犯了。枯燥的语文课，她如何能听下去？"我说。

　　"老师，您不要戴着有色眼镜看我们。我和小A一样，是差生。虽然，我们经常上课吃东西，可是小A这次真的没有吃东西啊！我是她的同桌，我很清楚A！"小C，班里的倒数……但人很正直。

　　"是啊！老师，我也能证明！"小D说。

　　我的心不由得紧张地抽动了一下：难道真的是我的错吗？我真的错了吗？

　　"算了，算了，我不深究了，下课，下课。"我不知道我为什么选择逃开。

　　小A眼里闪烁着什么，不是感激，不是痛恨，不是无奈，不是悲伤，是……？这个孩子的内心就连老练的我这次竟也未能读懂。但我知道，我今天的行动是一把利铲，硬生生地在我和学生们之间挖开了一条难以逾越的鸿沟。我的心在那一刹那间不由自主地痛楚起来。

　　五月的天空，很迷蒙。

　　亮点解读：

　　升格后的文章，有下面几个亮点：一是视觉比较独特，一个学生站在教师的角度去写，让人眼前一亮，非常新颖；二是文章采用了独特的结构模式，让叙事显得波澜起伏，增加了阅读的情趣；三是文章采用了多种表达方式，语言优美洗练，特别是采用对话描写的形式，将情节推向高潮，堪称匠心独运；四是升格后的主题更加鲜明和厚重，也使文章具有了独特的韵味。

九、名师小结

　　表达，是一种语言润饰技巧，恰当运用，会让我们的文章清新典雅，空灵飞扬，让读者读罢如坐春风，如品香茗。请记住下面几句话：

表达就是用最合适的语言把事情说清楚，不要让人不知所云；

表达就是用最优美的语言把情节说精彩，不要让人昏昏欲睡；

表达就是用最含蓄的语言把道理说明白，不要让人读无所获；

表达就是用最简洁的语言把过程说细致，不要让人啰啰唆唆；

......

（此文收录于《初中生遗憾文升格》青春杂志出版社，主编：张华）

首尾：点亮开头，深化结尾

一、开头艺术

（一）亮点阐释

有人说，读一篇小说，如果前三页不能吸引你，那么，你读下去的兴趣便会锐减。其实，读一篇文章也是这个道理，如果开头不能吸引你，那么这篇文章在你的心目中多少都会打个折扣。可见，在中考作文中，我们如果一开始就能够用一个精心设计的靓丽开头来打动阅卷老师，那么，我们的这篇作文离成功就不远了。

我们常用这样的精巧开头来打动阅卷老师。

（1）用描写来营造意境。我们可以描述特定情境下人物的外貌、语言、动作、神态、心理等，让人物的某一方面的性格特征鲜明地突显出来，调动阅卷老师的阅读兴趣；我们可以描述特定情境下的环境，营造氛围，展现心情；我们还可以将自然中的物象赋予人的情味，打破时空进行组合，来表现虚拟状态下的别样情味等等。

（2）用悬念来扣人心弦。人的好奇心总会引领他去探究问题的根源，所以，我们可以通过描述有别于常规的现象、令人困惑的反差等方面来设置悬念，激发阅卷教师的探究兴趣，并使其在探寻究竟的过程中获得一种恍然大悟的阅读感受。

（3）用引用来突显文气。我们可以引用名言警句、诗词歌赋、民谚俗语等，作为叙事、抒情、议论等的由头，让阅卷老师感受到作者积累的丰富、入题的巧妙圆润，给阅卷老师留下生动形象、深刻不俗的印象。

（4）用题记来奠定基调。以隽永、富有哲理的语句作题记，奠定文章的感情基调，从而使作品立意得到一种含蓄的彰显，表露作者深厚的语言功底和深邃的思想意识，赢得阅卷老师的好感。

当然，开头的拟写应以实用、巧用、易用为基准，那些生硬做作、追求花哨、失却本色的做法是要坚决摒弃的。

（二）精品推介

美文推介一：运用描写，营造意境；多角度描摹，内蕴丰厚。

牵手的感觉

张华烨

这夜很冷，我头枕着冷冰冰的墙，就像枕着一块巨大的块冰。

这夜很静，别说路上的车辆，连来这店里的人也少之又少。

这夜很深，除了远处的那家医院，也只有我们这儿亮着。哦，应该还有天上的那弯月亮。

这夜很困，我斜靠在母亲店内的椅子上，任由眼皮打架。母亲则在后面盘点货物。

不知过了多久，母亲叫醒我，只说了句："该走了。"我迷迷糊糊地跟着母亲走出店门，又呆呆地看着母亲将门锁上。

外面冷，风很大，我被吹醒，却没什么话和母亲说，只是盯着脚下的路走，还是不时地抬头看那弯月亮，然后盯着两脚，我努力地想跟上母亲的拍子，可母亲走得很快，我怎么也跟不上。我不知道我这样陪着母亲走过多少次，这样走已经成了一种习惯。

外面黑，路灯坏了很多，脚下坑很多，我很留心地看着脚下的路，不只是我的，还有母亲的。"妈，小心，前面有个坑，往左拐。"

"哦，还是小烨眼亮，妈真没看见。"

说着，将手伸过来，我也将手迎了上去，很久没有这种感觉了。母亲的手已没有女人应有的那种娇小、滑嫩，却像爸爸的手那样粗壮、粗糙，但很温暖。

索性将眼闭上，想凭感觉走完这段路，便对母亲说："妈，我把眼睛闭上，这路你可要看清楚了。"母亲没说什么，只是手握得更紧了。

月光穿过眼皮，柔和多了，我沐浴在月光下，母亲的呼吸明显加速了，我感觉得到，母亲有些激动和紧张。甚至不用看，我都知道，她看向路面的眼睛该是如何的仔细和炯炯发亮。我的心和手也有些微微颤抖。原以为我已经长大了，可今夜我才发现我还小，我还想依赖坚强的母亲。就在那时，一种久违的温暖慢慢从心中蔓延开来，直到每一寸肌肤。原来牵着妈妈的手的感觉竟然会是如此的美好。我有些感动，为我一直寻求的那种感觉在今夜找到而感动；我也为自己喝彩，为自己在不经意间找到新的生活体验而喝彩，母亲的手虽无滑嫩的肌肤，可握着它，我的路走得很坚实！

手正紧，温暖厚实；声依旧，铿锵有力；意正浓，无须言语；路正长，望不到尽头……

点评：这是一个很特别的夜晚。小作者在开头就用"冷""静""深""困"进行了描绘，让我们读后觉得，今夜一定有些不寻常的事情发生。正因为有开头描绘的这样的情境铺垫，后面的情节，即"我"和母亲的牵手才会有别样的感受和深刻的体验。开头看似平常的几个字，在形式上显得对仗工整，引人注意，在内容上也含蓄地交代了随着"我"的逐渐长大，"我"与母亲之间的情感也淡漠了许多，疏远了许多；同时也含蓄地交代了"我"与母亲生活的艰难——很晚了，母亲还必须在店内操劳，而"我"也必须等在店内。短小而简洁的开头却蕴含了丰富的内容，可圈可点。

美文推介二：设下悬念，激发兴趣；用矛盾蓄势，含蓄交代事因。

那扇窗啊……

陈 俊

天真热，同学们不停地"左右开弓"，扇扇子的手早已酸痛不已，可是，谁也不愿意打开窗户，让凉爽的风吹进来。窗户玻璃上贴着一层厚厚的草稿纸或是报纸。

大家都知道，如果打开窗户，很多同学的"不检点行为"就会被老师尽收眼底，那么，这些同学就可能要遭殃了。

我们的这间教室正对着班主任老师的办公室，我们的一举一动都被班主任监控着。过去，我们不明就里，疑惑着老师没在教室怎么就清楚我们的举动呢？后来才发现，都是窗户惹的祸。班主任的眼睛超好的，我们的任何举动她都看得清清楚楚，没办法，我们只好蒙住她的眼睛——把窗户贴上厚纸。

可是，我们又发现，前一天辛辛苦苦贴的纸到第二天又都消失得无影无踪，不少"兄弟姐妹"被班主任召到办公室"接见"，回来都一脸的苦相。于是，我们都明白了，撕掉窗户纸的是我们最最敬爱的班主任。也于是，一场拉锯战展开了——我们白天贴，班主任晚上撕。

这是一种耐力和坚持的挑战。

终于，有一天早上，我们来到教室的时候，昨天贴上去的报纸仍原封不动地贴着。正在我们疑惑的时候，班主任来了。我分明感到她走上讲台的步伐少了平时的轻快，而是变得有些沉重。她清了清嗓子，缓缓地对大家说："同学们，过去，我总认为大家还没有长大，还需要老师的监督和矫正，后来，发现我错了。昨天晚上，我正准备撕掉大家贴在窗户上的报纸的时候，我突然被其中的一篇文章吸引了。文中说，你们都长大了，自我监控的能力增强了，我应该还给你们自由的空间，引导你们自我控制。对不起，为我过去的做法向你们道歉！"

班上响起了热烈的掌声和善意的笑声。坐在窗户旁的同学迅速站了起来，三下两下撕掉窗户上的纸，打开窗户，一阵凉爽的风吹进来，惬意极了。老师、同学对了下眼神，会心一笑。

是啊，世界原本是阳光灿烂的，又何必去遮遮掩掩呢！

点评：这篇文章的开头是一个典型的通过描述有别于常规的现象或是令人困惑的反差——如此炎热为何不开窗，而且为什么还在"窗户玻璃上贴着一层厚厚的草稿纸或是报纸"？以此设下悬念，激起读者探究下去的兴趣。随着情节的推进，我们逐步知晓了其中的原因，矛盾得到解决，并由此得到了一种深切的感悟："是啊，世界原本是阳光灿烂的，又何必去遮遮掩掩呢！"掩卷沉思，一种恍然的快意扑面而来，又怎能不大感痛快，击节称好？

美文推介三：巧拟题记，丰厚意蕴。

永远的"桥"

张道禹

从此岸到彼岸，跨越的不仅是路程，还有心灵。

——题记

我从小胆子就小，很怕黑。尤其是下晚自习回家，漆黑的楼道给了我许多莫名的恐惧。于是，父母在我家门口装上了一盏灯。

说来也奇怪，装上那灯后，我的胆子就大了很多，再也不怕独自摸黑上楼了。因为我觉得前面就是光明，就是温暖，就是希望。

灯照亮了我回家的路，也照亮了我心中的坎。这个感悟源于那次数学考试失利后，下晚自习回家的经历。

在此之前，我的数学成绩总是不错的，是父母心目中的常胜将军。这次失利让我很紧张，我知道父母对我期望很高，我不应令他们失望的。独自走在回家的路上，我心中万分忐忑。

回去说不说呢？我不希望看到父母的脸上因为听到我的成绩而现出失望的沧桑。

风卷起的几片落叶，在对面窗户里透出的光影里无助地旋转了几圈，落寞地掉在我面前的地上，让人感到无限萧瑟。我突然觉得我就是那片落叶。独自在楼道里缓慢地摸索着回家的路，我突然感到眼前的这片漆黑是那么令人恐惧，似乎前面的那一步就是无底的深渊，我踌躇了……

唉！我长叹一声，随着叹息声，我眼前忽然一亮，家门口的那盏声控灯在闪烁着光芒。我竟然走到家门口了。

那灯光在平时并不怎么惹人注目，但在这茫茫的黑暗中却是那么的耀眼！它好似一把利剑，戳穿黑色的帷幕，又好似一缕阳光，洞穿乌云密布的天空。

我也在刹那间醒悟，其实失败并不可怕，失败了站不起来才最可怕。我心中的那种纠结感已经消失了，我如释重负，迎着灯光快步走回了家。

我鼓起勇气向父母说了这件事，也表达了我的担忧。没想到父亲轻轻一笑，说："儿子，不用灰心丧气，只要你从中吸取教训，下次一定可以考好，我相信你！"顿时，我的眼睛里蒙上了一层雾气……父母的支持和鼓励在我的心中亮起了另一盏闪亮的灯，指引我走过心灵的黑暗。

从那以后，我没有再害怕过黑暗。数学考试虽然也有反复，但我再也不会惧怕回家，因为那里有永远为我照亮的"灯"。

那灯光就像一座桥，载我从黑暗走向光明。

那灯光就是温暖我一生的"桥"，令我永生难忘。

点评：不是每篇文章都能写题记，也不是每个人都能把题记写好，但这篇文章的题记却含蓄隽永，具有哲思韵味，不仅揭示了题目意蕴，还暗示了文章主旨。"从此岸到彼岸，跨越的不仅是路程，还有心灵"用语简洁而深刻，意蕴丰厚。这篇文章的题记启示我们：作为题记的文字，要短小精悍，语言优美，表达含蓄，韵味悠长，需锤炼后方能题写，否则就有画蛇添足之嫌。写题记，或选用名言、或自己提炼、或从文中选取都是合适的方式，但必须用较为凝练的、经典的语言来奠定文章的感情基调。

二、结尾艺术

（一）亮点阐释

文章的结尾是一篇文章的收束，叙事是否完结、中心是否突出、主题是否升华、表达是否有别样的效果，全在结尾之中。结尾也是中考阅卷教师关注的重点之一，丝毫马虎不得，要精心设计。有了好的开头，如果还有一个精美的结尾，那么这篇文章就成功了大半了。

我们常用这样的靓丽结尾来打动阅卷老师。

（1）情境再现法。这里所说的情境是指三种情境，一是典型的环境再现，即选择叙述过程中的某一处精美的环境描写进行再现，以营造意境，升华主题；二是典型的情节再现，即选择叙述过程中的某一处令人感动的情节进行再现，来浓郁情感，表达心情；三是典型的细节再现，即选择叙述过程中的某一个人物的最能打动人的某一方面的细节进行再现，借势抒发情感，点染中心。

（2）情节留白法。即在作文的结尾有意留下一定的空白，让读者在意犹未尽的氛围中发挥想象，荡开思绪，并根据读者的喜好和文章的暗示弥补文章的空白情节，增强表达效果。常用的做法是省去我们可以预知的故事的结局或用疑问的方式点出未知的结果。

（3）画龙点睛法。即在结尾点题并升华文章的中心思想。常用的方法是以抒情议论的方式，通过浓郁的抒情语言和富含哲理的议论语言来点染文章的中心和升华文章的主题。

（4）虚实错位法。其核心是通过梦境或将现实进行变形的方式间接表达情感，升华主题，通过这种方式来增强表达效果。

（5）引用化用法。文章结尾引用、化用诗句名言，能起到三言两语就表述出文章主旨的作用，使之深深地印在读者的心中，展示"言已尽，意无穷"的效果。

（二）精品推介

美文推介一：情境再现，渗透情感，含蓄隽永，余韵无穷。

正午的阳光

张雪君

一直以来，我都认为自己在这个世上是一个奇迹。因为爸爸说，由于某些原因，妈妈历尽千辛万苦才把我生下来。就连当时的医生也说，我能生下来简直就像一个奇迹。哦，我说，那我一定要好好庆祝我的生日。

特别喜欢正午灿烂的阳光，青翠欲滴的树叶在枝头荡着，透过树叶，天空是破碎的，却像金子，很想让它照到心窝里去，可抬头看它时却不觉泪流满面，真像是切水灵灵的辣子，满心欢喜可眼睛备受煎熬。妈妈说，我是正午出生的。

那天的好菜好汤，我吃光；爸妈幸福的吉言，我全收；所有惊奇的礼物，我不客气地拿下。喜欢的音乐回荡在耳，被阳光包裹的滋味真像躺在木棉里，我感觉我要被幸福砸昏头了。

朋友的那句话使我顿然猛醒，而且无地自容：你几多幸福，可你知道吗，你的生日是你妈妈的受难日，她才是最辛苦的，是她创造了奇迹！给了你生命，你想到过回报没有？！这句话像一记闷棍，狠狠地敲在我的后脑勺上。天啊！这十几年来我都做了些什么？一霎时，我就像正午的茄子——蔫了。

那天是我第一次为妈妈过生日，我送给她一株艳红的康乃馨，我把所有的感激和愧疚寄托在花身上。妈妈嘴里责怪着说"又乱花钱"，可脸上却开心地笑着，眼中晶晶亮，我似乎又看见了正午的阳光，不，比正午的阳光还灿烂！如不是，为什么我的眼睛酸痛得想流泪呢？她急忙找花瓶，可是找不到，她沮丧地说，不配不配，那些花瓶根本配不上这朵花！这是我女儿给我的。读懂她脸上的那种欣慰和满足，我竟足足迟了十几年！

第一次给妈妈过生日，第一次面对妈妈灿烂满足的笑容，我心中竟不知是什么滋味。恍惚中我似乎又看见正午的阳光，还有妈妈的眼睛，看见那个足够温暖我几辈子的笑……

点评： "恍惚中我似乎又看见正午的阳光，还有妈妈的眼睛，看见那个足够温暖我几辈子的笑……"这是典型的情景再现的结尾模式——选取最令人心动的情境进行再现，借此渗透情感，表达中心，升华主题。本文在表达上含蓄、隽永，最能引起读者的共鸣。

美文推介二： 画龙点睛，厚重中心；提炼哲理，升华主题。

那条小巷有条凶狗

向 黎

"铃铃铃……"下晚自习了。迫于两个原因，我这学期没有骑车上学：一是不想缴纳管理费，二是想跑步锻炼锻炼。不过，我这人耐性不大，跑了两天就不想跑了，于是天天搭别人的便车。这不，我约上同学一起走出校门。

今天的天气不大好，夜风吹来有些冷飕飕的。月亮早就躲进云层里了，只有两颗星星还在坚守岗位。同路的同学渐渐散去，最后只剩下我们俩了。周围除了黑暗还是黑暗。

到路口了，同学要从A路走，我可以从A路走，多坐一会儿车，但绕远了；

也可以从B路走，那条路上行人比较多，不用担心害怕，产生恐惧。不过有一条小路可以从A路通向B路，既可以多搭会儿车，也可以走向人多的地方，但有一个缺点——那条小路人烟稀少。管他的，拼就拼吧，我就选择了A路。

……

又到路口了，这回我不得不下来。我往小巷里望了一望，黑漆漆的，什么也看不清。我深吸了一口气，鼓足勇气向黑暗走去。

其实也不怎么恐怖，当然，这也是我的自我安慰。走了大概有一半的路程，突然路边传来了一阵细微的声音。"汪！汪！"接着我听见两声震耳欲聋的狗叫声，我的心一下子提到了嗓子眼。黑暗中一双发亮的眼睛正盯着我。我吓得愣在那里，一动也不敢动。因为我知道，我一动，狗就会扑过来，张开血盆大口……

空气仿佛凝固了，只有那只狗的叫声不停地塞进我的耳朵里。我不敢退回去，可我又不敢往前走，捏紧的拳头里满是涔涔的汗水。不知过了多长时间，我感觉像一个世纪。我渐渐清醒过来。"不行，这样僵持下去不行，必须走！"我又一次鼓足了勇气，把学生标志牌往嘴里一咬，迈着又轻又慢又小的步子向前滑动，可是狗也向前迈了一步。我见势不妙，只好又停了下来。我喘了口气，决定再往前走，这下，狗没有追了。于是，我加紧走了几步，终于，我离开了那条狗，走出了那条黑黑的小巷，我长长地舒了一口气。

回首那条小巷，我已看不到那条狗了。想想刚才，我真不知道是怎么走出来的。但是我知道，我不可能一直都停在那里，我要向前走。其实，我们的人生不也是这样吗？我们不能被困难吓倒，更不能逃避，唯一的出路是面对现实，鼓足勇气，走出心灵中那条黑黑的小巷，战胜那条"凶狗"。

点评："其实，我们的人生不也是这样吗？我们不能被困难吓倒，更不能逃避，唯一的出路是面对现实，鼓足勇气，走出心灵中那条黑黑的小巷，战胜那条'凶狗'。"这是典型的画龙点睛的结尾模式，通过叙述一件事情，然后上升到对生活的感悟，借此提炼出一则生活的哲理来点染中心、升华主题。

美文推介三：情节留白，调动想象；含蓄揭旨，艺术表达。

星子日记

王　胜

×年×月×日　　风

今晚无月，却满天星斗。

　　班主任日间的谈话又在我耳边回响："星子啊，什么才是你生命中的重点？你要明白，更要好好把握啊！"

　　老班也忒多事，我不就是上课看了余秋雨的《千年一叹》嘛，有什么了不起的，值得这么大惊小怪吗？你也不是不知道我喜欢看书，尤其喜欢余秋雨，喜欢他的人文底蕴。不就是我这次的语文只考了80分么？若不是废寝忘食地攻读《千年一叹》，我的语文能少于96分么？

　　不过，话也说回来，我沉迷于余大师的境界里，其他的东西竟攻不进大脑。一向喜欢我的数学老师对我也有些微言了。

　　老班是否真的多事？我有些迷茫。只有满天的星斗眨着眼睛望着正枯坐在窗前的我。

　　不伤神了，合上"余秋雨"，睡吧……

× 年 × 月 × 日　　多云

　　这几天，我从老班的眼神中读出，他似乎一直在期待着我对他说点儿什么。说什么呢？我还没想通呢。不过，今天上课前，身为语文老师的他却做了一个与物理有关的试验，做完后他向我投来了一瞥，这一瞥却令我身心一震。

　　上完体育课后，才发现他已在教室里了，桌上放了一个硕大的烧杯，好奇的同学围上去问他干什么时，他却说："这是秘密。"初三的生活很枯燥，听说有一点儿新的刺激，大家都很兴奋。

　　试验开始了，老班拿出一个烧杯，并不停地从抽屉里拿出石头来，并装满了烧杯。问："满了吗？"

　　"满了。"

　　"还能装吗？"

　　"不能。"

　　老班摇摇头，从另外一个抽屉里捧出一捧沙子，边洒边摇动烧杯。烧杯很快又装满了。

　　"还能装吗？"老班故作神秘。大家炸开了，有的说能装，有的说不能装。老班从柜子里拎出一只装满水的烧杯来，将水灌了进去。到此，老班意味深长地说："两个问题：一是这个实验让你明白了什么？二是若先装等量的水，再装等量的沙子，最后装石块，能装这么多石块吗？"说完朝我投来深深的一瞥，瞧得我心中一跳。

×年×月×日　　晴

昨天被老班的那个问题弄得头昏脑涨的,坐在窗前的我不禁哈欠连天。老班今天看我的眼神似乎有些失望。一向自负聪明的我不禁有些恼恨自己起来——怎么这么愚蠢,竟悟不透老班的禅机。先改作文吧,看老班给我提了哪些要求。打开作文本,一张小纸条轻轻地从我的本子中飘出来。老班的字:"星子同学,你怎样放置你生命中的石块、沙子、水?"我忽然想起他给我的谈话:"什么才是你生命中的重点?"我脑海中的灵光倏地一闪,一下子明白了老班的用意。他真是个可爱的老头!

明天,我要去老班办公室……

点评:这篇文章是采用日记体来写的,叙述了一位班主任为了让自己的学生学会处理学习与课外阅读的关系,明确孰轻孰重的问题而进行的教育过程,刻画了一位聪明睿智的班主任形象,也表现了一个酷爱阅读、不分轻重,最终终于明白道理的学生形象。文章的结尾"明天,我要去老班办公室……"说得很含蓄,明天去老班办公室会说什么?"我"会怎么说?这些情节的留白为读者留下了丰富的想象空间,增强了表达效果。

（此文发表于《语文周报》）

详略：精准用力，轻重有窍

——从"平铺直叙"到"详略相宜"

"平铺直叙"即说话或写文章不加修饰，没有起伏，重点不突出，是写作的大忌。详略处理恰当，则主题鲜明，重点突出，情节有波澜。在写作过程中，怎样才能避免"平铺直叙"，让作文"详略相宜"呢？

一、魔法演绎

魔法一 放慢步伐：停顿，让结局不再匆匆。

◎失误文段

我身上五毛钱的硬币都没有，该怎么回去？

估计他早就注意到我了，但他却一直坐在楼下的台阶上，脚边是一个脏兮兮的蛇皮袋。他突然向我挥挥手，示意我用他的电话。

我用他的电话拨出一串号码，父亲的声音在电话那头响起。我将电话还给他，朝他感激地一笑。他摇摇头，狠狠地抽了一口烟。

过了一会，父亲终于赶到了。

那天天阴着，可我的心里却一直暖暖的……

◎魔法提炼

"感动"不会破空而来，需要情感基础。而这个情感的基础需要我们用细节来刻画。有时，如果我们能停下来，回望一下，铺点刻画，透点情意，拓点升华，文章的形象就一下子丰盈了起来，主题也鲜明了。文章中的那个拾荒老人怎样才能令你感动？平铺直叙的写法是很难打动人的，唯有带有主观意识地对人物进行外貌、动作、语言、神态进行刻画，人物形象丰满了，主题也就鲜明了。方法就是把匆匆走向结局的步伐放慢一步或驻足回望一下，把最动人的一面呈现出来就行了。

摒弃那些与主题无关的内容，在情节的推进过程中，不时停顿一下，做点儿详细描绘；不时停顿一下，表达一下心理感受；不时停顿一下，做点儿假设和对比……于是，文章变长了，重点突出了，形象丰满了，主题也就鲜明了。这就是详略相宜。

◎提升文段

我身上五毛钱的硬币都没有，该怎么回去？

估计他早就注意到我了，但他却一直坐在楼下的台阶上，脚边是一个脏兮兮的蛇皮袋，不规则地凸起着，应该是那些废弃的塑料瓶吧。他裸在外面青筋暴露、宛如骷髅的手夹着一根烟，烟雾模糊了他沧桑的面容。他突然向我挥挥手，示意我用他的电话。

我迟疑了一下，然后用他的那个简陋得不能再简陋的电话拨出一串号码，父亲的声音在电话那头响起。我将电话还给他，朝他感激地一笑。他摇摇头，狠狠地抽了一口烟。

过了一会，父亲终于赶到了。我听见了身后他沙哑的笑声，好像在口齿不清地说着什么，又好像只是笑着。回过头，我发现他因消瘦而深陷又枯老的眼睛很亮，亮得像银河里的星星，闪闪发光。

那天天阴着，可我的心里却一直暖暖的……（樊佳敏《那一次，我真感动》）

魔法二　妙用穿插：补充，让情节漾起波澜。

◎失误文段

过了一会儿，阳光渐渐强烈了。妈妈端着果盘来到我身边，轻轻摸了摸我的背说："出汗了，病也就好了。"然后就开始削苹果。"来，苹果削好了，用温水温一温再吃。"不一会儿，我接过温热的苹果，慢慢地咀嚼着。

病好后的我回到了学校，投入到紧张的学习之中。妈妈也忙着去做生意了，日子似乎又恢复到以往的平静状态。

不知怎的，自那次生病以后，我对苹果似乎有了一种特别的感情。每每在生活的旅途中遇到烦恼和痛苦，我总会想起那个阳光温暖的日子，想起妈妈为我削的大红苹果。想起它，就有一种特别的温馨，想起它，就增强了前行的力量。

◎魔法提炼

穿插，是一种有效的补充。在叙述的过程中，为了表达的需要，可以穿插恰当的环境烘托，来营造氛围；可以穿插多层次的心理活动，来推动情节、抒发情感或揭示中心；可以穿插回忆或是其他情节，来多侧面、多角度反映人物精神品质……如此，文章才会有起伏有波澜，详略得当。

"我"为什么会对苹果有一种特殊的感情？一定是其中包蕴着什么，于是，穿插便派用上场了。

◎提升文段

过了一会儿，阳光渐渐强烈了。妈妈端着果盘来到我身边，轻轻摸了摸我的背说："出汗了，病也就好了。"然后就开始削苹果。妈妈削得很慢，我第一次这样专注地看着妈妈。不经意间，我看到妈妈的手不再那么细腻，不知什么时间，手指隐隐有刀伤的疤痕，也许那是她切菜时留下的，也许是她送我上学时，被自行车擦伤的，我就这么看着、想着。"来，苹果削好了，用温水温一温再吃。"不一会儿，我接过温热的苹果，慢慢地咀嚼着，苹果里似乎蕴藏着一种味道，我努力地去品尝，却怎么也尝不出来，只是觉得很温暖。

病好后的我回到了学校，投入到紧张的学习之中。妈妈也忙着去做生意了，日子似乎又恢复到以往的平静状态。

不知怎的，自那次生病以后，我对苹果似乎有了一种特别的感情，每每在生活的旅途中遇到烦恼和痛苦，我总会想起那个阳光温暖的日子，想起妈妈为我削的大红苹果。想起它，就有一种特别的温馨，想起它，就增强了前行的力量。（《不能忘怀的日子》）

魔法三 呈现精彩：聚焦，让主题闪耀光辉。

◎失误文段

妈妈总是想方设法看我的日记。那天她又偷看，我和她大吵了一架，要和她断绝母女关系，她摔门出去，我伤心极了。

班主任惩罚我"面壁思过"被校长批了，他认为是我向校长打的小报告，对我很失望，我很委屈。

数学考试好朋友让我把答案抄给他，我认为是害他，没有抄。下来后，我要讲给他听，他不稀罕，我很无助。

如果可以，我想请上帝在心灵间架座桥，以理解做桥墩、宽容做桥面，让两颗受伤的心灵在桥上握手！

◎魔法提炼

板块结构模式是学生比较喜欢的一种作文结构模式，但大多学生易犯两种毛病：一是过程交代太细，冗长；二是平铺直叙，太简。解决的办法就是"聚焦"，即把情节中最精彩的、最核心的、矛盾最集中的部分呈现出来，其他一笔带过。不拓展，不穿插，不渗透，只呈现最重心的片段。

◎提升文段

妈妈又看了我的日记。我藏得那么深，那么巧，她还是找到了。我再次提出严正抗议，她却仍旧笑得一脸不在乎："你一小丫头片子，有什么秘密还对你妈藏着掖着。"我不知哪儿来的火气，冲口便说："您若再这样，我就离家出走，和您断绝母女关系！"她一愣，也火了："哎哟，长大了，胆儿肥了！不认妈了！你走啊！只当我没有养你这个女儿！"然后摔门而去。委屈的泪，无声地从我的眼眶中喷涌而出。

这两天，我和班主任在冷战。不知是谁向校长汇报了他惩罚我在教室黑板前"面壁思过"的事，可他却认定是我打的小报告。我怎么辩解和发誓他都不相信，最后他丢下一句"老师对你很失望"便走开了。委屈的泪，无声地从我的眼眶中喷涌而出。

数学考试的时候，好朋友偷偷给我递来一个条子：把最后一题的答案抄给我！我觉得这样是害了她，犹豫再三，没有抄给她。考试结束，我连忙赶过去，对她说："我把思考过程讲给你听！""不稀罕！小气鬼！"她生气地说着，然后很响地关上抽屉，扭头而去。我愣在那里，委屈的泪，无声地从我的眼眶中喷涌而出。

如果可以，我想请上帝在心灵间架座桥，以理解做桥墩、宽容做桥面，让两颗受伤的心灵在桥上握手！

（《架起一座美丽的桥》）

二、魔法演练

◎文题展示

请以"最美的时光"为题，写一篇作文。

要求：①立意要深刻，表达要富有创意；②要详略得当，文章情节有波澜；③除诗歌外，文体不限；④不少于600字。

◎详略点拨

要写好这篇作文，首先得将"最美"的内涵弄清楚：不是最美丽，应该是最有意义。要求里明显提出了立意深刻、详略得当和情节有波澜，所以我们要围绕这三点去选材、构思、行文。以下思路示例。

（1）无私助人的时光是最美的：坚持和付出让那段岁月忙碌而有意义，受助者的幸福让我感受到生命的价值。过程和感悟详细，其他可略。

（2）感悟成长的时光是最美的：成长是生命的主旋律，不论是挫折，还是顺境；不论是成功，还是失败；不论是误会，还是理解，最终都得到了人生的感悟。回望这段时光，自然感慨万千。情节中的细节要详细，感悟也要详细，其他可略。

（3）生存训练的时光是最美的：野外生存训练，恐惧、无助、孤独等心理体验都化为了财富。面对的困境、心理活动和最后的感悟详细，其他可略。

……

◎佳作平台

最美的时光

王溢涓

一直怀念住在乡下奶奶家的那段日子。那些日子素淡、平实，没有丝毫的波澜，但细细品味，却又意味悠长，启人心智……

还记得那是一个秋日的黄昏，我由于心情不太好，想去散散心。于是，便从奶奶屋后的土路出发，信步前进。

这正是丰收的季节，大片大片的金黄映入眼帘，风轻轻拂过，带来谷物特有的醇香。我吸吸鼻子，长长呼出心中郁结的怨气，心情似乎好了很多。周围的伯伯婶婶热情地打着招呼，我也一一点头回应，却不想走着走着居然没有路了。

其实，倒也不是没有路，只是前方施工的拖拉机挡住了我的去路。我伸长脖子望望，奶奶的家像是也没别的路可走，我该如何过去？

本想等施工完再过去，但那"突突"的声音着实烦人。等了一会，我也恼了，烦躁地踱来踱去。那开拖拉机的师傅似乎看出了我的烦躁，从拖拉机上下来，不好意思地搔搔头问："小朋友，你要过去吗？"我默默地点了点头，他往旁边一指，说："那边也可以走。"

我有些诧异，这条路我走过多次，旁边有路，我怎么不知道？许是我露出不信的神色，他说："你向南边转个身，往前走两步看看！"

我按照他的指示做了，仔细一看，愣住了。

那条路被金黄的穗子完全遮住了，若不是细看，还真不会发现。金色的阳光洒在金色的麦子上，构成一幅和谐美妙的图画，即便是自认为见惯了美景的我，也不免为之震撼。我微微向那师傅颔首，便抬脚走进这美景中。

路的尽头，就是奶奶的家，同一个地点，有两条路。不，或许还有更多的路，只要你懂得转身，就不难发现又一条洒满阳光的路。

我们在人生的道路上行走，有河，游过去，有山，翻过去，为什么遇到跨越不过的障碍却不懂得换一条路呢？或许你稍稍转个身，便会豁然开朗，改变的只是方式和态度罢了。

从那以后，一有问题不能解决，我都会信步走上那条土路，回来的时候我的问题就都解决了。于是，我开始惊讶于大自然的神奇，因为我的许多顿悟都产生在奶奶屋后的这条毫不起眼的土路上，这段日子成了我生命中的最美时光。

◎图解详略

巧用穿插：穿插的秋日丰收场景的描写营造了氛围；穿插了拖拉机司机的指点，推动了情节发展；穿插了议论，揭示了文章的主题。穿插，让立意深刻、重点突出，详略得当。

巧设波澜：心情郁闷出走，路被损坏受阻，迷惘一如此时的心情；经司机指点，找到另外一条路；回家并得到新的感悟。文章设置了波折，读来情味盎然，而且详略得当。

总之，我们要记住：详略的确定、处理与文章主题的确定有关，更关涉材料的取舍。

（此文发表于《语文周报》）

侧面描写：烘云托月

——侧面描写精彩片段技巧示范

一、名家佳段

（有一天，大约是中秋前的两三天，掌柜正在慢慢的结账，取下粉板，忽然说，"孔乙己长久没有来了。还欠十九个钱呢！"我才也觉得他的确长久没有来了。）一个喝酒的人说道："他怎么会来？……他打折了腿了。"掌柜说："哦！""他总仍旧是偷。这一回，是自己发昏，竟偷到丁举人家里去了。他家的东西，偷得的么？""后来怎么样？""怎么样？先写服辩，后来是打，打了大半夜，再打折了腿。""后来呢？""后来打折了腿了。""打折了怎样呢？""怎样？……谁晓得？许是死了。"掌柜也不再问，仍然慢慢的算他的账。

（节选自鲁迅《孔乙己》）

进了家门，静悄悄的，四个妹妹和两个弟弟都坐在院子里的小板凳上。他们在玩沙土，旁边的夹竹桃不知什么时候垂下了好几枝子，散散落落的，很不像样，是因为爸爸今年没有收拾它们修剪、捆扎和施肥。

石榴树大盆底下也有几粒没有长成的小石榴，我很生气，问妹妹们："是谁把爸爸的石榴摘下来的？我要告诉爸爸去！"

妹妹们惊奇地睁大了眼，摇摇头说："是它们自己掉下来的。"

（节选自林海音《爸爸的花儿落了》）

我吃了一惊，怎么，自杀也要老少结成对子，一对一去死吗？这只大斑羚和这只老斑羚除非插上翅膀，否则绝对不可能跳到对面那座山崖上去！

……

我十分注意盯着那群要送死的老斑羚，心想，或许个别滑头的老斑羚会从注定死亡的那拨偷偷溜到新生的那拨去，但让我震惊的是，从头至尾没有一只老斑羚调换位置。

……

我没有想到，在面临种群灭绝的关键时刻，斑羚群竟然想出牺牲一半挽救另一半的办法来赢得种群的生存机会。我没想到，老斑羚们会那么从容地走向死亡。

我看得目瞪口呆，所有的猎人都看得目瞪口呆，连狗也惊讶地张大嘴，伸出了长长的舌头。

（节选自沈石溪《斑羚飞渡》）

老杨同志吃了早饭起程，天不晌午就到了阎家山。他一进村公所，正遇着广聚跟小元下棋。他两个因为一步棋争起来，就没有看见老杨同志进去。老杨同志等了一会，还没有人跟他搭话，他就在这争吵中问道："哪一位是村长？"广聚跟小元抬头一看，见他头上箍着块白手巾，身上是白小布衫深蓝裤，脚上穿着半旧的硬鞋至少也有2斤半重。从这服装上看，村长广聚以为他是哪村派来的送信的，就懒洋洋地问道："哪村来的？"

……

广聚见他土眉土眼，说话却又那么不随和，一时想不出该怎么对付，便道："好吧，你且歇歇，我给你出去看看！"说了，就出了公所去找恒元。他先把介绍信给恒元看了，然后便说这人是怎样怎样一身土气。恒元道："前几天听喜富说有这么个人。这人你可小看不得！听喜富说，有些事情县长还得跟他商量着办。"

（节选自赵树理《老杨同志》）

海鸥在暴风雨来临之前呻吟着，——呻吟着，它们在大海上飞窜，想把自己对暴风雨的恐惧，掩藏到大海深处。

海鸭也在呻吟着，——它们这些海鸭啊，享受不了生活的战斗的欢乐：轰隆隆的雷声就把它们吓坏了。

蠢笨的企鹅，胆怯地把肥胖的身体躲藏到悬崖底下……（只有那高傲的海燕，勇敢地，自由自在的，在泛起白沫的大海上飞翔！）

（节选自高尔基《海燕》）

二、借鉴点

清代刘熙载在《艺概·诗概》中说，"春之精神写不出，以草树写之；山之精神写不出，以烟霞写之"，这种以"草树""烟霞"写"春""山"之精神的写法就是侧面描写。侧面描写，是指对描写的对象，不做正面的描绘，而从其他人物、事物的描绘、渲染中，烘托描写的对象，从而获得独特艺术效果的方法。简言之，侧面描写就是通过渲染被描写对象周围的环境、事物等，来表现被描写对象的一种表现手法，又叫间接描写，还叫衬托法。它是正面描写的一种有益的补充。恰当的侧面描写，不仅可以丰富人物性格，深化文章的主题，而且还可以激发人的想象力，常常起到正面描写所无法替代或者很难达到的艺术效果。因而，掌握侧面描写的相关技巧，在我们的写作训练中，显得十分必要。下面，让我们一起从几位名家的精彩片段中探寻侧面描写的一些技巧。

1. 以人衬人

以人衬人，简单地说，就是通过他人的活动来表现主体；具体地说，就是用描写主体周围的人的言行举止及心理活动来表现主体，或是主体不出场，而是通过描写与主体相关的其他人表现主体。选文的第一个片段中，鲁迅对主体孔乙己的描写，就是采用以人衬人的方式，孔乙己并没有出现在现场，而是通过掌柜与酒客的对话暗示了孔乙己因偷盗被丁举人毒打致残的事实。选文的第四个片段中，赵树理没有直接描写老杨同志的外貌，而是通过广聚的眼光来写老杨同志朴素土气、具有浓郁的农民气息的外貌特征，再把这种外貌和广聚爱理不理的"懒洋洋"的神态，及阎恒元告诫广聚"这个人小看不得"的语言相结合，就多维地烘托出了老杨同志在群众心目中节俭朴素、平易近人、立场坚定，在消极怠工的反动干部眼中土气、不随和、难缠的丰富的人物形象。当然，使用这种方法时，要注意写出的外貌既要符合主体人物的身份性格，又要符合观察者的身份和心理个性。这种方式的描写，明显具有不一样的表达效果。

2. 以物衬人

要写人，先避开人物不写，而写有关的景或物，通过景或物的描写来为人物的出场或是人物的性格特征做铺垫，或暗示人物的命运，这就是以物衬人。选文的第二个片段中，林海音对夹竹桃的垂落和掉在地上石榴的描写，其实是在暗示"爸爸"已经去世了。

3. 以人衬物

以人衬物即以人的表现，特别是人的心理感受和人的神态描写来衬托物，从而来唤起读者的共鸣。选文的第二个片段，主要通过"我"的系列心理感受烘托出斑羚令人震撼的"伟大"，让读者在阅读的过程中进入情境，感受斑羚的"伟大"。

4. 以物衬物

以物衬物即以彼物表现来衬托此物的形象。为了加大对比的效果，常采用反衬即侧面烘托的方法。选文的第五个片段，高尔基在《海燕》一文中为了突出海燕勇敢、乐观、敢于战斗的特点，就用海鸥、海鸭、企鹅等海鸟恐惧的心理和逃避的态度，与海燕进行对比，很好地突显了海燕的形象。朱自清在《春》一文中，为了突出春花的娇艳美丽和甜香，以"花下成千成百的蜜蜂嗡嗡地闹着，大小的蝴蝶飞来飞去"进行衬托。

我们需要注意的是，侧面描写的终极作用是"烘云托月"，即通过渲染"云"来烘托"月亮"。"云"是我们在运用侧面描写时借助的人或物，"月"是我们写作时需要突出的人或物。这种手法的运用，"烘云"是手段，"托月"是目的，因此，"月"才是写作的主题和重点，写作时根据需要详略得当，突出主体特点。

三、快乐仿写

叮叮，瓦似乎是专门为雨设置的乐器。平常，他们总是一言不发，一旦雨滴接踵而至，瓦的音乐就叮叮地响了。雨势急骤，琴声就慷慨激昂，如万马奔腾、百鸟齐鸣，又如两军交锋擂鼓助阵；雨势减缓，音乐也跟着弱下去，像激战过后的短暂休息，又像是怀春的少女在花前低语。屋内的我，心情也随着雨势忽急忽缓。

（崔侨《秋雨之韵》）

（"很抱歉，我又画在你衣服上了。"耳畔又一次传来他那带着圈、转着弯的石牌口音。）

我扭过头，只见校服上又多了一条黑色的利剑。再仔细地数一下，已经有五六条了吧，全都是他老人家的杰作。但是今天画上的这一条比以往都长，且像他的声音一样还拐着弯，像华尔兹结束时谦谦君子的手拉着线条在末了转了个圈。

（蒋梦圆《醉人的尝试》）

雪花飘落在皮肤上，凉丝丝的，清爽至极。低头看看，却才发现，雪儿们早已给这坚实的小路披上了一层柔软的银纱。再看路边，翠绿的草儿们都托着一簇簇雪团在风中晃动，好似在和雪花互相嬉戏。草丛边，是一块块光滑的石头静静地躺在土地上，石与石之间也夹着那洁白的雪。小小的细细的枯树枝头已冒出了一个个青嫩的小芽儿，都卧在一点点雪花中，这生机令我惊讶，即使在这寒冷的冬天，我也看到了春的壮丽。

（姚智皓《家乡的雪景》）

四、精彩另存

……已有九点钟的光景，老残赶忙吃了饭，走到明湖居，才不过十点钟时候。那明湖居本是个大戏园子，戏台前有一百多张桌子。那知进了园门，园子里面已经坐的满满的了，只有中间七八张桌子还无人坐，桌子却都贴着"抚院定""学院定"等类红纸条儿。老残看了半天，无处落脚，只好袖子里送了看坐儿的二百个钱，才弄了一张短板凳，在人缝里坐下。

……

旁坐有两人，其一人低声问那人道："此人想必是白妞了罢？"其一人道："不是。这人叫黑妞，是白妞的妹子。他的调门儿都是白妞教的，若比白妞，还不晓得差多远呢！他的好处人说得出，白妞的好处人说不出；他的好处人学得到，白妞的好处人学不到……"……

正在热闹哄哄的时节，只见那后台里，又出来了一位姑娘，年纪约十八九岁，……就这一眼，满园子里便鸦雀无声，比皇帝出来还要静悄得多呢，连一根针跌在地下都听得见响！

　　王小玉便启朱唇，发皓齿，唱了几句书儿。声音初不甚大，只觉入耳有说不出来的妙境：五脏六腑里，像熨斗熨过，无一处不伏贴；三万六千个毛孔，像吃了人参果，无一个毛孔不畅快。唱了十数句之后，渐渐的越唱越高，忽然拔了一个尖儿，像一线钢丝抛入天际，不禁暗暗叫绝。那知他于那极高的地方，尚能回环转折；几啭之后，又高一层，接连有三四叠，节节高起。恍如由傲来峰西面攀登泰山的景象：……及至翻到傲来峰顶，才见扇子崖更在傲来峰上；及至翻到扇子崖，又见南天门更在扇子崖上：愈翻愈险，愈险愈奇！

（节选自刘鹗《老残游记》）

　　点评：刘鹗《老残游记》中的这一段多角度进行了侧面描写。先用离开演出时间尚早，"园子里面已经坐的满满的了"的场面衬托人们对表演的期待，表现表演的精彩；接着用两个观众的对话从侧面介绍了黑妞和白妞的精湛演技，而对黑妞的介绍其实又是对白妞出神入化的唱功的烘托；最后一段先写白妞出场后的安静，后写听众听她演唱的奇妙感受。是多种侧面描写方式并用突出写作对象特点的典范。

　　我急忙隐到一棵梧桐后。只见陵容痴痴地看着虚朗斋卧房窗前哥哥颀长的身影，如水银般的月光从梧桐的叶子间漏下来，枝叶的影子似稀稀疏疏的暗绣落在她身上，越发显得弱质纤纤，身姿楚楚。她的衣角被夜风吹得翩然翻起，她仍丝毫不觉风中丝丝寒意。天气已是九月中旬，虚朗斋前所植的几株梧桐都开始落叶。夜深人静黄叶落索之中隐隐听见陵容极力压抑的哭泣声，顿时心生萧索之感。纵使陵容对哥哥有情，恐怕今生也已经注定是有缘无分了。夜风袭人，我不知怎的想起了温实初的那句话，"侯门一入深似海，从此萧郎是路人"。于陵容而言，此话倒真真是应景。

（节选自吴雪岚《后宫·甄嬛传》）

　　点评：《后宫·甄嬛传》原文中的这个选段借甄嬛的视角观察安陵容，描写她在入宫前夜在自己深爱的男子窗前深情凝望的神态、压抑无奈的哭声，还描写了秋季叶落的萧索、丝丝的寒意，也写了旁观者甄嬛的心理活动，运用侧面描写的三种形式，多方位地展示了这段感情的无望和应召入宫女子无法主宰自己命运的无奈。

　　这个疯子既狡猾又恶毒，决不放过机会，利用看护人暂时的疏忽。有一次她偷偷拿刀捅了她弟弟，有两次搞到了她小房间的钥匙，并且夜间从那里走了出来。在以上第一个场合，她蓄意把我烧死在床上，第二次，她找到你门上来了。我感谢上帝守护你。随后她把火发在你的婚装上，那也许使她朦胧地记起了自己当新娘的日子，至于还可能发生什么，我不忍心再回想了，当我想起早上扑向我喉咙的东西，想起它把又黑又红的脸凑向我宝贝的窝里时，我的血凝结了——

（节选自夏洛蒂·勃朗特《简·爱》）

点评：名著《简.爱》中罗切斯特说的这段话，运用"以他人的叙述介绍对象"这一形式交代了自己患有遗传性疾病的前妻的经历，也交代了自己过往岁月不幸的根源，交代了婚礼前没敢向简坦言的原因，表达了想要和简结婚重获幸福的热切渴望。

五、专项演练

（1）描写一个人，用正面描写和侧面描写相结合的手法介绍人物的某个方面（比如：肖像、性格、特长、喜好、行为、经历……），300字左右。要求：①抓住人物特征，正面侧面结合自然；②恰当使用修辞手法，语言简明生动。

（2）"风采"是一个含义丰富的词，其义项如下：①风度、神采，多指美好的举止态度；②泛指景象和事物的面貌格调；③表情；颜色；④声威名望；⑤风俗；⑥谓广泛搜集传闻；⑦文采。请以"别样的风采"为题，写一篇记叙文。

要求：①写一篇写人或叙事的记叙文；②在文中运用正面描写和侧面描写相结合的手法，描写人物或者环境；③文章不少于600字。

（此文发表于《语文周报》）

第五章
人物描写是有技巧的

外貌：知人知面也知心
——外貌描写精彩片段技巧示范

一、名家佳段

……只见面前的小个子那对浓似灌木丛的眉毛下面，一对灰色的眼睛射出一道黑豹似的目光，……这道目光就像一把锃亮的钢刀刺了过来，又稳又准，击中要害，令你无法动弹，无法躲避。……它像枪弹穿透了伪装的甲胄，它像金刚刀切开了玻璃。在这种入木三分的审视之下，谁都没法遮遮掩掩。

……在优美动人的音乐影响下，它们可以像村妇那样热泪涟涟。精神上感到满足自在时，它们可以闪闪发光，转眼又因忧郁而黯然失色，罩上阴云，顿生凄凉，显得麻木不仁，神秘莫测。它们可以变得冷酷锐利，可以像手术刀、像X射线那样揭开隐藏的秘密，不一会儿意趣盎然地涌出好奇的神色。这是出现人类面部最富感情的一对眼睛，可以抒发各种各样的感情。高尔基对它们恰如其分的描述，说出了我们的心里话："托尔斯泰这对眼睛里有一百只眼珠。"

（节选自茨威格《列夫·托尔斯泰》）

这个人打扮与众姑娘不同，彩绣辉煌，恍若神妃仙子：头上带着金丝八宝攒珠髻，绾着朝阳五凤挂珠钗；项上带着赤金盘螭璎珞圈；裙边系着豆绿官绦，双衡比目玫瑰佩；身上穿着缕金百蝶穿花大红洋缎窄裉袄，外罩五彩刻丝石青银鼠褂；下着翡翠撒花洋绉裙。一双丹凤三角眼，两弯柳叶吊梢眉，身量苗条，体格风骚，粉面含春威不露，丹唇未启笑先闻。

（节选自曹雪芹《红楼梦》）

……头上扎着白头绳，乌裙，蓝夹袄，月白背心，年纪大约二十六七，脸色青黄，但两颊却还是红的。……她模样还周正，手脚都壮大，又只是顺着眼，不开一句口，很像一个安分耐劳的人，……她仍然头上扎着白头绳，乌裙，蓝夹袄，月白背心，脸色青黄，只是两颊上已经消失了血色，顺着眼，眼角上带些泪痕，眼光也没有先前那样精神了。……五年前的花白的头发，即今已经全白，全不像四十上下的人；脸上瘦削不堪，黄中带黑，而且消尽了先前悲哀的神色，仿佛是木刻似的；只有那眼珠间或一轮，还可以表示她是一个活物。

（节选自鲁迅《祝福》）

二、借鉴点

果戈理说："外形是理解人物的钥匙。"外貌描写，也称肖像描写，即对人物的外貌特征（包括人物的容貌、衣着、神情、体型、姿态等等）进行描写，以揭示人物的思想性格，表达作者的爱憎，突出文章主题等。外结合情节的发展，还能显示人物的命运。"人心不同，各如其面"，我们只有善于观察，学会描写，才能把人物写活，给读者留下深刻的印象。从三位名家的精彩片段中，我们来探索一下外貌描写的几点技巧。

一是抓住特征，刻画典型。写人物外貌，不能"眉毛胡子一把抓"，面面俱到，而应该选取最能反映人物身份与性格的侧重点，捕捉最能表现人物内心情感与个性的瞬间来进行描写。如茨威格在刻画列夫托尔斯泰时，就抓住他那双犀利而又情感丰富的眼睛来突出托尔斯泰智者和勇者的形象。曹雪芹对王熙凤穿着的铺排描写，充分彰显了凤姐在贾府的特殊身份和地位，为后文的情节埋下伏笔。鲁迅通过描写祥林嫂的脸色和眼睛，把一个身心饱受摧残的旧社会劳动妇女的形象呈现在我们面前。

二是形神兼备，表现个性。正如人们所说"眼睛是心灵的窗口"，外貌也是反映一个人性格特点和精神品质的重要特质。所以我们对人物的刻画不要停留在表面，而要由表及里，由形入神，要通过外貌，像X光一样，透视出人物的性格和内心世界。曹雪芹的《红楼梦》中凤姐的外貌描写就和她的性格密切相关。丹凤眼，柳叶眉，本是俊俏可爱的；但加上"三角""吊梢"便不同了——不可爱而有些可怕，在俊俏中透出狡猾之态、刁钻之貌、凶狠之气。这与凤姐的个性是一致的。她在府中是著名的"管家婆"，有"凤辣子"之称，善使手段，泼辣凶悍。"粉面含春威不露，丹唇未启笑先闻"，更是把她笑里藏刀、工于心计，善于逢迎、见风使舵的个性暴露无遗。

三是动态描写，推动情节。人物的外貌尤其是神情姿态不可能一成不变，它会与情节发展和上节奏，一步步揭示主题。鲁迅的《祝福》就描写了三个时段的祥林嫂的外貌：初到鲁家，不幸却还健壮——"两颊却还是红的"；再次来到鲁家，处境更加悲惨——"眼光也没有先前那样精神了"；最后一次见面，祥林嫂肉体被摧垮，精神也已死亡了——"消尽了先前悲哀的神色，仿佛是木刻似的"。三次同中有异、异中有同的外貌描写，概括了祥林嫂一生的不幸，揭示了封建制度和封建礼教对以祥林嫂为代表的劳动妇女的迫害和摧残，对反封建的主题起到了见微知著、画龙点睛的作用。

四是工笔简笔，各尽其妙。对人物的外貌描写，有的人擅长工笔细描，有的人倾向白描写意，手法不同，妙处相通。像第一个片段中茨威格对托尔斯泰眼睛的描写，就用了一连串生动形象的比喻和大量四字短语，浓墨重彩，精雕细镂，来展现托尔斯泰敏锐的洞察力和丰富的内心世界，使人读来如见其人。而鲁迅先生刻画人物，有时却寥寥数笔，尽现精神"。像《祝福》中"只有那眼珠间或一轮，还可以表示她是一个活物"，就把祥林嫂饱受摧残后连精神也垮掉了的呆滞刻画了出来。

三、快乐仿写

她的眼睛很有特点，水滴形的眼眶里"白山黑水"格外分明。乌溜溜两粒暗色琥珀总是灵活地转动，足足地透出几分机灵。对人大声说笑时，她的黑眼睛就犹如三伏里的两轮黑色小太阳，总是发散出和阳光一样明媚耀眼的光。在她看悲情小说时，叫她一声，你会见到那眼睛变成了一潭湖水，波光粼粼。这就是李婧尔，我那聪明阳光却多愁善感的好姐妹。

（王紫荆《我的好朋友》）

班主任站在讲台前，面色阴沉，像暴风雨前一潭黑水。他的眉毛、眼睛向下耷拉着，鼻子下面两撮八字胡一动一动的，镜眶里的小眼睛审视般地看了我们一眼，那眼光虽不锐利，却足以逼得我们不敢与他正视。过了一会儿，他拿起笔，开始在黑板上一字一画地写"期中总结"。过了一会儿，他那似铁板一样的脸动了一下，嘴巴张了张，开始一番长篇大论。

（王晨《难忘的一课》）

早就听说我们学校有个被称作"长眉道人"的数学教师，今日一见，果真不同凡响。年近半百的他脸色白皙而略带皱纹，眼睛向上看时，抬头纹更深，隐约露出几根银丝的短发显得自然而安详。他颧骨稍大，眼睛里放射出的全是希望的光芒。最能体现他个性特点的是他的眉毛与众不同，因为他的眉毛不是紧贴面部，而向左右成30度角斜栽在额头下方。整条眉毛呈三角形，就像一把伞为保护眼睛而尽职尽力。其中最长的眉毛足有5厘米，讲到动情处，眉飞色舞的神态让人觉得他和学生离得很近，仿佛所有慈爱和智慧深藏在这眉毛之中。左侧的长眉上翘，仿佛体现出他教学生涯中严格的一面，右边的长眉稍下垂，又能折射出对学生的关爱。难怪有人称之为"寿星眉"。

（周炎《我的数学老师》）

他生就一副讨人喜欢的脸，脸颊上空地大于植被，没有一丝败笔会出现在他脸上。虽说有胡髭是成熟的象征，可对他来说，如果强行将这些安在他脸上，那是非常不合逻辑的，只会玷污了这张脸存在的意义。黑油油的头发浓密至极，就像树林严密地覆盖了整个山坡。有时因头发疯长会形成刘海，往旁边一拨，帅极了。不完美的是他太矮了，班上的许多女生都比他高，这让我为他的清秀惋惜，而他能摆脱平庸的原因是他有一张好嘴。他的嘴就像是相声家的名嘴，语文课上积极发言，妙语如珠；学校里解决同学的矛盾，头头是道。他的两片嘴唇一张一合间，所有问题灰飞烟灭。

（梅红瑞《我的好朋友》）

四、精彩另存

叮叮当当的碰撞声有节奏地响彻在石场里。夕阳照在他弯曲的脊背上，尽管下午天已经凉了，但是他的汗衫随着凿子的起起伏伏，渗出一层层汗，汗衫上有的地方结成了盐渍。他高高抡起铁锤，举过头顶的时候，腮帮边上靠近太阳穴的血管隆起，像移动的蚯蚓一样，似乎随时有可能穿过脸皮奔涌出来。

（摘自马国福《石匠的黄昏》）

点评： 石匠的肖像，最突出的特点是哪里呢？自然是他那弯曲的脊背，是他那结了盐渍的汗衫，以及面部因用力而隆起的血管。成功刻画好了这些特点，石匠的形象也便鲜活了。

我弟弟生得很美而我一点儿都不。从小我们家里谁都惋惜着，因为那样的小嘴，大眼睛与长睫毛，生在男孩子的脸上，简直是白糟蹋了，长辈就问他："你把眼睫毛借我好不好？明天就还你。"然而他总是一口回绝了。有一次，大家说起某人的太太真漂亮，他问道："有我好看么？"大家常常取笑他的虚荣心。

（摘自张爱玲《弟弟》）

点评： 描写弟弟的肖像，不写他的鼻子，不写他的笑脸，也没有写他的酒窝，而是抓住了他的特点：大眼睛与长睫毛。角度不同，形象也便令人回味了。

这女学生穿着白洋布短期旗袍，白线袜，白色运动鞋，手里捏着一条素白的手绢——浑身上下全是白色。她没有同伴，只一个人坐在车厢一角硬木位子上，动也不动地凝视着车厢外边，她的脸略显苍白，两只大眼睛又黑又亮。

（摘自杨沫《青春之歌》）

点评： 这段文字，准确地捕捉住这个女孩衣着的突出特征——白色，加之苍白的脸，明亮的大眼睛，形象地写出了她的身份、处境以及文静、纯真而富有教养的性格。

可是，总该搽点胭脂抹点儿粉的，她面对镜子，仓促中又找不到胭脂在什么地方。镜子里有张又苍白又憔悴的脸，一对又大又热切的眸子，一副紧张兮兮的表情……天哪！为什么小说里的女主角都有水汪汪的眼睛，红艳艳的嘴唇，白嫩嫩的肌肤，乌溜溜的头发……她在镜子前面转了一个身子，嗯，她勉强地叹了口气，发现自己有一项还很合格——头发。她的头发是长而直的，因为她没时间去美容院烫。而且，是"乌溜溜"的。

（摘自琼瑶《金盏花》）

点评：琼瑶笔下的这位女性真是有些特别。在镜子前面转了一圈，竟然发现自己勉强算得上合格是竟然只有"头发"。是啊，这正是人物与众不同的地方。

五、专项演练

（1）写你最熟悉的一个人的外貌片段，300字左右。要求：①抓住典型特征；②写出人物个性；③用上一些修辞手法。

（2）请以"有你真好，_____"为标题，写一篇800以上的文章。要求：①请在横线上填写一个人的名字，将标题补充完整；②借鉴上面的写作技巧，恰当运用外貌描写。

（此文发表于《语文周报》）

动作：举手投足见性情

——动作描写精彩片段技巧示范

一、名家佳段

一看见丈夫瞪着金子的眼光，葛朗台太太便叫起来：

"上帝呀，救救我们！"

老头身子一纵，扑向梳妆匣，好似一只老虎扑上一个睡着的婴儿。

……

老家伙想掏出刀子撬一块金板下来，先把匣子往椅子上一放。欧也妮扑过去想抢回；可是箍桶匠的眼睛老盯着女儿跟梳妆匣，他手臂一摆，使劲一推，欧也妮便倒在母亲床上。

（节选自巴尔扎克的《欧也妮葛朗台》）

范进不看便罢，看了一遍，又念一遍，自己把两手拍了一下，笑了一声，道："噫！好了！我中了！"说着，往后一交跌倒，牙关咬紧，不省人事。老太太慌了，慌将几口开水灌了过来，他爬将起来，又拍着手大笑道："噫！好！我中了！"笑着，不由分说，就往门外飞跑，把报录人和邻居都吓了一跳。走出大门不多路，一脚踹在塘里，挣起来，头发都跌散了，两手黄泥，淋淋漓漓一身的水。众人拉他不住，拍着笑着，一直走到集上去了。

（节选自吴敬梓的《范进中举》）

二、借鉴点

动作描写，又叫行动描写，即对人物的动作、行为、活动的描写。这种方法对刻画人物有非常重要的作用，是表现人物性格及塑造人物形象的主要手段之一。黑格尔在《美学》中强调："能把个人的性格、思想和目的最清楚地表现出来的是动作，人的最深刻方面只有通过动作才能见诸现实。"

成功的动作描写可以更好地透视出人物的心理，折射出人物的个性特征和精神风貌，从而使笔下的人物栩栩如生。从上面三个精彩片段中，我们可以窥探到一些动作描写的技巧。

一是符合特点，揭示性格。不同性别、年龄、性格、身份的人，动作的特点也就不同；人在不同情景、环境中，动作的特点更是不同。因此，描写的动作要体现人物的性格特点、思想品质，要符合生活实际。如《欧也妮葛朗台》中葛朗台看到梳妆匣的一段动作描写，就与他贪婪、嗜财如命的守财奴的性格特征非常符合。一"瞪"一"纵"一"扑"已见其爱财心切，一"掏"一"撬"更是行动利落，而一"摆"一"推"更是把这位老财迷为了金钱、六亲不认的性格特点展现出来，深刻地揭示了葛朗台行动的内在动力——对金钱的强烈占有欲。

二是营造情境，突出细节。如《范进中举》中为了表现胡屠户对中举后的女婿极尽巴结之能事，作者特别突显了这样一个细节——"屠户见女婿衣裳后襟滚皱了许多，一路低着头替他扯了几十回"。

三是融入情感，突显中心。作品中的动作描写并不是照相机似的客观拍摄、场景再现，而是作者借助动作描写表达对人物的理解、对生活的看法。因此，描写动作要把自己的感情融入其中，才能引起读者共鸣，使作品更富有感染力。如《范进中举》对范进中举后喜极而疯的动作描写，"看了一遍，又念一遍，自己把两手拍了一下，笑了一声"已经写出了这位老秀才乍知喜讯、半痴半傻的情状，"一脚踹在塘里，挣起来，头发都跌散了，两手黄泥，淋淋漓漓一身的水"，又活画醉心功名者的丑陋、狼狈形象，字里行间流露出作者的嘲弄和讽刺，加深了作品批判封建科举制度的意义。

四是准确用词，直击精妙。莫泊桑说："不论一个作家所要描写的东西是什么，只有一个词可以供他使用，用一个动词要使对象生动，一个形容词要使对象的性格鲜明。因此就得去找，直到找到那个动词和形容词，而决不要满足'差不多'"。葛朗台看到梳妆匣的一段，一个"扑"字，极有表现力，极其自然真切地表现了葛朗台发现金子时那种贪婪的神态和急不可耐的心理。这里用"扑"而不用"抱""端""拿"，正说明他对金子、金钱极端的占有欲，即使扑上去一命呜呼也在所不辞。一个见到金子不要老命的守财奴的形象就被勾勒了出来。

三、快乐仿写

他50多岁了。戴着一副高度近视眼镜。他战战兢兢取下眼镜，用衣服的下摆随手擦了擦镜片。"嗯嗯……"他刚要讲话，忽然想起了什么，手忙脚乱地在盘子里找了找，又匆匆往口袋里掏了掏，掏出了一盒火柴，这才放心地又"嗯嗯"两声，站直身子，用特别响亮的声音说："现在开始看老师做实验！"

（王成《我的老师》）

老人的双手很灵巧。一个泥人在他手里诞生，只要几分钟。看他又拿起一团泥，先捏成圆形，再用手轻轻揉搓，使它变得柔软起来，光滑起来。接着，又在上面揉搓，渐渐分出了人的头、身和腿。他左手托住这个泥人，右手在头上面摆弄着，不一会儿，泥人戴上了一顶偏偏的帽子。

（张书《捏泥人的老头》）

他习惯地抖了抖肩膀，轻轻地摆了一下头，满怀信心地走到单杠下，"嗖"的一下，跳了上去。接着便是一连串的高难度动作，只见他腾空跃起，又轻捷地抓住单杠。观众惊魂未定，他又突然将双手一松，身体高高抛起，在空中翻了三个空翻，然后飘然落下，两脚钉子般地钉在垫子上，双手高高举起，纹丝不动。观众则是站在看台上拼命地鼓掌与高声欢呼。

（张汉青《精彩的瞬间》）

她敏捷地踩着椅子上了桌子，又从桌子迈上窗台。她先用一块干布掸了掸玻璃，然后再换一块潮湿的抹布，踮着脚，一只手抓住窗棂，一只手从上到下用抹布蹭玻璃。接着，又自上而下从左到右蹭了一遍。玻璃上有污点的地方，她就哈一口气，使劲蹭几下，还不干净，她又用手指抠几下，啊，污点终于被她消灭了。她从窗台上下来，站在地上，端详着被她擦得一尘不染的玻璃，美滋滋地笑了。

（李洁《劳动最光荣》）

四、精彩另存

武松将半截棒丢在一边，两只手就势把大虫顶花皮胳搭地揪住，一按按将下来。那只大虫急要挣扎，早没了气力。被武松尽气力纳定，那里肯放半点儿松宽。武松把只脚望大虫面门上、眼睛里只顾乱踢。那大虫咆哮起来，把身底下扒起两堆黄泥，做了一个土坑。武松把那大虫嘴直按下黄泥坑里去。那大虫吃武松奈何得没了些气力。武松把左手紧紧地揪住顶花皮，偷出右手来，提起铁锤般大小拳头，尽平生之力，只顾打。打得五七十拳，那大虫眼里、口里、鼻子里、耳朵里，都迸出鲜血来。

（摘自施耐庵的《水浒传》）

点评：抓住武松打虎的系列动作，细致描写，武松的勇敢、武艺高强的形象跃然纸上，流露出作者的赞美之意，敬佩之情。

老栓还踌躇着，黑的人便抢过灯笼，一把扯下纸罩，裹了馒头，塞与老栓，一手抓过洋钱，捏一捏转身去了。嘴里哼着说："这老东西……"

（摘自鲁迅的《药》）

点评：有关这"黑的人"的连续性的九个动词，通过作者巧妙自然的衔接，一个惯于做这路交易的刽子手横蛮、凶狠、残忍的罪恶形象跃然纸上。

在那山坡前，战经八九个回合，八戒渐渐不济起来，钉钯难举，气力不加。……那呆子道："沙僧，你且上前来与他斗着，让老猪出恭来。"他就顾不得沙僧，一溜往那蒿草薜萝，荆棘葛藤里，不分好歹，一顿钻进，哪管刮破头皮，搠伤嘴脸，一毂辘睡倒，再也不敢出来。但留半边耳朵，听着梆声。

（摘自吴承恩的《西游记》）

点评："一溜""不分好歹，一顿钻进""一毂辘睡倒"等动作描写只能属于猪八戒，其自私可笑的性格特征表现得惟妙惟肖。

老头儿放下了钓丝，把它踩在脚底下，然后把鱼叉高高地举起来，举到不能再高的高度，同时使出全身的力气，比他刚才所聚集的更多的力气，把鱼叉扎进那大胸鳍后面的鱼腰里，那个胸鳍高高地挺在空中，高得齐着一个人的胸膛。他觉得鱼叉已经扎进鱼身了，于是他靠在叉把上面，把鱼叉扎得更深一些，再用全身的重量把它推进去。

（摘自海明威的《老人与海》）

点评： 作者把笔墨集中在处于特定时空的鱼叉上，"举""扎""靠""推"等动作构成精彩的特写镜头，使人从惊心动魄的搏斗中形象地体味到人的伟力、气魄和智慧。

众人先是发怔，后来一想，上上下下都一齐齐哈哈大笑起来。史湘云掌不住，一口茶都喷出来。林黛玉笑岔了气，伏在桌子上"嗳哟！"宝玉滚到贾母怀里，贾母笑的搂着叫"心肝"，王夫人笑的用手指着凤姐儿，只说不出话来。薛姨妈也掌不住，口里的茶喷了探春一裙子。探春的茶碗都合在迎春身上。惜春离了座位，拉着她奶母，叫"揉揉肠子"。地下无一个不弯腰屈背，也有躲出去蹲着笑的，也有忍着笑上来替他姐妹换衣裳的。独有凤姐鸳鸯二人掌着，还只管让刘姥姥。

（节选自曹雪芹《红楼梦》）

点评： 一段文字，一连写了8个人的"笑"，同样是"笑"，却是千姿百态，紧扣各人的身份和性格的。这精彩的"笑"的动作大描写，非高手不能为。

五、专项演练

（1）写你观察到的一个人的动作片段，300字左右。要求：①抓住典型细节；②写出人物个性；③用上一些修辞手法。

（2）请以"最是难忘"为标题，写一篇800以上的文章。要求：①要把"难忘"聚焦在人物的动作描写上，写出人物的特征；②借鉴上面总结的写作技巧。

（此文发表于《语文周报》）

语言：言为心声，妙手天成

——语言描写精彩片段技巧示范

一、名家佳段

（中举前）范进因没有盘费，走去同丈人商议，被胡屠户一口啐在脸上，骂了一个狗血喷头，道："不要失了你的时了！你自己只觉得中了一个相公，就'癞虾蟆想吃起天鹅肉'来！我听见人说，就是中相公时，也不是你的文章，还是宗师看见你老，不过意，舍与你的。如今痴心就想中起老爷来！这些中老爷的都是天上的'文曲星'！你不看见城里张府上那些老爷，都有万贯家私，一个个方面大耳。像你这尖嘴猴腮，也该撒抛尿自己照照！不三不四，就想天鹅屁吃！趁早收了这心，明年在我们行里替你寻一个馆，每年寻几两银子，养活你那老不死的老娘和你老婆是正经！你问我借盘缠，我一天杀一个猪还赚不得钱把银子，都把与你去丢在水里，叫我一家老小嗑西北风！"一顿夹七夹八，骂的范进摸门不着。……

（中举后）胡屠户道："我那里还杀猪！有我这贤婿，还怕后半世靠不着也怎的？我每常说，我的这个贤婿，才学又高，品貌又好，就是城里头那张府、周府这些老爷，也没有我女婿这样一个体面的相貌！……"说罢，哈哈大笑。

（节选自吴敬梓的《范进中举》）

母亲回来了。我看出她在哆嗦。她很快地说："我想就是他。去跟船长打听一下吧。可要多加小心，别叫这个小子又回来吃咱们！"

父亲赶紧走去。我这次可跟着他走了，心里异常紧张。父亲客客气气地和船长搭上话，……最后我父亲终于说："您船上有一个卖牡蛎的，那个人倒很有趣。您知道这个家伙的底细吗？"

船长本已不耐烦我父亲那番谈话，就冷冷地回答说："他是个法国老流氓，去年我在美洲碰到他，就把他带回祖国。据说他在勒阿弗尔还有亲属，不过他不愿回到他们身边，因为他欠了他们的钱。他叫于勒……姓达尔芒司，也不知还是达尔汪司，总之是跟这差不多的那么一个姓。听说他在那边阔绰过一个时期，可是您看他今天已经落到什么田地！"

我父亲脸色早已煞白，两眼呆直，哑着嗓子说："啊！啊！原来如此……如此……我早就看出来了！……谢谢您，船长。"

他回到我母亲身旁，是那么神色张皇。母亲赶紧对他说："你先坐下吧！别叫他们看出来。"

……

母亲突然很暴怒起来，说："我就知道这个贼是不会有出息的，早晚会回来重新拖累我们的。现在把钱交给若瑟夫，叫他去把牡蛎钱付清。已经够倒霉的了，要是被那个讨饭的认出来，这船上可就热闹了。咱们到那头去，注意别叫那人挨近我们！"她说完就站起来，给了我一个五法郎的银币，就走开了。

（节选自莫泊桑的《我的叔叔于勒》）

那妇人闻言，大怒道："这泼和尚无礼！我若不看你东土远来，就该叱出。我倒是个真心实意，要把家缘招赘汝等，你倒反将言语伤我。你就是受了戒，发了愿，永不还俗，好道你手下人，我家也招得一个。你怎么这般执法？"

三藏见他发怒，只得者者谦谦，叫道："悟空，你在这里罢。"行者道："我从小儿不晓得干那般事，教八戒在这里罢。"八戒道："哥啊，不要栽人么。——大家从长计较。"三藏道："你两个不肯，便教悟净在这里罢。"沙僧道："你看师父说的话。弟子蒙菩萨劝化，受了戒行，等候师父；自蒙师父收了我，又承教诲；跟着师父还不上两月，更不曾进得半分功果，怎敢图此富贵！宁死也要往西天去，决不干此欺心之事。"那妇人见他们推辞不肯，急抽身转进屏风，扑的把腰门关上。

（节选自吴承恩《西游记》）

二、借鉴点

汉·扬雄在《法言·问神》一文中说："言，心声也。"语言也是人物内心的体现。我们这里说的语言描写是一种通过对人物对话、独白及语气的描写，以表现人物身份、思想、感情和性格的写作方法。鲁迅先生也曾说过："如果删掉了不必要之点，只摘出各人的有特色的谈话来，我想，就可以使别人从谈话里推见每个说话的人物。"能够让读者从"各人有特色的谈话"中来"推见每个说话人"——这就是语言描写的魅力。

"如闻其声，如见其人"是我们进行语言描写的最终追求。下面，让我们一起从三位名家的精彩片段中探究语言描写的几点技巧。

一是合乎身份，展现个性。人物的语言描写要能显示人物的身份、职业、地位、经历，并深层次突显诸多因素综合影响之下人物的心理、情感和独特个性。上文摘引的几个片段都很好地运用了这一技巧。第一个片段中胡屠户的语言非常具有个性特色，他的"像你这尖嘴猴腮，也该撒抛尿自己照照！不三不四，就想天鹅屁吃""你问我借盘缠，我一天杀一个猪还赚不得钱把银子，都把与你去丢在水里"等语言就鲜明地突出了他作为杀猪佬的粗俗鄙陋和作为生意人的锱铢必较，非常形象。第三个片段中，唐僧师徒四人面对菩萨变成的女施主假意诱婚时所说的话，个性非常鲜明，悟空的斩钉截铁，沙僧的意志坚定都表现得淋漓尽致，猪八戒的一句"从长计议"就一下子暴露了他贪恋女色和对取经事业三心二意的思想。

二是添前后缀，形象表达。所谓"添前后缀"指的是在进行语言描写的同时，还要添加人物说话时的神态、表情、动作等，对说话人的"声""像""态"等从多个角度综合描绘。除了写"说什么"，还要写"怎么说"，使读者有身临其境的感觉，读文章如听导演说戏。吴敬梓的《范进中举》中胡屠户"一口啐在脸上"的动作和"说罢，哈哈大笑"的神态声势鲜明、动态感极强地写出了范进中举前，胡屠户对他任意凌辱和范进高中后而滋生的一种洋洋自得、不知羞耻的形象。《我的叔叔于勒》一文中，在刻画菲利普夫妇的形象时，莫泊桑成功地运用神态描写来配合语言描写，逼真地刻画出了在发现于勒真实情况后，"父亲"的惶恐、"母亲"的暴怒。

三是勾连情节，适时点染。有时，语言描写还用来预示和推动故事情节的发展，交代事情的来龙去脉，或通过语言描写介绍环境或时代背景等相关内容，使语言描写成为情节勾连的关键部分。《范进中举》一文中胡屠户在中举前后不同时间、不同环境下说的"像你这尖嘴猴腮"和"品貌又好"等话语，在突出情节发展的同时也突出了人物的态度前倨后恭的发展变化过程。莫泊桑则用克拉丽丝的一句"我就知道这个贼是不会有出息的，早晚会回来重新拖累我们的"作为一条线将态度变化的原因、过去的宿怨、今天的新恨等情节前后贯穿。

三、快乐仿写

（1）放学回来，门虚掩着，我发现妈妈正背对着我坐在我的书桌前，聚精会神地看着什么。

"妈，您在做什么？"我推开门，问道。

"没做什么。"她悚然一惊，慌忙将手里的东西塞进抽屉，转过身来，脸上显出不自然的神色，"回来了，我这就给你做饭。"

"妈，您是不是在偷看我的书信？您怎么能这样！"

"这孩子，怎么说话呢，我在帮你收房间。再说，我看了你的信又怎么了，犯多大罪了？我是你妈！"说完，她甩开门出去了。

"妈，我也是有隐私的，您看我的信件必须经过我的同意，您这样做是在践踏我的尊严！"我大喊。

"小丫头片子，在我面前，你哪儿有隐私啊，还给我谈尊严。"妈妈不怒反笑。

"你……"

"我怎么啦，长大了就不得了了。听着，我要随时掌握你的思想动态，以后少给我用这样的字眼。"

"我……"我真的无语了。

（月生《偶遇》）

（2）第二天早餐时，我惊喜地发现哥哥不知什么时候竟回来了。就在我招呼面沉似水的他过来吃早饭时，原本正喝粥的妈妈把碗一推，站起身来冷冷地说了声"还知道回来"，然后就快步走到客厅去了。闻到火药味的我见势连忙对哥哥说："哥，妈买了你最喜欢吃的油条，快吃吧，不然要凉了。"哥哥看看一脸紧张的我，终于放下挑着的眉毛，吃起了我递过去的早饭。饭后他递给我一个盒子，朝客厅的方向努努嘴说："这是给她买的治心绞痛的药，等我走后她，就说是你买的；你好不容易放假，老哥却不能陪你玩了，自己玩得开心点儿……"

（张瑶玲《距离的味道》）

（3）刚下火车，我的肩膀被人拍了一下，我疑惑地回过头，发现一张阳光般的笑脸。

"看什么看，不认得我了，老同学。"他用右手的大拇指擦了一下他高挺的小鼻子。

我一下子忆起来了，他那个擦鼻子的习惯动作。

"你是周雅鑫！"我大叫。

他猛地朝我的胸口擂了一拳："好小子，够哥们儿，想起我了？"

"当然，那时我们可是铁杆！不过你的变化也太大了点儿，看样子，男大也是十八变啊。"我幽了他一默。

"哈哈哈……"我们俩相视大笑。

（王溢涓《他乡遇故知》）

（4）母亲望着光秃秃的山看了许久，回过头对父亲说："山荒着不好，咱们种点儿什么吧！"父亲想了想说："这山净是石子，只有薄薄的一层土，一铲子能铲到底，种什么都不会有收成的，别白费力气了。"母亲说："不试试看，怎知不行？就种点儿金银花吧，金银花生命力强，还能卖个好价钱。"我也不忍心妈妈白劳累一场，忍不住劝阻："妈，土这样薄，实在没养分，就算试验成功了，也难保有好收成，还是算了吧。""一步步来吧，遇到石头把它搬开；土不肥，积攒点儿农家肥，总归会想到办法的。"……清晨，手握一杯淡淡的金银花茶，望着母亲的山头上一片耀眼绿色中闪闪烁烁的金银花，前年春天的那一幕仿佛重现。

（李家伟《走一步，再走一步》）

四、精彩另存

正值林黛玉在旁，因问宝玉："在那里的？"宝玉便说："在宝姐姐家的。"黛玉冷笑道："我说呢，亏在那里绊住，不然早就飞了来了。"宝玉笑道："只许同你顽，替你解闷儿。不过偶然去他那里一趟，就说这话。"林黛玉道："好没意思的话！去不去管我什么事，我又没叫你替我解闷儿。可许你从此不理我呢！"说着，便赌气回房去了。

（摘自曹雪芹《红楼梦》）

点评： 宝、黛的对话，语言和神态相结合，极其俭省的几句就写出了黛玉的不满和宝玉陪小心的心理，更表现了林黛玉喜欢赌气、说话尖酸的个性。

郭靖又道："我辈练功学武，所为何事？行侠仗义、济人困厄固然乃是本份，但这只是侠之小者。江湖上所以尊称我一声'郭大侠'，实因敬我为国为民、奋不顾身的助守襄阳。然我才力有限，不能为民解困，实在愧当'大侠'两字。你聪明智慧过我十倍，将来成就定然远胜于我，这是不消说的。只盼你心头牢牢记着'为国为民，侠之大者'这八个字，日后名扬天下，成为受万民敬仰的真正大侠。"

（摘自金庸《神雕侠侣》）

点评： 金庸作品中，襄阳初见时杨过想要杀郭报仇时，郭靖对杨过说的这番话，既表现了郭靖谦逊明理、行侠仗义、为国为民的大侠风范，又表达了郭靖对曾义结金兰的故人之子杨过的真心期望，更为杨过后来放弃杀害郭靖及最终成为一代大侠的情节做了预示和推动。令人读来对作者的笔法高妙和郭靖的赤胆忠心均感佩不已！

慕容沣回头一望，笑着叫了声"姨娘"，说："四姨娘什么时候来的？"静婉早就站了起来，……此时她先握了静婉的手，细细地打量了一番，才答慕容沣的话："我是什么时候来的？就是你们举案齐眉的那会子来的。"

慕容沣明知道她误解，可是不知为何，心里很愿意她误解下去，含糊笑了一笑，说："姨娘请坐吧。"静婉因她是长辈，所以特别客气，亲自将旁边的椅子端过来，说："姨娘请坐。"四太太"哎呀"了一声，直笑得一双明眸如皓月流光，连声说道："不敢当，可不敢当。"静婉这才觉察自己一时顺嘴说错了话，只窘得恨不得遁地。慕容沣见了这情形，就打岔说："戏正好，姨娘听完再和咱们一同回去吧。"那四太太本是个极俏皮的人，于是顺口答："是啊，戏正好，你们慢慢听吧，我打了一天的麻将牌，要回去休息了，可不在这里讨人厌了。"静婉听她句句语带双关，自己又说错了一句话，只是默不做声。

（摘自匪我思存《碧甃沉》）

点评： 此段语言描写神态、语言、心理、动作描写结合；四姨娘的话多处一语双关，值得玩味；四姨娘俏皮诙谐的性格、静婉困窘的心理、慕容沣对静婉的爱慕之情均跃然纸上。

宋江就忠义堂上与众弟兄商议立梁山泊之主。……吴用劝道："兄长为尊，卢员外为次，人皆所伏。兄长若如是再三推让，恐冷了众人之心。"原来吴用已把眼视众人故出此语。只见黑旋风李逵大叫道："我在江州，舍身拼命，跟将你来，众人都饶让你一步。我自天也不怕，你只管让来让去做甚鸟！我便杀将起来，各自散伙！"武松见吴用以目示人，也发作叫道："哥哥手下许多军官，受朝廷诰命的，也只是让哥哥，如何肯从别人？"刘唐便道："我们起初七个上山，那时便有让哥哥为尊之意。今日却要让别人？"鲁智深大叫道："若还兄长推让别人，洒家们各自都散！"

（摘自施耐庵的《水浒》）

点评：这段文段中描写了五个人的谈话。同是拥立宋江为梁山之主，不赞成宋江的谦让，但五个人所说的话却大不相同。吴用、武松均从大局出发，以理服人。但吴用言辞委婉，武松则显露；李逵和鲁智深都对宋江的谦让表示强烈不满，但李逵言辞粗鲁，鲁智深则比较注意分寸；刘唐虽未能申之以理，但也不似李逵、鲁智深的火暴，言辞颇含怨意。由此，人们不难看到他们各不相同的性格特点。

五、专项演练

（1）将你听到和看到的印象最深刻的一段对话或独白写下来，200字左右。

要求：①能表现出人物个性特征；②适当添加人物说话时的神态、动作、表情。

（2）前行是脚步的积累，成长是不断前行的过程。前行的路上，有风景、梦想，有期盼、关爱，有欢笑、痛苦；前行离不开目标、坚持……一路前行，你有过怎样的经历和体验？前行引发了你怎样的思考？请以"前行"为话题，结合自己的经历写一篇不少于600字的文章。要求：行文中恰当运用语言描写技巧，写出真情实感。

（此文发表于《语文周报》）

心理：窥视内心世界　展现精神风貌

——心理描写精彩片段技巧示范

一、名家佳段

"我一边跑一边想：看样子是难以逃脱了。扔了米跑吧，山上急等着用粮食，舍不得丢，——而且就是扔了也不一定能逃得脱；不扔吧，叫敌人追上了也是人粮两空。怎么办呢？……这时，洪七还紧跟着我，呼哧呼哧直喘气呢。我听着他的喘气声，蓦地想出了一个法子。可是当我这样想着的时候，我自己不由得浑身都颤抖了起来：儿子，多好的儿子……这叫我怎么跟他妈交代呢。……可是，不这样又不行，孩子要紧，革命的事业更要紧！也许我能替了孩子，可孩子替不了我呀！……"

（节选自王愿坚《粮食的故事》）

那时天气尚不很凉，独自一个凭栏站了一回，忽听房上两个猫儿一递一声厮叫。那妙玉忽想起日间宝玉之言，不觉一阵心跳耳热。自己连忙收慑心神，走进禅房，仍到禅床上坐了。怎奈神不守舍，一时如万马奔驰，觉得禅床便恍荡起来，身子已不在庵中。便有许多王孙公子要来娶他；又有些媒婆扯扯拽拽扶他上车，自己不肯去。一回儿，又有盗贼劫他，持刀执棍的逼勒，只得哭喊求救。

早惊醒了庵中女尼道婆等众，都拿火来照看。只见妙玉两手撒开，口中流沫。急叫醒时，只见眼睛直竖，两颧鲜红，骂道："我是有菩萨保佑，你们这些强徒敢要怎么样！"

（节选自曹雪芹《红楼梦》）

北京的冬季，地上还有积雪，灰黑色的秃树枝丫叉于晴朗的天空中，而远处有一二风筝浮动，在我是一种惊异和悲哀。

故乡的风筝时节，是春二月，倘听到沙沙的风轮声，仰头便能看见一个淡墨色的蟹风筝或嫩蓝色的蜈蚣风筝。还有寂寞的瓦片风筝，没有风轮，又放得很低，伶仃地显出憔悴可怜模样。但此时地上的杨柳已经发芽，早的山桃也多吐蕾，和孩子们的天上的点缀相照应，打成一片春日的温和。我现在在那里呢？四面都还是严冬的肃杀，而久经诀别的故乡的久经逝去的春天，却就在这天空中荡漾了。

（节选自鲁迅《风筝》）

突然教堂的钟敲了12下。祈祷的钟声也响了。窗外又传来普鲁士兵的号声——他们已经收操了。韩麦尔先生站起来，脸色惨白，我觉得他从来没有这么高大。

"我的朋友们啊，"他说，"我——我——"他转身朝着黑板，拿起一支粉笔，使出全身的力量，写了两个大字：

"法兰西万岁！"

然后他呆在那儿，头靠着墙壁，话也不说，只向我们做了一个手势："放学了，——你们走吧。"

（节选自都德《最后一课》）

二、借鉴点

心理描写是指对处在一定环境中的人物的心理状态和思想活动进行描写。它是塑造人物形象、刻画人物性格的重要手段。通过对人物心理的描写，能够直接深入人物心灵，揭示人物的内心世界，表现人物丰富而复杂的思想感情。心理描写的方法多种多样，常见的有以下四种。

1. 内心独白，倾吐心声

内心独白是人物心灵中自我对话的过程，它能使人物酣畅淋漓地倾吐肺腑之言，把人物的精神世界和性格特点直接剖露在读者面前。如王愿坚《粮食的故事》中的一段心理描写，作者用内心独白的笔法，写"我"与儿子给山上的红军送粮，在途中遇到了敌人，在万分危急的情况下，是牺牲儿子保护粮食，还是牺牲粮食保护儿子？"我"的内心斗争非常激烈，心情极度矛盾、痛苦，最后，"我"毅然牺牲了儿子，人物的精神品质在这种心理描写中突现出来。

2. 借助梦境，折射心境

常言道："日有所思，夜有所梦。"梦，是现实生活的曲折反映，是形象化了的心理活动。用幻觉、梦境进行心理描写，对现实生活进行折射，往往显得巧妙而深刻。妙玉坐禅走火入魔就是运用这种方法进行心理描写的。少女青春的觉醒，人性对情爱的渴求，个性要求解放的愿望，使她陷入了深刻的内心矛盾之中。愈是用理智压抑，心理就愈是被扭曲，因而内心也就愈加痛苦。内心剧烈的矛盾冲突的折磨，终于使她陷入梦魇。梦境中有许多王孙公子要来娶她，媒婆扯扯拽拽拉扶她上车，强盗也持刀执杖来劫她。为什么梦境中这些现象单与婚配相关呢？这不正是表层心理失去控制之后深层心理岩浆的喷涌吗？作者设计这一细节，岂不正是要以此更深刻地揭露宗教摧残人性扼杀青春的荒谬本质吗？由此可见运用梦境、幻觉等折射手法揭示人物深层心理是较为有力的。

3. 境烘托，寓情于景

环境描写是小说和散文中常见的内容，不同的环境能引起人物不同的心理活动，产生不同的心理状态；反过来说，不同的心理状态能给相同的自然环境涂上不同的主观色彩，这就是常说的景生情，情生景，情景相生。鲁迅的《风筝》开头一段景物描写萧条肃杀，与作者惊异悲哀的心情是一致的，而且也借助景物描写，婉曲地烘托出了"我"补过未果后悲哀和沉重的心情。当然，景物烘托心理时有一种手法叫"反衬"，即以乐景衬哀情，运用时也要注意。

4. 神态动作，自然流露

人物的神态、语言和动作是人物心理的外露，抓住特定情境下人物的这些表现，就可以窥测到人物的心理。都德《最后一课》中韩麦尔先生在课堂结束时的神态动作，既让我们看到他被迫告别法语时内心的巨大痛苦，更让我们感受他不屈的斗志和坚定的信心。再如鲁迅先生在《孔乙己》中对孔乙己"排出九文大钱"的动作描写，反映了孔乙己得意、炫耀的心理；施耐庵在《林教头风雪山神庙》中对林冲听说陆谦追杀至沧州，不觉大怒，于是用了"买""带""寻"等几个连续的动词，表现出林冲报仇急切的激愤心理。

三、快乐仿写

夜幕降下来了，我还在徘徊着，徘徊着，心里像打翻了五味瓶。我的心在剧烈地斗争着，是继续奋进，还是就此退缩？如果选择了退缩，就少了许多麻烦，少许多压力，少了许多责任。但是一个人一旦失去了勇气，岂不失去了理想与追求，失去了人格与尊严，失去竞争和斗志，岂不会庸庸碌碌，空留白发一头吗？

（王松《徘徊在十字路口》）

轻松地走在绿草地上，快乐地穿梭于同学之间，笑盈盈地为同学捕捉一个个难忘的镜头，心弦产生一种甜丝丝的幸福的颤动……天是蓝的，蓝得心酸；云是白的，白得惬意；草是绿的，绿得娇嫩；花是红的，红得火热；从没感受过的惬意，使人醉了，放开心吧！让它深深地沉入这绿树红花，蓝天、白云之间………

（张平《快乐》）

考试正在进行。做着做着，我忽然发现有两道题作业本上做过。不知怎的，我那不争气的手怎么竟会放到作业本上！我想去翻去，心跳得很快，手指也颤得厉害。同时，感到讲台上有一双异常严厉的眼睛盯着我，紧紧地盯着我。我一抬头，正与那目光相遇。我的背像遭到了芒刺一般，又像一个正在偷东西的小偷当场被人抓到一样惶恐、窘迫、难堪——老天，8分！我越发慌张起来，脑袋里如同一团乱麻理不出头绪，总感到交卷铃声会突然在下一秒中响起。这时候我用热锅上的蚂蚁来形容已经是远远不够了。我的手无力地从作业本上滑落，胆怯地垂着眼睑。我不知是怎样交的卷，只觉得脸上红得厉害，发高烧也从未这样难受。

（万方《考试》）

我的脑细胞在反复地运动着，终于迷迷糊糊睡着了——我最后一个起跑，其他同学已经跑了很远。我尽力地奔啊，跑啊，甚至飞啊，拼命想追上前面的同学，旁边其他同学的加油声，老师的鼓励声，父母的呼喊声交织在一起，可是不管我怎么努力，就是站在原地，跑不动，眼睁睁地看着其他同学跑到终点，眼睁睁地看着他们胜利的笑容，听到那一声声的欢呼，那一片片的掌声，泪水涌出眼眶，我急得大叫……一睁眼，原来是一场梦！

（肖亮《难忘的比赛》）

155

四、精彩另存

黛玉听了这话，不觉又喜又惊，又悲又叹。所喜者，果然自己眼力不错，素日认他是个知己，果然是个知己。所惊者，他在人前一片私心称扬于我，其亲热厚密，竟不避嫌疑。所叹者，你既为我的知己，自然我亦可为你之知己矣；既你我为知己，则又何必有金玉之论哉；既有金玉之论，也该你我有之，又何必来一宝钗哉！所悲者：父母早逝，虽有铭心刻骨之言，无人为我主张。况近日每觉神思恍惚，病已渐成，医者更云："气弱血亏，恐致劳怯之症。"我虽为你的知己，但恐不能久待；你纵为我的知己，奈我薄命何！

（曹雪芹《红楼梦》）

点评：这段心理描写，采用内心独白的方式，将人物内心深处细微曲折复杂的感情表现了出来，极大地丰富了人物性格；同时，也深刻揭示了黛玉孤苦无依的身份以及父母早逝、婚姻无人作主的可怜境遇，突出小说主题。

晚上，在她，这几天真不好过。除了孩子的啼哭，黄晕的灯光里，她仿佛看见隐隐闪闪的好些形象。有时又仿佛看见鲜红的一摊，在这里或是那里——那是血！……睡时，灯是不敢开的，她怕楼上的灯光招惹是非，也希冀眼前干净些，完全一片黑。然而没有用，隐隐闪闪的那些形象还是显现，鲜红的一摊还是落山的太阳一般似乎尽在那里扩大开来……

（叶圣陶《夜》）

点评：因为流血跟牺牲是紧密地联系在一起的，老妇人因为怕女儿女婿离她而去、孩子大男失去父母，因而十分担心、十分害怕，作者用幻觉来表现老妇人这种心理，就很自然、鲜明。

老栓听得儿子不再说话，料他安心睡了；便出了门，走到街上。街上黑沉沉的一无所有，只有一条灰白的路，看得分明。灯光照着他的两脚，一前一后的走。有时也遇到几只狗，可是一只也没有叫。天气比屋子里冷多了；老栓倒觉爽快，仿佛一旦变了少年，得了神通，有给人生命的本领似的，跨步格外高远。而且路也愈走愈分明，天也愈走愈亮了。

（鲁迅《药》）

点评："只有一条灰白的路,看得分明""路也愈走愈分明,天也愈走愈亮了",环境描写把华老栓看到治好儿子病的希望后的舒畅、快乐的心情表现出来。

我独自一人游荡在田野里。太阳落山了,琥珀色的晚霞渐渐地从天边退去。远处,庙里的钟声在薄暮中响起来。羊儿咩咩地叫着,由放羊的孩子赶着回圈了,乌鸦也呱呱地叫着回巢去了。夜色越来越浓了,村落啦,树林子啦,坑洼啦,沟渠啦,好像一下子全都掉进了神秘的沉寂里。我听见妈妈在村口焦急地呼唤着我的名字,只是不敢答应。一种比饥饿更可怕的东西平生头一次潜入了我那童稚的心……

（张洁《挖荠菜》）

点评:这段文字,具体写"我"在田野游荡不敢回家而所见到听到的景象。各种景物构成了一幅美丽和谐静穆的"晚归图",应该说,景物是比较美好的,然而却与"我"此时的心情是极不相称的,"我"连乌鸦之类的动物都不如,尽管听到妈妈焦急的呼喊,可是"我"却不敢答应,不能回家。这种强烈的反差,揭示了"我"此时恐怖、害怕的心理状态,景物描写对心理描写起了有力的反衬作用。

五、专项演练

（1）以"考试过后"为题写一个心理描写片段。要求:借鉴上面的写作技巧,写出真情实感。

（2）请以"那一次,我真的_____了"为标题,写一篇600以上的文章。要求:①将标题补充完整;②恰当运用心理描写。

（此文发表于《语文周报》）

个性：去粗取精，刻画人物

——展现人物独特个性

朱老忠在一边看着，他想："不回家乡吧，死想家乡，总觉得只要回到家乡，吃糠咽菜也比流落在外乡好。可是一回到家乡呢，见到幼年时的老朋友们，过着烟心的日子，又觉得心眼里难受。"心里说："知道是这个样子，倒不如老死在关东，眼不见为净，也就算了。"转念又想到："在关东有在关东的困难，天下老鸦一般黑！闯吧，出水才看两腿泥！"他觉得肩头更加沉重了，祖辈几代的新仇旧恨，压在他身上。

……

朱老忠听到这一刻，直着眼睛愣了一刻，说："不要着急，慢慢来吧，我就是为咱这穷哥们来的，不是的话我还不回来呢！目前他在马上，咱在马下，早晚他有下马的一天。出水才看两腿泥！"

（梁斌《红旗谱》）

微评： "出水才看两腿泥"是《红旗谱》中的主要人物朱老忠的口头禅。这句口头禅在小说中多次出现，反复出现，看似不经意，其实鲜明体现了他的深谋远虑和坚韧顽强。它是典型人物的典型语言。"为朋友两肋插刀"是朱老忠的生活信条，这里"看到幼年的朋友过着烟心的日子，心里在难受"及"我就是为咱这穷哥们来的"等都表现了人物的正直无私、慷慨仗义的精神。"吃糠咽菜""烟心的日子""眼不见为净""下马"这些涵蓄了浓厚民族风格的词语鲜明地体现了朱老忠这一人物的民族性、阶级性。

启示： 抓住人物最核心的特征来写，才能突显人物的个性。

◎**教你第一招·抓重要特征**

所谓"重要特征"是最能体现人物某一方面形象或品行的外形、动作、习惯、性格等方面的特征。"抓重要特征"就是要求我们在写作的过程中把某人从一群人中区分出来，把他最明显的、有别于他人的特征描绘出来，而不能描绘他身上的大众性的东西，这就需要我们有一个区分选择的过程。

·**看习作→**

①"就这样吧，大家分头去完成。"他习惯性地用大拇指刮过他那硕大的鼻子，很响地抽动了一下鼻翼，然后大手很有气势地一挥，在空中斜斩而下。虽然他没有豪言壮语，但我们似乎在心灵上有了某种默契，大家相视一笑，刚才所有的紧张都不翼而飞，牛总刚才的习惯性动作告诉他们，这场竞争他胜券在握，没有悬念。

（学生作文《牛总的"牛气"》）

②"我买了你那么多菜，怎么好意思让你再送一大把葱给我呢！"杨二婶随手将摊主放在自己菜篮里的葱放了回去，转身便走。"老嫂子，你收下吧！你女儿帮了我不少的忙。""那是她份内的事，我可不能随便贪小便宜的。"杨二婶嘴里说着，脚下却丝毫不乱，三步两步就跑开了。卖菜的大婶赶了两步，见她已逐渐远去，叹气道，也无怪人家不要，只怨自己事先没有好好和她沟通。

（学生作文《从不占小便宜的杨二婶》）

·**解写作→**

① 我们要善于抓住人物独特动作来表现人物独特的个性——

他习惯性地用大拇指刮过他那硕大的鼻子，很响地抽动了一下鼻翼，然后大手很有气势地一挥，在空中斜斩而下。

② 我们要善于抓住人物独特的语言，再配合动作来展现人物独特的个性——

"那是她份内的事，我可不能随便贪小便宜的。"杨二婶嘴里说着，脚下却丝毫不乱，三步两步就跑开了。

◎**教你第二招·捶关键细节**

所谓关键细节就是最能体现人物某一方面特征或品行的、常被我们忽略了的细小的动作、神态等方面的内容。我们要把这一细小的点进行放大、加粗、突显，以完成刻画人物形象的作用。常采用的办法是放大形象、放缓节奏、反复渲染。

·看习作→

① 我眼中的妈妈，似乎缺少母爱的细胞，对我总是凶巴巴的，我觉得我们之间似乎隔着一层厚障壁，没有一点儿沟通的余地。那个冬天周末的一阵哗哗水涌声吸引了我的注意，大冷天，谁在院子里与冷水打交道呢？擦掉窗户玻璃上的水幕，我看到是妈妈，她正在池塘里洗我昨天沾满污泥的校服。冰冻的池塘只敲开一块水面，妈妈弯着腰，撸起的袖子露出的大半只胳膊，已冻得通红，像一个已经有些熟透了的红萝卜一样；我不禁打了一个寒颤，一直以来对母亲的误解一下子释然。

（学生作文《沟通》）

② 刹那间，空气仿佛凝固了，周围的声音都已经隐去，只有母亲的那双因为承重而青筋暴露的手清晰地呈现在我的眼前，条条乌青的血管在手背上夸张地爆出，似乎不堪重负要爆裂一般。我很想和母亲说说我曾经的顽劣给她带来的伤害，可话刚溜到嘴边却又被我硬生生地吞回去，有一种晶亮的东西从眼角涌出，瞬间模糊了我的双眼，我知道此时不需要任何言语的沟通，我们彼此都能明白对方的心情了。

（学生作文《母亲送我上学》）

③ 她仿佛对橡皮擦有仇似的，在本来就很干净的桌面上反复擦拭，很快，偌大的一个橡皮擦就被磨去了一大半，但她依然没有停下的意思。她的小脸涨得通红，眼里露出骇人的光芒，白皙的小手由于持续用力显得有些扭曲；前桌的小娜捂住嘴，惊恐地望着她；讲台上的老师默默地叹了口气；就连一向吵闹的教室此时也变得安静了许多，大家此时似乎都意识到了问题的严重性。我也在一旁为她担心，决定说服大家要好好和她沟通，以弥补这些天来我们给她心灵造成的伤害。

（学生作文《沟通》）

·解写作→

① 放大形象，让细节突显——

妈妈弯着腰，撸起的袖子露出的大半只胳膊，已冻得通红，像一个已经有些熟透了的红萝卜一样；我不禁打了一个寒颤……

② 放缓节奏，让细节突显——

刹那间，空气仿佛凝固了，周围的声音都已经隐去，只有母亲的那双因为承重而青筋暴露的手清晰地呈现在我的眼前，条条乌青的血管在手背上夸张地爆出，似乎不堪重负要爆裂一般……

③ 反复渲染，让细节突显——

她的小脸涨得通红，眼里露出骇人的光芒，白皙的小手由于持续用力显得有些扭曲；前桌的小娜捂住嘴，惊恐地望着她；讲台上的老师默默地叹了口气；就连一向吵闹的教室此时也变得安静了许多……

◎教你第三招·取典型情节→

所谓典型情节就是最能体现人物某一方面特征或品行的情节。能够表现人物某一方面的特征和品性的内容很多，因而我们在选择的时候一定要选择最合适的内容，而将那些不够典型的或是与主题内容不相关的东西毫不犹豫地舍去。比如你要刻画的是一位同学的勤奋，那么关于他的善良、孝顺、爱集邮等就不必说了，尽管这些素材也很精彩。

·看习作→

① 这一天清晨，教室外正下着雪，窗户玻璃上的水汽凝结成了朵朵冰花。我的桌上突然多了一本崭新的《辞海》，打开看时，只见斐页上写着一句："赠给我最好的朋友，为了我曾有的自私！"一暖流涌上我的心头，我抬头看向他，他也正看着我。我离开座位来到他的身边，伸出我的右手，他稍稍迟疑了一下，也伸出右手，两只手紧紧地握在一起。教室里的人多起来，热流已使玻璃上的冰花融化成一行行的水流，缓缓地淌落下来……

（学生作文《友情》）

② "你买好书了吗？"一个熟悉的声音从背后传来，我转过头，真的是周宇，正用期待的目光注视着我。"啊！是的，你也来看书？"我尴尬地回答了他。我们并排走着离开书店，好一阵，彼此无语。"其实，我早就想……"两个人几乎同时说了这么半句，又彼此停住了，我抢着说出了自己的想法："其

实，我早就想对你说一声对不起！"他的脸色顿时解冻了，露出淡淡的一笑，我也轻松地笑了。就这样，我们又像从前那样，相伴着走了很远。临别，他说："看来，时间可以消磨记忆，却无法消磨友谊，你说呢？"我没有回答，他已经走了，一个活泼的背影消失在我的视线中。乌云意外地散开了，阳光透过云缝洒下来，笑着看匆匆的人流。是啊，人与人消除隔阂、相互沟通不也是如此容易吗？

（学生作文《沟通》）

·解写作→

① 独特的媒介、独特的情境——

《辞海》、有独特含义的道歉的话语、解冻的冰花……

② 独特的环境、巧合的方式——

书店偶遇，看似巧合，实则有意；书店，文化人待的地方，文明解决误解……

◎课后微练→

请以"沟通"为话题，写一篇字数不少于300字的作文片段或情节概要来表现一个人物的个性，要求用上今天学习到的去粗取精，刻画人物的方法。

（此文发表于《语文周报》）

第六章

环境描写是有方法的

自然环境：一切景语皆情语

——自然环境描写精彩片段技巧示范

一、名家佳段

两岸的豆麦和河底的水草所发散出来的清香，夹杂在水气中扑面的吹来；月色便朦胧在这水气里。淡黑的起伏的连山，仿佛是踊跃的铁的兽脊似的，都远远的向船尾跑去了，但我却还以为船慢。他们换了四回手，渐望见依稀的赵庄，而且似乎听到歌吹了，还有几点火，料想便是戏台，但或者也许是渔火。

那声音大概是横笛，宛转，悠扬，使我的心也沉静，然而又自失起来，觉得要和他弥散在含着豆麦蕴藻之香的夜气里。

（节选自鲁迅《社戏》）

最妙的是下点儿小雪呀。看吧，山上的矮松越发的青黑，树尖上顶着一髻儿白花，好像日本看护妇。山尖全白了，给蓝天镶上一道银边。山坡上有的地方雪厚点儿，有的地方草色还露着；这样，一道儿白，一道儿暗黄，给山们穿上一件带水纹的花衣；看着看着，这件花衣好像被风儿吹动，叫你希望看见一点儿更美的山的肌肤。等到快日落的时候，微黄的阳光斜射在山腰上，那点儿薄雪好像忽然害了羞，微微露出点儿粉色。就是下小雪吧，济南是受不住大雪的，那些小山太秀气！

（节选自老舍《济南的冬天》）

二、借鉴点

清代著名诗人、学者王国维先生在他的《人间词话》里写道："昔人论诗，有景语情语之别，不知一切景语皆情语也。"这句话表达了两个方面的意思：一是一切写景状物的文字都是作者表情寄意的载体，二是一切景物又必然引起作者情感波动，进而付诸文字，形成景语。人活在世上，必然为四时变化，雨雪风云，草木荣枯，鱼虫出没而产生情感波动。秋风肃杀，万物凋零，树叶纷落，常常使人产生悲伤的情绪；春风和煦，百花盛开，翠柳依依，又常使人心旷神怡。将这些景色付诸笔端，就是动人的情语，故"一切景语皆情语"。对自然界的景物进行的描写就是自然环境描写。自然环境描写对表现人物身份、地位、行动，表达人物心情、渲染气氛、为人物活动提供广阔背景、推动情节发展、点明和突出文章主题等具有非常重要的作用。因而，注重观察、善于揣摩，掌握自然环境描写的相关技巧，根据文章的需要精美生动地描摹景物，增强文章的表达效果，是我们在写作训练中的一项必备的能力。下面，让我们一起从上面几位名家的精彩片段中探究景物描写的几点技巧。

1. 依附人物，服务主题

景物描写是为主题服务的。景物描写应该服从表现人物性格的需要，并最终为表现主题服务，上文节选的名家们的景物描写无一例外都做到了这一点。鲁迅关于月夜行船的这段描写烘托了"我"看社戏路上既愉快又着急的心情，曹文轩关于芦荡的描写既烘托了人物恐惧的心理，又为主人公杜小康的活动提供了广阔背景。孙犁的《芦花荡》中片段①透过炮楼的窗子对苇塘、星星、水鸟和苇子的描写，交代了故事发生的背景；片段②处的景物描写反映了老头子因为过于自信而导致大菱受伤后不平静的心情；片段③写水荡里的闷热为后文鬼子下水游泳和老头子有机会痛打鬼子的情节做铺垫，推动故事情节的发展；片段④通过对芦花的描写，烘托了老头子在痛打鬼子时的那种快意心情。这些描写都与文中人物、情节有关，为文章主题服务。老舍关于雪后小山的描写流露了他对济南的喜爱和赞美之情。总之，在写人叙事的文章，中凡是与人物行动和人物感受无关的环境描写，应该省略；凡是能表现人物心理、性格及文章主题的环境，应该充分描写。

2. 调动感官，联想想象

景物描写要让人有身临其境之感。在把语言的生动形象作为基本要求的记叙文中，景物描写也应通过恰当的描写技法使语言生动形象，且要抓住特征。要想让景物鲜活起来，在描写的过程中就一定要调动视、听、嗅、触、味等多种感觉，同时善于通过联想和想象拓宽景物的意象，增强表现力。选文中鲁迅对江南水乡的描写就调动了各种感官，而且巧妙地运用了联想和想象，于是这一处月夜行船的描写就有了特别的韵味，让人有了身临其境之感。

3. 善用修辞，虚实结合

景物描写是要讲究艺术的。将自然环境中的景物描摹出来，必然要采用合适的修辞和一定的技法。比喻让眼前之景更加生动形象，拟人让自然之物具有人的情味，排比让表达更有气势，对比、夸张让景物特征更加鲜明……上面的四个选段都在不同角度运用了比喻、拟人等的修辞手法，让自然之景生动、鲜活地呈现在眼前。虚实结合、侧面烘托、以动写静、以静写动等方法都是写景过程中常用的方法，以上选段都各有不同层次的呈现，需要我们细加揣摩。

4. 注重顺序，写出层次

景物描写是要讲究层次顺序的。所谓讲究层次顺序，就是在描写景物时，按照一定的思路来实施描写。先写什么、再写什么、最后写什么，起笔前就要做到心里有数，写作时自然推进。景物描写常采用的顺序有：时间顺序、空间顺序、逻辑顺序等。时间顺序并不单一，可以以年月的推进、季节的轮换、从早到晚为序，甚至还可以以一时段内（如日出前后、风雨来袭）的景物变化为序。空间的描写顺序可以由上而下，可以先远后近，也可以先外后内，还可以先四周后中间。空间顺序有利于从不同角度表现景物特点，便于表现景物不同局部的特征。逻辑的描写顺序可以由总体到局部，可以由此及彼、由表及里，也可以由初识到深知再到透悟。逻辑顺序有利于从不同角度解析眼前景物给人带来的心情悸动，便于逐层深入的表现景物特点。选文的第四段济南雪后的小山就是按照空间顺序来写的，层次非常清晰。

总之，环境描写要目的明确——为表达中心思想服务；要具体生动——给人身临其境之感；要抓住特征——写出独具特色的景物。

三、快乐仿写

五月，太阳不好意思地照在那大片的金银花上，娇嫩的她们在暖风中迎风招展，不时飘送淡淡清香。那是母亲的山头，原来只是光秃秃的一片，零零星星可见一点儿野草和几朵蒲公英，如今却是一片花海。

（李家伟《走一步，再走一步》）

月亮从树林边上升起来了，放出冷冷的光辉，照得积雪的田野分外白，越发使人感到寒冷。万点繁星如同撒在天幕上的颗颗夜明珠，闪烁着灿灿银辉。四围或远或近的天空不断绽放璀璨焰火，爆出震耳响声，似乎只有它们能证明一家人各自天涯的这个年也还有一丝活气……

（鲁岚卓《冷年》）

四、精彩另存

偏西的阳光下，每一片熟悉的田野和树丛都是碧油油、静悄悄的，这种非尘世的沉寂不断把恐怖注入斯佳丽心中。这一天，他们每路过一栋给炮弹打得百孔千疮的空房子，每看到一支在焦土废墟中站岗的光杆烟囱，她的恐惧就增一分。从昨夜到现在，他们还没有见过一个活人，连活的牲口也没见过。横在路旁的尽是死人、死马、死骡，已经腐烂膨胀，身上沾满了苍蝇。周围全无生气：远处不闻哞哞的牛叫，枝头没有鸟儿歌唱，甚至没有一丝儿风拂动树叶。只有疲乏拖沓的马蹄声和玫兰妮的婴儿微弱的啼哭声划破这一片死寂。

（摘自玛格丽特·米切尔《飘》）

点评：此段情景交融，既抓住了美国南北战争时期经过战火洗礼后破败、死寂的景象，又巧妙烘托了女主人公斯嘉丽的恐惧心理。

秦桑听他如是说，便默然不再作声。时值正午，山底畅湖反映日色，便如一面硕大无匹的巨镜，波光粼粼，又如万千金蛇，细飞狂舞。那些细碎的金色光影，映在易连恺所戴墨镜镜片之上，便如两簇莫测的光影，跳跃闪烁。只看不清镜片底下，他到底是何脸色。

（摘自匪我思存《迷雾围城》）

点评：此段描写了女主人公秦桑使用激将法向一直关系冷淡的丈夫提出救人的要求后所看到的湖光山色，比喻形象，描写细腻，"似巨镜"湖光与易连恺的镜光辉映，既写出了易的心思难测，也烘托了秦桑内心的揣度的费力。

微风早已经停息了；枯草支支直立，有如铜丝。一丝发抖的声音，在空气中愈颤愈细，细到没有，周围便都是死一般静。两人站在枯草丛里，仰面看那乌鸦；那乌鸦也在笔直的树枝间，缩着头，铁铸一般站着。

（摘自鲁迅《药》）

点评：这段文字的主要作用就是渲染一种凄凉、死寂的氛围，以此来烘托夏四奶奶悲伤麻木的心情，同时也影射和批判了当时社会民众的愚昧和麻木。

钱塘江浩浩江水，日日夜夜无穷无休的从临安牛家村边绕过，东流入海。江畔一排数十株乌桕树，叶子似火烧般红，正是八月天时。村前村后的野草刚起始变黄，一抹斜阳映照之下，更增了几分萧索。两株大松树下围着一堆村民，男男女女和十几个小孩，正自聚精会神地听着一个瘦削的老者说话。

（摘自金庸《射雕英雄传》）

点评：金庸名篇《射雕英雄传》开篇的这段环境描写既交代了主人公郭靖的出生地点和环境，又写出了八月秋节的萧索，还含蓄表现了金兵占领大宋后社会的萧条、民生的凋敝，较好的为写人叙事和揭示主题服务。

五、专项演练

（1）描写一处自然景物，表达一种心情或感受（比如：烦燥、苦恼、昏昏欲睡、悲伤无助、温暖、感动、快乐、欢喜……）300字左右。要求：①抓住景物特征，情景相生；②恰当使用修辞手法，语言简明生动。

（2）罗丹说："生活中不是缺少美，而是缺少发现美的眼睛。"请用你的慧眼去发现美，用你的心灵去感悟美，用你的妙笔去描绘美。

请以"最美"为题写一篇文章。

要求：①写一篇叙事性的记叙文；②运用上文介绍的写作技巧，在文中至少要穿插三处自然环境描写；③文章不少于600字。

（此文发表于《语文周报》）

社会环境：记录时代特征的老照片

——社会环境描写精彩片段技巧示范

一、名家佳段

鲁镇的酒店的格局，是和别处不同的：都是当街一个曲尺形的大柜台，柜里面预备着热水，可以随时温酒。做工的人，傍午傍晚散了工，每每花四文铜钱，买一碗酒，——这是二十多年前的事，现在每碗要涨到十文，——靠柜外站着，热热的喝了休息；倘肯多花一文，便可以买一碟盐煮笋，或者茴香豆，做下酒物了，如果出到十几文，那就能买一样荤菜，但这些顾客，多是短衣帮，大抵没有这样阔绰。只有穿长衫的，才踱进店面隔壁的房子里，要酒要菜，慢慢地坐喝。

（节选自鲁迅《孔乙己》）

四下里一片沉静。广场上一个人也没有。商店和饭馆的门无精打采地敞着，面对着这个世界，就跟许多饥饿的嘴巴一样；门口连一个乞丐也没有。
……
木柴厂四周很快就聚了一群人，仿佛一下子从地底下钻出来的。
……

（节选自契诃夫《变色龙》）

画眉在树林边宛转地唱歌；锯木厂后边草地上，普鲁士兵正在操练。这些景象，比分词用法有趣多了；可是我还能管住自己，急忙向学校跑去。

我走过镇公所的时候，看见许多人站在布告牌前边。最近两年来，我们的一切坏消息都是从那里传出来的：败仗啦，征发啦，司令部的各种命令啦——

我也不停步，只在心里思量："又出了什么事啦？"

（节选自都德《最后一课》）

这屋子很小很黑，靠墙的板铺上，她的妈妈闭着眼平躺着……被头上有斑斑的血痕，……门边一个小炭炉，上面放着一个小沙锅，微微地冒着热气……

（节选自冰心《小橘灯》）

农村的新年，是非常长的。过了元宵灯节，年景尚未完全落幕。还有个家家邀饮春酒的节目，再度引起高潮。在我的感觉里，其气氛之热闹，有时还超过初一至初五那五天新年呢。原因是：新年时，注重迎神拜佛，小孩子们玩儿不许在大厅上、厨房里，生怕撞来撞去，碰碎碗盏。尤其我是女孩子，蒸糕时，脚都不许搁在灶孔边，吃东西不许随便抓，因为许多都是要先供佛与祖先的。说话尤其要小心，要多讨吉利，因此觉得很受拘束。过了元宵，大人们觉得我们都乖乖的，没闯什么祸，佛堂与神位前的供品换下来的堆得满满一大缸，都分给我们撒开地吃了。尤其是家家户户轮流的邀喝春酒，我是母亲的代表，总是一马当先，不请自到，肚子吃得鼓鼓的跟蜜蜂似的，手里还捧一大包回家。

（节选自琦君《春酒》）

二、借鉴点

社会环境描写是指人物活动、事件发生、情节展开的社会背景、历史条件、风土人情、时代风貌、社会关系等状况的描写，主要是交代人物的生存环境、社会关系等，包括城镇、农村、工厂、军营、机关、学校、商店等人物活动场所和地域风情、风俗习惯等。它包括范围很广，大至整个社会、整个时代，小至一个家庭、一处住所，一街一巷。它涉及内容很多，可以是室内的布局、陈设，住宅外的装饰布置等等，还可以是一个城市甚至一个地区的特征或是风土人情。社会环境描写在交代人物的生存环境、交代人物的社会关系、交代作品的时代背景、为下文人物性格描写做铺垫等方面有着至关重要的作用。因而，根据作品的需要，抓住相关事物及地域风俗特征进行描写，为文章主题服务是我们在写作训练中的一项必须掌握的能力。下面，让我们一起从上面几位名家的精彩片段中探究社会环境描写的几点技巧。

怎样描写社会环境呢？方法大致有以下三种。

1. 描写活动场所，交代时代背景

人物活动的场所往往带有鲜明的时代特征和地域特色，是当时社会背景的再现。所以，我们要抓住人物活动场所中最具特征的环境来写。选文的第一个片段《孔乙己》中，鲁迅就抓住了鲁镇最具特征的建筑、当时人们活动的中心——咸亨酒店，描写其格局、消费人群和消费标准，孔乙己生活的时代背景就表现出来了。那个时代，人与人之间的不平等在这段描写中也得到了有效的暗示。还有选文的第二个片段，契诃夫在《变色龙》的首段对人物活动的场所——广场和商店的描写——"四下里一片沉静。广场上一个人也没有。商店和饭馆的门无精打采地敞着，面对着这个世界，就跟许多饥饿的嘴巴一样；门口连一个乞丐也没有"，深刻表现了军警宪兵当道的沙皇统制下俄罗斯社会的冷清、凄凉和腐朽。还有选文的第三个片段，都德在《最后一课》中对普鲁士兵在操练和镇公所布告牌的描写，表明了故事发生的时代背景——暗示普鲁士兵已经占领了这个城市，国家已经沦陷。总之，描写的内容要最能体现时代特征，最能表现当时的时代背景。

2. 描写家庭陈设，衬托人物性格

对家什和陈设的描写最能表现一个人的性情、爱好、生活态度、价值观等。选文的第四个片段，冰心在《小橘灯》中的这一段关于家庭陈设描写就具有这样的表达效果。"这屋子很小很黑，靠墙的板铺上，她的妈妈闭着眼平躺着……被头上有斑斑的血痕，……"描写了一个"家境贫寒，又遭不幸"的家庭。"门边一个小炭炉，上面放着一个小沙锅，微微地冒着热气……"这是她们的年夜饭。这段文字是一个典型的社会环境描写，正是这一处典型的社会环境描写，才衬托出了小姑娘那镇定、勇敢、乐观的性格。

3. 描写社会习俗，突显区域特征

每一个地方都有它不同的社会习俗，代表着这个地方的风俗习惯，最能展现地域的特征。选文的第五个片段，琦君在《春酒》中对相关风俗的描写就体现了这一点。在春节时，小孩子们玩儿的限制，女孩子的忌讳，说话的注意事项、喝春酒等相关习俗，非常富有地域特征。

三、快乐仿写

下车后，我随二舅翻过一道山岗，蹚过一条小河，眼前的那个藏在山坳中，错落地伏在山脚的村子，便是外婆的家了。拐上一条弯弯曲曲的长满了青苔的石板路，顺着一丛歪歪斜斜的篱笆，推开那扇吱呀作响、已被岁月的风沙剥蚀得满脸沧桑的板门，一股古朴的气息便扑面而来。后院的老房子仍悄悄地立在那里，记载着岁月的更替。那一扇有古篆之风、已然有些破损的窗子镶嵌在古老的青砖砌成的墙上。窗纸早已荡然无存，只剩下横横竖竖扭扭曲曲的窗格，像一个掉了牙的老妇，哀怨地诉说着世事的沧桑……

（斯干《外婆家的老屋》）

刚进门，便被什么东西绊了一个趔趄，凝神一看，原来是一只旅游鞋，另一只横在茶几边上。茶几上堆满了各种练习册和题典。一本余秋雨的《山居笔记》被打开，扣在茶几上。沙发上的靠垫下是几本杂志，但都褶皱而且破损了，看破损的样子应该是人睡觉时揉乱的。一支没有笔帽的中性笔静静地躺在地上，陪着它的，还有几张写着横七竖八运算过程的草稿纸……

（刘东《狂野周末》）

村活动室是原来的小学教室改造的，斑驳的墙壁和破损的地面并没有影响这里的布局。四张全新的麻将桌错落地摆在里面，使原本有些阴暗的房屋一下子亮堂了许多。两张乒乓球桌被叠起放在墙角，上面堆满了锅碗瓢盆之类的炊具和一些发蔫的蔬菜。刘拐子承包了这里，开了个麻将馆，每天下午和晚上，这里烟雾腾腾，喧嚣不断，可比一年前这里只有两张乒乓球桌的时候热闹多了。刘拐子靠提场面费和提供盒饭，居然也赚了个盆满钵满。

（马西《我故乡的那些乡亲们》）

四、精彩另存

且说黛玉自那日弃舟登岸时，便有荣国府打发了轿子并拉行李的车辆久候了。这林黛玉常听得母亲说过，他外祖母家与别家不同。他近日所见的这几个三等仆妇，吃穿用度，已是不凡了，何况今至其家。因此步步留心，时时在意，不肯轻易多说一句话，多行一步路，唯恐被人耻笑了他去。自上了轿，进入城中从纱窗向外瞧了一瞧，其街市之繁华，人烟之阜盛，自与别处不同。又行了半日，忽见街北蹲着两个大石狮子，三间兽头大门，门前列坐着十来个华冠丽服之人。正门却不开，只有东西两角门有人出入。正门之上有一匾，匾上大书"敕造宁国府"五个大字。黛玉想道：这必是外祖之长房了。想着，又往西行，不多远，照样也是三间大门，方是荣国府了。却不进正门，只进了西边角门。那轿夫抬进去，走了一射之地，将转弯时，便歇下退出去了。后面的婆子们已都下了轿，赶上前来。另换了三四个衣帽周全十七八岁的小厮上来，复抬起轿子。众婆子步下尾随至一垂花门前落下。众小厮退出，众婆子上来打起轿帘，扶黛玉下轿。林黛玉扶着婆子的手，进了垂花门，两边是抄手游廊，当中是穿堂，当地放着一个紫檀架子大理石的大插屏。转过插屏，小小的三间厅，厅后就是后面的正房大院。正面五间上房，皆雕梁画栋，两边穿山游廊厢房，挂着各色鹦鹉、画眉等鸟雀。台矶之上，坐着几个穿红着绿的丫头，一见他们来了，便忙都笑迎上来，说："刚才老太太还念呢，可巧就来了。"于是三四人争着打起帘笼，一面听得人回话："林姑娘到了。"

（摘自曹雪芹《红楼梦》）

　　点评：选段中对贾府的环境描写，既交代了以后一段纷繁复杂的故事发生的地点，也揭示了贾府的社会背景之深远和政治地位之显赫。一个根深蒂固的封建大家族的外部形象清晰地展现在读者面前，也预示着主人公不平凡的命运。

　　没有多久，又见几个兵，在那边走动；衣服前后的一个大白圆圈，远地里也看得清楚，走过面前的，并且看出号衣上暗红的镶边。———一阵脚步声响，一眨眼，已经拥过了一大簇人。那三三两两的人，也忽然合作一堆，潮一般向前进；将到丁字街口，便突然立住，簇成一个半圆。……

（摘自鲁迅《药》）

　　点评：清代士兵穿的军衣（又叫"号衣"，即旧时兵士、差役等所穿的带记号的衣服），前后都缀着一块圆形的白布，上面有"兵"字或"勇"字。作者借助服饰特征这个细节来揭示故事发生所处的时代环境（清朝末期），并为下文叙写人物的言行张本铺垫，委婉含蓄。

现在没办法拒绝了，少平只好跟着润叶姐起身了。他一路相跟着和润叶姐进了县革委会的大门。进了大门后，他两只眼睛紧张地扫视着这个神圣的地方。县革委会一层层窑洞沿着一个个斜坡一行行排上去，最上面蹲着一座大礼堂，给人一种非常壮观的景象。在晚上，要是所有的窑洞都亮起灯火，简直就象一座宏伟的大厦。

（摘自路遥《平凡的世界》）

点评：社会环境描写，能表现人物的身份、地位、性格。孙少平跟润叶进县革委会大门到她二爸家，两只眼睛紧张地扫视着这个神圣的地方，县革委会"像一座宏伟的大厦"，非常壮观，这段描写烘托了少平的身份——未见过世面的农家子弟，其特征性格是腼腆、拘谨的。

五、专项演练

（1）对某一社区的某一处人物活动的环境进行描写，要求：①要能突显时代特征；②要抓住社区特点；③300字左右。

（2）随着改革开放的深入，不论是城市还是农村，都发生了翻天覆地的变化，但儿时的记忆总是顽强地把过去的影像回放在你的脑海中，挥之不去。请以"那让我魂牵梦绕的"为题写一篇文章。

要求：①写一篇叙事性的记叙文；②运用上文介绍的写作技巧，在文中至少要穿插两处社会环境描写；③文章不少于600字。

（此文发表于《语文周报》）

下篇

作文备考寻秘篇

第七章

作文备考是有规律的

一路风尘一路歌

——2010—2012年中考作文全景扫描及2013年中考作文命题趋势预测

纵观2010年至2012年这三年间全国各地的中考试题，其作文题型一直以五种形式呈现：全命题作文、半命题作文、话题作文、材料作文和选题作文。在经历了中考检验和命题者的反思之后，各类题型增增减减，开始呈现出一定的变化规律。采用何种命题形式，反映出各地中考命题者的不同命题理念。随着课程改革的进一步深入，一些题型在实践中不断得到完善，开始占据优势主导地位。还有一些地方对题型的设置和内容的呈现进行了有益的创新尝试，也出现了许多令人眼前一亮的好题、妙题，可谓"一路风尘一路歌"。

下面，笔者就自己手头所有的中考语文试卷，以2012年的中考作文题为核心，结合2011和2010年的中考作文题型，从命题的形式、写作的题材、阐释的主题、评价的要素等几个方面的变化规律做一粗浅分析，并对2013年中考作文命题趋势和备考策略谈几点看法。

一、2010—2012年中考作文全景扫描

（一）中考作文命题形式稳中有变

中考作文命题形式稳中有变，仍然以全命题作文和选题作文为主体，半命题作文越来越受命题者青睐，材料作文开始以创新的面孔呈现，话题作文逐步

退居幕后。

我们先来看看下面笔者所做的近三年来各类中考作文题型的统计表。

表7-1　近三年来各类中考作文题型统计表

年份（年）	试卷数（套）	全命题作文		半命题作文		话题作文		材料作文		选题作文	
		题数（道）	占比	题数（道）	占比	题数（道）	占比	题数（道）	占比	题数（道）	占比
2010	97	40	41.2%	19	19.6%	3	3.1%	3	3.1%	32×2	33.0%
2011	96	36	37.6%	20	20.8%	3	3.1%	5	5.2%	32×2	33.3%
2012	110	50	45.5%	16	14.5%	4	3.6%	7	6.4%	33×2	30.0%

从上表可以看出，三年来，全命题作文增长趋势非常明显，至2012年，几乎占据了中考作文命题的半壁江山；半命题作文和选题作文所占比例稍显下滑，尽管如此，对2012年中考作文的不完全统计，半命题作文仍然占到14.5%，选题作文占到了30.0%。尤其是不可忽视的是，在选题作文中，半命题作文占据了大部分的"市场份额"，仅从2012年的33套选题作文来看，就有18个地方选择了半命题作文作为二选一的作文题型。可见，半命题作文在中考命题者心中的分量。根据上表中三年来的不完全统计，全命题作文和选题作文合计占中考作文命题的比例一直超过50%（2010年占74.2%；2011年占70.9%；2012年占75.5%）。这其中的原因，从全命题作文的角度来讲，全命题作文对题意有严格明确的限定，而且大多在题前或题后都有相关材料的引入或材料的解说，能较好地防范宿构、套作和抄袭，以保证考试的公平性；另外，命题作文相对来说更容易制订统一的，且易于操作的评分标准，方便阅卷。从选题作文的角度来讲，首先在题型上有多个选择，考生可以根据自己的习惯选择合适的题型来写；其次是在内容上，由于多了一种选择，学生可以选取自己熟悉的生活或材料，抒发自己的真实感情，表达自己的独特感受和真切体验，更容易写出有创意表达的作文，体现学生的个性。从上面的分析来看，在今后一段时间内，中考命题者比较青睐中考全命题作文和选题作文，而其中全命题作文则在吸收材料作文和话题作文优点的基础上成为中考作文中的主流。

再看半命题作文。三年来，半命题作文所占比例虽在2012年有所下滑，但其在选题作文中仍占重要地位。半命题作文也是中考命题者关注的重点。究其原因，是由于半命题作文将限定性和开放性有机地结合了起来，具有宽严适度、可调可控的优势，而且便于把握评分标准。同时，半命题作文在命制的形式上也有所创新，不再要求考生在横线上填词或短语，而是采用拟一个包含某个关键词语的标题作为文章的题目，这样一来，考生在拟题上便有了多项选择，而且有了更大的、更自由的发挥空间。如2012年中考作文中，广东省（请自拟一个包含"最美"这个词语的标题，写一篇不少于500字的文章）、四川雅安市（根据以上材料，自拟一个含有"感恩"一词的标题，写一篇文章）的作文题就是这样的。因此，半命题作文在今后一段时间内将为命题者重点关注。

关于话题作文，由上表可以看出，这类题型的作文将慢慢淡出人们的视线。究其原因，是由于这类作文导致的宿构、套作、抄袭现象比较严重，致使部分教师和学生把注意力转向投机取巧上，备考的过程不是扎实进行基本功训练，而是思谋如何组接、套作。同时，由于题材的广泛性，让命题者也不便于制定统一和易于操作的评分标准，给阅卷带来了一定的难度。另外，各方面对话题作文的非议批评之声也一直未断。因而，大多命题者采取了回避的态度。但是，这类题型的作文仍然占据着一定的"市场"。以2012年的中考作文来看，山东聊城、广东梅州、山东临沂、新疆乌鲁木齐四个地方采用了话题作文的形式。另外，在选题作文中还有多个城市采用了话题作文，如：重庆、山东滨州、四川凉山（全命题作文和话题作文二选一），福建厦门，四川南充，黑龙江鸡西、黑河、绥化，湖北恩施、孝感（半命题作文和话题作文二选一）。

关于材料作文，其"市场"虽然也萎缩了不少，但其较话题作文来说，其生命力却更旺盛，少数地方已经开始在尝试创新、变革。2012年有7个省市采用了材料作文，还有9省市在选题作文中涉及了材料作文。而且，材料作文开始以创意方式引起各方面的关注。现录几例，供大家揣摩。

1. 给出一个场景，按要求作文

例如2012·山东德州作文题。

结合下面场景要求，写一篇不少于600字的文章。

地点：街道

时间：夏天

天气：雨

人物：15岁的中学生小州等

要求：①标题自拟，立意自定；②文体自选，诗歌除外；③书写规范；

④不得抄袭；⑤不能出现真实的姓名、学校等敏感信息。

2. 给出文章的开头，要求续写

例如2012·福建莆田的作文题。

请以下面一段文字作为开头，写一篇记叙文。要求：①自拟题目，并把题目写在答题卡上相应的位置；②文体符合要求；③字数不少于600字；④不得抄袭或套作；⑤作文中不要出现真实的人名、校名、地名。

教室里，同学们正在专心听课，忽然一声闷响……

3. 给出文章的结尾，要求补足前面的内容

例如2012·四川绵阳的作文题。

请用下面的话作为作文的结尾，写一篇600字以上的记叙文，题目自拟。

这时，我想起了那句话，"现在才是最美时！"

4. 给出一个情境，按要求作文

例如，2012·福建龙岩二选一的作文题中的一题。

整整一天，林春就是不搭理吴彤，他（她）闹不明白，自己平时跟吴彤那么要好，是班上公认的"死党"，可是吴彤为什么要把新买的《西游记》先借给陈晨呢……

要求：①将上面的文字续写成一篇记叙文；②情节构思要合情合理；③题目可自拟，也可以"借书风波"为题。

这几则材料作文既限定了文章的内容，又给予了素材的启示，充分调动了学生的生活经验，同时，还给了学生极大的想象空间，是个很精美的创意。

（二）命题者关注考生多方面的生活积累

命题者全面关注考生的心理健康、成长经历、生活感悟、人生体验、习惯养成等多方面的生活积累，贴近考生实际，让考生有话可说，有事可写，鼓励考生"说真话、实话、心里话，不说假话、空话、套话"。

《语文新课程标准》指出："写作教学应贴近学生实际，让学生易于动笔，乐于表达，应引导学生关注现实，热爱生活，表达真情实感。"《教育部关于深入推进和进一步完善中考改革的意见》也指出："学业考试的命题要严格依据学科课程标准，加强试题与社会实际和学生经验的联系。"纵观三年来各地的中考作文题，命题者严格把握着这个命题要求，从学生实际出发，命制了许多引导学生展现健康生活，祖露真纯性灵、抒写阳光心态的好题。总的来说，主要体现在以下五个方面：

1. 以"青春成长"为解读话题，引导考生展现自我、审视自我

这类作文题主要是以展现考生青春风采，解读成长经历为取材范畴，所以最能贴近考生实际，考生找到写作的素材相对来说也比较容易。这类作文题常以全命题作文和半命题作文的形式呈现，主要有两种情况：一是展示青春风采，如"少年风采"（2012·北京）、"我与_____的亲密接触"（2012·河北）、"清欢一刻"（2012·湖北宜昌）、"阳光路上"（2012·深圳）、"为青春喝彩"（2012·湖南娄底）、"我的那一片天空"（2011·山东滨州）、"我的初中生活"（2010·山东济宁）；二是感悟成长启示，如"少年不知愁滋味"（2010·浙江衢州）、"成长路上无捷径"（2010·浙江杭州）、"我长大了"（2011·山东日照）、"那一刻，我长大了"或"倾听生命拔节的声音"（2011·湖北荆州）、"迈过那道坎"（2012·福建南平）、"我是这样长大的"（2012·甘肃兰州）、"_____改变了我"（2012·贵州六盘水）。

2. 以"感动感恩"为写作内容，引导考生体察冷暖、感悟真情

这类作文题重在体察和感悟，是对学生心灵的唤醒。生活中，令人感动的人和事很多，需要感恩的也很多。我们常为善心感动，为付出感动，为关怀感动，有时，甚至为一个动作、一句话而感动；我们感恩父母，感恩老师，感恩亲人，感恩朋友，感恩帮助过自己的一切人……学会感动，学会感恩，是学生成长过程中必须要培养的情感。学生如果仔细观察和用心体悟身边的人或事，就有说不完的话，写不尽的事，素材如长江之水，滚滚而来。这类作文题一直备受命题者青睐，如"也许，你在家里，父亲一个欣赏的眼神，母亲一声关切的叮咛，慈爱的阳光就会充满你的心房；也许，你在老师的办公室里，满怀困惑，倾听着老师的柔柔絮语，关爱的阳光就会驱散你心灵的迷茫；也许，你倚在教室窗旁，捧着书本，读着名著，吟诵唐诗宋词，文学的阳光就会照亮你成长的方向；也许……请以'我心中的那一道阳光'为题，写一篇文章"（2010·广西百色）、"未曾说出的感谢"（2010·吉林长春）、"父母的一言一行如阳光洒遍我们成长的道路；老师的一言一行似春雨滋润我们干涸的心田；朋友的一言一行像炉火温暖我们如歌的岁月……因为，在这一言一行中，有浓浓的关爱，有谆谆的教诲，有善意的提醒，有真诚的帮助……请以'一言一行总关情'为题，写一篇文章。"（2011·湖北襄阳）、"为_____点亮一盏灯"（2011·四川眉山）、"让我心存感激的人"（2012·黑龙江哈尔滨）、"不能没有你"（2012·江苏扬州）、"在时间的列车上，爱从不缺席，有父母深沉的爱，有朋友真挚的爱，有陌生人无私的爱……请以'爱与时间同行'为题目，写一篇文章"（2012·辽宁沈阳）。

3. 以"洞察身边"为取材范畴，引导考生关注社会、辩证思考

一是评析、感悟社会现象。如下面的2010年天津市作文题。

2010年5月31日，《光明日报》发表时评《不要让"儿童节"变成"消费节"》。文章指出，时下许多儿童想在"六一"实现的愿望多与吃喝玩乐有关。一些家长也带着孩子到商场里买这买那，消费起来毫不手软。对此，专家呼吁：不要让"儿童节"变成单一的"儿童消费节"，要让儿童节变得更有意义。回眸刚刚走过的童年，对于怎样过一个有意义的儿童节，你一定有自己的看法。请就此写一篇文章，可以结合自己的经历或见闻来谈，也可以自选一个角度发表见解。

二是发现、解读身边故事。如下面的2012年辽宁丹东市的作文题。

不要总以为远方才有风景，其实风景无处不在。我们往往在行色匆匆中错过许多动人的风景，只要我们用一颗热爱生活的心去观察，用一颗细腻敏感的心去感悟，用一颗充满诗意的心去欣赏，就会发现最美的风景在我们身边。请你以"风景就在身边"为题目，写一篇作文。

三是辨析、提炼生活哲理。如下面的2012年重庆市中考题。

当两朵花都争向那一缕冬日的阳光时，一朵花悄然转身，这是成全；当两只手同时伸向一本喜爱的书时，一只手陡然放下，这是成全；当茶叶忍受沸水的煎熬，把无色无味的水变成了一杯香茗时，这是成全。成全是生活中的和风丽日，展现出一道道优美独特的风景。请你以"成全"为话题，自拟题目，写一篇文章。

再如下面的2012年湖北武汉市的中考题。

今年年初，《咬文嚼字》杂志社邀请读者一起"咬嚼"名人博客。大家惊讶地发现，一些市场意识很强，人气很旺的名人，在撰写博客时，频频出现语言运用方面的"低级错误"，对语言文字缺乏敬畏之心。古今中外，一直不乏"推敲"文字的佳话。即便到了网络时代，我们阅读优秀作品时也总能感受到作者严肃恭敬的写作态度。请以"敬畏文字"为题，写一篇不少于600字的文章。

4. 以"情趣体悟"为感情基调，引导考生袒露内心、品味生活

学生生活是丰富多彩的，在每一人的内心都有一块纯净的地方，搁置着个人的情趣和爱好，装载着诸多实践的体验和深切的感悟。如若给他一个合适的渠道，谈论起来一定是眉飞色舞、头头是道、感悟深刻。或许是许多中考作文命题者都意识到了这一点，于是，在作文命题上开了一扇"小窗"，开掘了一条让考生尽情倾吐的渠道。如以下2012年湖南长沙的作文题。

我们每个人都有许多自己的世界，比如，爱音乐的，有自己的音乐世界；爱篮球的，有自己的篮球世界；爱网络的，有自己的网络世界⋯⋯如果仔细思考这些世界背后的价值与意义，你也许会对它有更深的感悟与体会。请以"在世界中的感悟"为题写一篇文章。

再如以下2012年湖北咸宁中考题。

人生的道路不是一帆风顺的，在我们的成长过程中，有许多的人和事给予过我们深刻的影响：有关心和帮助，有鞭策和鼓励，让我们倍感温暖；当然也有过挫折，甚至是伤害，但同样让我们学会宽容和成熟。那些点点滴滴让我们无法忘记，也不会忘记，因为它们已经刻在我们心灵的深处。同学们，在你的成长过程中，肯定也有过一些类似的经历和这样的记忆吧，它们怎么也抹不掉！请以"那一抹心痕"为题目，写一篇文章。

这些作文题，都能迅速让考生找到素材和主题的对接点，洋洋洒洒，下笔千言。

5. 以"美德熏陶"为命意指向，引导考生净化心灵、健康情操

引导考生在写作的过程中得到心灵的抚慰和净化，让考生世界观、价值观得到进一步的稳固或是全新定位，同时让考生在思考中获得某种人生的启迪，似乎是每位命题者孜孜不倦的追求。仅以2012年中考作文题为例，各类题型均涉及了这一主题。如命题作文"孝敬"（贵州遵义）；半命题作文"（1）责任____（2）____责任（3）____责任____（三者任选一）"（内蒙古包头）；材料作文"传说西方有一种鸟叫荆棘鸟，这种鸟在出生后无法发出声音，它必须远赴他乡，找到生长在那里的荆棘树，用树上的荆棘刺破自己的喉咙，才能发出嘹亮的声音，但那声音却是世界上最动听最美妙的声音。然而，为了这瞬间的歌唱，它付出了漫长而艰辛的努力：一次次地振翅，跌落；一次次地起飞，滑翔⋯⋯羽翼一点点丰满了，经验一点点丰富了，勇气一点点增加了——终于有一天，它从容地翱翔天宇，飞向远方，完成了生命的绝唱。这个传说至少给了我们这样一些启示：毅力是成功者必备的品质；实现理想，就要勇于付出代价；成就的取得离不开积累。请根据以上材料，自选角度，写一篇文章"

（黑龙江哈尔滨）；话题作文"世界的确是由那些杰出人物推进的，但世界又是靠许许多多平凡的人撑起的。务农的人日出而作、日没而息，为世界奉献的是蔬菜和粮食；打工的人走南闯北、风餐露宿，为世界奉献的是繁荣和财富；行医的人治病救人、救死扶伤，为世界奉献的是健康和平安；从教的人三尺讲台、默默耕耘，为世界奉献的是知识和人才……这些人在平凡的岗位上演绎着精彩的人生，他们用平凡撑起了世界。请以'平凡撑起世界'为话题写一篇作文"（湖北恩施）。这些作文题，或激发考生感动的情感，或引导考生感恩意识，或启发考生品味生活，或指导考生直面挫折，或培养考生坚强自信的品质，或对考生进行文化熏陶等。

（三）中考作文评价包含着五个方面的要素

中考作文评价包含着五个方面的要素，即立意、内容、结构、语言、书写，并按这五个方面所呈现的不同层次来附分。了解这五个方面的要求有助于我们平时的训练和备考。

我们先来看看两则中考作文评价标准。

评分标准示例一：2012年湖南娄底中考作文评分标准

满分50分，分5个等级评分

第一等级：写作范围符合题目要求，感情真挚，思想健康，内容充实，中心明确，能恰当地运用表达方式，有较强的感染力或说服力，语言流畅，条理清楚，结构严谨，书写工整，卷面较整洁。可评45分至50分。

第二等级：写作范围符合题目要求，思想健康，内容充实，中心明确，语言流畅，条理较清楚，结构严谨，书写较工整，卷面较整洁。可评38分至44分。

第三等级：写作范围基本符合题目要求，文章有中心，材料较具体，语言基本通顺，条理较清楚，结构严谨，书写较工整，卷面较整洁。可评30分至37分。

第四等级：有下列情况之一的可评20分至29分：①语句不通，明显的语病在五句以上；②内容空泛，中心不明确；③层次不分明，条理不清楚；④不足400字。

第五等级：有下列情况之一的可评20分以下：①写作范围不符合题目要求，文不对题；②有明显的观点错误；③文理不通；④结构杂乱。

说明：①三个错别字扣1分，重现的不计，扣到2分为止；②字迹潦草，卷面不整洁，酌情扣分；③有文采、有创意的文章可酌情加2—5分。

表7-2　评分标准示例二：**2012年四川成都中考作文评分标准**

	一等（40-36分）	二等（35-30分）	三等（29-20分）	四等（19-0分）
基础等级40分	切合题意 中心突出 内容具体 感情真挚 结构严谨 语言流畅 书写整洁清楚 符合文体要求 标点符号使用规范	符合题意 中心明确 内容较具体 感情真实 结构完整 语言较通畅 字迹清楚 较符合文体要求 标点符号使用较为规范	基本符合题意 中心基本明确 内容不够具体 感情基本真实 结构基本完整 语言基本通顺 书写不够整洁、清楚 基本符合文体要求 标点符号使用不够规范	偏离题意 中心不明或立意不当 内容单薄 感情虚假 条理不够清楚 语病多 字迹难辨 不符合文体要求 标点符号使用不规范
	能在下列四个方面的任何一个方面做得较为突出即可评分			
	较深刻	较丰富	较有文采	较有创意
发展等级20分	较能透过现象深入本质 较能揭示问题产生的原因 观点具有一定的启发作用	材料较丰富 形象较丰满	词语较生动，句式较灵活 运用恰当的修辞方法	见解较新颖，材料有一定新意，构思有一定独特之处，联想和想象合理，表达有一定个性色彩

说明：

①　基础等级评分以题意、内容、语言、文体为重点，全面衡量。符合文体，指符合考生根据题意和内容自选的文体要求。

②　发展等级评分，依据评分点，不要求全面，以一点突出者按内容评分，直至满分。

③　缺题目扣2分；不足字数，每少50个字扣1分。

④　一个错别字扣1分，扣满3分为止；书写潦草、卷面不整洁扣1—2分（最高扣2分）。

⑤　确认为抄袭的作文，"基础等级"在四等之内偏后评分，"发展等级"不给分。

从上面两则比较有代表性的评价标准来看，要想获得高分作文，我们要关注以下六个方面的要素：①内容充实，切合题意；②主题鲜明，思想健康；③结构严谨，条理清楚；④语言流畅，有感染力；⑤书写工整，卷面美观；⑥形式创新，文采飞扬。

二、2013年中考作文命题趋势和备考策略

（一）2013年中考作文命题趋势预测

《语文课程标准》提出，"写作教学应贴近学生实际，让学生易于动笔，乐于表达，应引导学生关注现实，热爱生活，表达真情实感""为学生的自主写作提供有利条件和广阔空间，减少对学生写作的束缚，鼓励自由表达和有创意的表达"。

所以，我们需要明确的是，当前的中考作文命题不管如何丰富多彩，都必须贯彻《语文课程标准》关于写作教学方面的精神理念，以期对写作教学产生良性导向作用，让绝大多数考生有话可说、有情可抒、有议可发，具有较强的普适性，尤其是要做到对传统主题、内容和形式的巧妙继承和适度创新，有效防止宿构、套作，以保持一定的命题新鲜度。

根据上面的分析，我们可以对2013年的中考作文命题趋势做一大胆预测。

1. 题型预测

作文命题多元化的格局将仍然存在，并以"整体保持稳定、细处出现变动"的方式呈现。这里所说的"整体保持稳定"即全命题作文仍将占据主体地位，选题作文比率将呈现小幅度变化，半命题作文因其独特的宽严适度、可调可控的优势将在2013年呈现增长势头，话题作文和材料作文将继续以点缀的方式在中考作文命题中出现。关于材料作文在2012年出现的，以场面设置和情境设置等方面的创新形式，因其在选题和立意上降低了难度，有一定的限制而且又能够保证考生有自由发挥的空间，有可能会受到各地命题者的注意或重视。

这里所说的"细处出现变动"即在拟题呈现的形式上会有一些新的变化，如在构成题目的语言形式、在题目内容的指向、在题目导语的呈现方式等方面可能会有一些细小的变化，但这种变化会让内容指向更明了，中心主题更集中。

另外，作文命题将继续向审题的限制性和表达的开放性方向发展，考生自由发挥的空间将更加开阔。具体来说，就是文题会给人更多的想象空间，让学生的选材视野更加开阔，便于触发考生的生活积累、阅读积累、感悟积累。

2. 内容预测

从近三年来看，中考作文试题无论在取材范畴、情感表达还是主题阐发，都能做到与中学生生活全面对接，鼓励学生袒露自己的真实情怀，要求表达真

情实感，切实做到"说真话、实话、心里话"。因而，笔者认为2013年中考作文在内容选择上，命题者会从以下五个方面来考虑。

一是"成长感悟"类。中考生在经历了懵懂、叛逆和自律的洗礼之后，一定会有诸多的往事回忆和深切的感悟。因而，以"风采""挫折""成长""秘密""个性"等为题目或是话题的作文，内容上贴近学生的成长经历，与他们的生活实际息息相关，感悟最多，体会最深，因而下笔也最容易。

二是"励志修养"类。"新课标"要求语文课程"应重视提高学生的品德修养和审美情趣，使他们逐步形成良好的个性和健全的人格，促进德、智、体、美的和谐发展""应重视语文的熏陶感染作用，注意教学内容的价值取向"。因此，中考作文常常通过材料引语和写作过程，让学生明白什么是真善美，什么是假丑恶，培养健康高尚的情操和积极阳光的心态。拟题中常以"感受快乐""钦佩""诚信""珍爱""吃苦""合作""感激""追求""宽容""体谅""坚守""执著"等关键字眼来呈现，从而引导考生关注人生、人性、人情中美好的一面，让考生在深入思考中加深对真、善、美的体验和向往。

三是"社会生活"类。学生本身处在社会之中，或亲历，或目睹，或耳闻，对社会生活一定有着自己的认识和体验。中考作文引导学生积极地深入地了解社会生活，正确地认识社会生活，及时地总结社会生活经验，有助于学生将来能更快、更好地适应社会生活。比如以"和谐""奥运""航天""环保""帮助""关注""低碳""扶持""学习""交往""灾难""贫困""动力""读书"等为话题写作，可以引导考生关注身边的热点话题，把目光从学校生活、家庭生活延拓到社会生活。

四是"哲理思辨"类。在日常生活中，许多看似平常的事物，或司空见惯的现象，如果仔细琢磨，就会发现其中蕴含着很多丰富的令人深思的哲理；还有许多看似简单的道理，如果换个角度思考，你会获得完全不一样的，或更为深刻的结论。中考作文中经常出现哲理思考类的试题，目的就是为了有意识地开拓学生的思维空间，发展学生的思维能力，使学生的思维能够具有创新意识。如2012年福建福州的中考题：人都有爱心，人都有爱好，爱是人的天性。爱，有时要讲究方式；爱，有时要把握尺度。请以"爱，还要会爱"为题，写一篇记叙文或议论文。这个题目不仅有哲理的味道，还有思辨意味，对于考生而言，引导他们学会透过事物的表层现象看到问题的实质，进而深入地思考问题，分析问题，认识问题，最终解决问题，从而获得心智的长足发展。

五是"感动感恩"类。这似乎是一个永恒的话题，各级各地命题者每年都在尝试着从内容和形式两个角度来创新，但主题核心都是感动和感恩；这也是一个备受命题者青睐的话题，人的一生都处在被感动和应该感恩的角色中，作为初中生，应该唤醒、培养和拥有这种健康的情感；这也是一个能让考生有话可说，有情可抒的话题，只要回头一望，遍地素材。

（二）2013年中考作文备考策略

那么，中考中，我们如何让作文得高分呢？这就需要我们重视积累，科学备考。具体来说，我们要从两个角度来做准备。

1. 从评价要素的角度做训练准备

一是积累写作素材，让内容充实；一是要平时留心观察生活，将点滴感悟记载下来，留着备用；二是要多阅读一些有益的课外读物和同龄人优秀作文等方面的书籍杂志，将读到的内容依照自我成长、情感体验、品德修养、想象创新、社会生活、哲理思辨、科教体育、自然风物、文化积淀等方面分类积累，形成素材库；三是整理自我作文集，将自己平时写得比较成功的作文收集成册进行积累，以备选用。通过这三条途径，为自己的中考作文准备好充分的写作素材。

二是切合写作意图，让立意深刻。在平常训练中，要善于总结规律。对组成题目的各个语素和词语（材料、题目、提示语和写作要求等）进行分析，思考该采用怎样的方法解读，能够准确把握题目规定的写作范围和内容，使立意深刻起来等；要善于总结和提炼，形成易于操作的技巧或方法，使我们文章的立意能够做到平中见奇，常中出新，同中见异。

三是合理布局结构，让层次清晰。我们要养成写作前先列提纲进行构思的习惯，对文章层次、段落、主次有一个统筹安排。写作时就可以按照提纲有步骤地展开，确保文章思路流畅、条理清晰。当然，我们在平常的训练中要善于列"详纲"，而在在中考时，因时间限制，我们要善于列"简纲"，以确保我们的文章结构清晰，条理明晰。

四是精心锤炼语言，让文采飞扬。我们要养成反复推敲、及时记诵、善于仿拟的习惯。在平常的作文训练中，我们要养成对词句精心推敲的习惯，力求将词句修改、提炼到令自己满意的程度。在平常的阅读中，看到优美的语句，要随时记下并马上背诵下来。善于仿拟就是将你看到的，记下的美句巧妙地引用或是化用到你的文章中来，变成你自己的东西，形成你的表达特色。长时间这样训练，你的写作用语就会达到随心所欲的程度，考场上，我们自身的语言特点就可能充分展现出来。

五是规范汉字书写，让卷面美观。近年来，大部分地市中考都是采用电子扫描的方法在网上阅卷，这对书写要求更高，有些地方中考作文的书写分达到了5分之多。可见，书写规范与否将直接影响作文得分，所以，我们要有意识地进行写字训练，尤其是要保证文面洁净、字体工整美观。从各地中考阅卷的反馈情况来看，字迹工整、卷面整洁的作文，往往给阅卷老师神清气爽之感，得分也往往不低；反之，字迹潦草、卷面不整洁的，即便立意深刻、语言生动，也往往会给人较差的第一印象，想得高分也就较难了。

2. 从题型磨合的角度做训练准备

一般来说，我们的中考作文训练大多采用了整体训练的模式，即四个层次。一是全程训练，即从审题、构思、立意、选材、表达等角度逐一进行训练；二是局部训练，即从文章的开头、结尾、细节刻画开展训练；三是创新训练，加强对构思立意的"精""深""活""新"等方面的训练，力求让人有耳目一新的感觉；四是速度训练，从快速审题、快速构思、快速布局、快速行文等方面养成"快"的习惯。在这四个层次的训练中，穿插"青春""成长""感恩"等各类主题的训练。经过这一轮训练之后，学生对作文的整个过程有了比较清晰的了解，作文能力有了大幅度提升。接下来，就应该进行题型磨合训练。

所谓题型磨合训练，就是针对我们常见的中考题型——命题作文、半命题作文、材料作文、话题作文这四类题型进行针对性训练，在分析本考区拟题特征的基础上，强化某一类或是几类题型的训练。

下面简单谈谈四类题型的应对技巧。

（1）全命题作文，要注意四点。

① 审好题。题目中的修饰语是文章表意的重心，我们要把握好；题目中的限制语确定了文章的取材范畴，我们要思谋清楚；如果文章的题目过于简单和抽象，我们要用添加前后缀的方式丰富题目，找到表意的重点和素材；如果文章的题目是一些带有比喻或者象征意义的题目，我们则可以挖掘出本体和喻体、象征体之间的关系，化"虚"为实、以实写"虚"。

② 定好体。我们要根据题目迅速选定我们的文体：题目中隐含着要求我们记叙一件或几件事情的，我们就应写成记叙文；题目带有象征意义或者哲理意

味的，我们就可以根据我们的擅长写成散文、一般记叙文、小说或议论文。最重要的是选择我们最拿手的文体。

③ 取好材。有两点要求：一是材料要新，要选择比较新颖的素材来写，与时俱进，尽量摒弃那些陈旧的素材，不要一写到妈妈，自己就生病，被送医院；二是角度要巧。即使是常见的素材，我们也要别出心裁发挥想象和联想，向深层次挖掘，展现对生活的独特感悟，使自己的作文有深度。

④ 用好语。语言是作文的外衣，文章或平实朴素，或优美生动，或深沉大气，但不管是怎样的风格，其基准都是要做到流畅、准确、形象、生动，富有神韵。

（2）半命题作文，要注意两点。

① 紧扣题眼，重视隐含信息。而半命题作文，题面不长，其间还有空白，呈残缺式，审题时，我们要认真研究文题中的引言和要求，紧扣题眼，吃透已经出示的半命题词语的含义，充分吸取题中的隐含信息，在提示语中寻找适合的立意角度。

② 立足擅长，添加别致内容。半命题作文，补题是关键。补题的过程意味着对写作内容、写作角度的选择。补题时，要根据自己的人生体验和生活积累，补出自己熟悉的、感悟最深的、最容易写出新意的题目，这样，才能扬己所长，掌握主动。

（3）材料作文，要注意两点。

① 审读提炼，把握题意。读懂材料，明确命题人的用意是写好材料作文的关键。我们采用两种方法来读懂材料：一是提炼法，即将材料的内容进行缩减提炼，让材料所传达的主题露出水面，然后再来揣摩命题者的用意就简单多了；二是抓是关键句法，如开头句、中心句、对话句、结尾句。通过这些方法，我们可以迅速把握材料，提炼主旨。

② 妙用材料，防止误区。对于材料的运用也是写好材料作文的关键。对于题干中的材料，往往是引导我们确立一个立意的角度，所以，我们可以把材料作为我们写作的引言，也可作为我们文章中穿插的一个情节、故事、依据等，但绝对不能把材料作为文章的主体进行扩写，更不能完全丢弃材料，不闻不问。

（4）话题作文，要注意两点。

其实话题作文和材料作文有相同之处，其话题就是材料主题的概述，所以，提炼材料的主题和关键信息也很重要，是拟写作文题目的关键，我们要采用和读材料作文一样的方法来阅读话题材料。此其一。

其二，要精心拟题。俗话说，题好一半文。常用的拟题方法有增补法、设悬法、化用法、逆思法、组合法、修辞法等，不管用哪种方法，一定要使题目靓丽、精美，让人一看就有读下去的愿望。

（此文发表于《语文周报》）

2013年中考作文预测及备考策略

笔者认为，2013年中考作文命题会在2012年中考作文命题形式和内容大致不变的基础上，做局部创新，以更贴近《语文课程标准》要求，向表达更完备，要求更细致，设计更精巧，更能激发所有学生写作激情、全方位展现学生语文素养的方向发展。

一、2013年中考作文命题预测

（一）关于命题：主流不变，形式多姿多彩

从近几年全国各地中考作文命题趋势来看，2013年中考作文命题在形式上呈现下面一些特征。

（1）命题和半命题作文仍然是命题形式的主流，话题作文、材料作文还将顽强地占据自己的一席之地。过去，材料作文因为审题立意的难度较大而逐步失去"市场"，现在，不少地方开始尝试从两个角度突破：一是采用寓意浅显、单一的材料，这样既有新意，难度也适中，逐步为考生所接受；二是将材料叙述转换为场面设置和情境设置，或是给定开头语或结束语，让考生在预设的情境内结合自己的生活经历展开合理的想象进行作文。这样命题，在审题、立意、构思上都降低了难度，有一定的限制但又能保证考生有自由发挥的空间。材料作文在形式上的创新，曾引起了较为广泛的关注。

（2）单篇作文命题的形式是主流，但采用二选一的方式来进行作文命题的形式也有上升趋势。两者各有利弊，单篇作文命题在教师统一评分标准、学生节约审题构思时间上无疑是有优势的。但二选一的方式也能让学生有更多的选择空间，激发学生的写作个性。因而我们在作文复习备考时，既要突出重点，又要关注全面。

（3）关于命题作文和半命题作文也呈现了有"提示语"介入和没有"提

示语"介入的所谓"裸题"的两种形式。有"提示语"介入不仅能够降低审题难度，还能提供写作素材、拓宽写作思路，自然颇受青睐，但相对少数学生来说，可能也限制了他的写作思路。所谓"裸题"可能正好相反，在增加审题难度的基础上可能给部分学生提供了创新的空间。

（二）关于题材：核心不变，内容以点覆面

《语文课程标准》曾这样表述初中学段的写作目标，"写作要有真情实感，力求表达自己对自然、社会、人生的感受、体验和思考""多角度观察生活，发现生活的丰富多彩，抓住事物的特征，有自己的感受和认识，表达力求有创意"。这是各地中考命题者必须遵循的"大纲"。仔细研读，我们会发现这里面有两个反复出现的字眼——"自己""感受"，笔者认为，这是作文命题的题材核心，即所有的中考命题题材都是围绕"我的感受"铺展开来的。相对初中生来说，生活既无限广阔，又十分狭小。从自我、身边的人和事写起，表达不断成长、不断提升的认知和情感，是中考作文的主旋律。从这个意义上来说，中考作文题材可能覆盖如下七个方面。

1. 情感体验

这是中考作文永恒的主题。人在了解自然、社会的过程中会产生喜欢、厌恶、依恋、怀想、感叹、赞美等情感。同时，在家庭、学校和社会活动中也会逐步认识亲情、友情、师生情、爱国情，甚至还有爱情的萌芽等。拥有亲情，就拥有幸福；懂得感恩，就是珍惜幸福；结交益友、净友，就能互相切磋，取长补短，获得进步；感悟老师的伟大，感受老师的无私，我们才能谦虚谨慎，不断成长；热爱祖国、热爱民族才会获得尊严和自豪感。作为初中生，正处于成长阶段，这些情感培养是人生必不可少的重要一课。情感体验必须进入中考作文命题者的视线。

2. 触摸幸福

有首歌唱道，幸福在辛勤的工作中，在艰苦的劳动里，在精心的耕耘中，在知识的宝库里，在晶莹的汗水里，在闪光的智慧里。幸福可以触摸，幸福可以传递，幸福是心灵的感应，幸福是快乐的根基。让学生感受到家的幸福，作为一名中学生的幸福，作为一名中国公民的幸福；感受到生活的幸福、学习的幸福、追求的幸福、奋斗的幸福；提起对家庭、对社会、对国家的责任感，对未来充满信心。让"幸福"的理念扎根每位学习者的心田应该成为所有教育者的责任。那么，以"幸福""快乐"为主题的作文命题进入中考语文试卷就成

了一种必然。

3. 成长感悟

成长包含着道德的提升，学识的扩展，才华的增长，能力的增强，良好习惯的养成，为人处世方法的成熟等。处于人生青春期的初中生，不断经历着成功与失败，喜、怒、哀、乐，酸、甜、苦、辣，各方面的感觉、体验也极其深刻，所以"成长感悟"为主题的作文命题相对于初中生来说，应该有说不完的话，抒不完的情。

4. 生命价值

珍惜生命，保护生命，感悟生命的重要，是初中生应具备的思想意识；珍惜时间，体会时光的流逝是不可逆转的现实，感受生命价值，唤醒趁年轻多做事的生命意识，亦是每个初中生必备的情感意识。将生命价值入题，是每一个有责热感的拟题者的必然选择。

5. 自然理趣

晨昏变化，四季交替，塞北江南，名山大川，小桥流水，花草树木，鸟语兽鸣，窗前藤蔓，月下清溪……大自然景物摇曳多变，或给人温馨，或给人力量，或给人惬意，或给人启迪……置身于大自然的怀抱，享受大自然恩赐，借助大自然或寄托情感，或表达理趣。这类主题也颇受拟题者欢迎。

6. 道德修养

《语文课程标准》指出，"提高学生的品德修养和审美情趣，使他们逐步形成良好的个性和健全的人格""在语文学习过程中，培养爱国主义感情、社会主义道德品质，逐步形成积极的人生态度和正确的价值观，提高文化品位和审美情趣"。因此，"正直""善良""诚信""忍让""尊严""俭朴""气质""谦虚""自省""修养""关爱"等诠释"道德修养"这个主题的内容一定会出现在全国各省市中考作文题中，我们要予以关注。

7. 哲理思辨

如何"透过现实看本质"，如何一分为二地看待问题，如何看待事物之间好坏、顺逆的相互转化等，是初中生应该不断培养的看待生活的能力。引导学生对事物做深入思考，认真分析，品悟其中蕴含的哲理，从而习得生活的智慧也是中考命题者所应该思考的方面。

（三）关于体裁：要求不变，操作灵活自主

综观2012年全国各地考题，关于体裁的要求大致呈现以下四种情况：一

是"文体不限"，即可以写成记叙文、说明文、议论文，甚至可以写成文学性的诗歌、剧本等；二是"除诗歌外，文体不限"，即除了诗歌外，其他文体均可；三是明确提出要写成哪类文体，比如记叙文、议论文；四是对某一选择的文体提出具体要求，比如写诗歌要求不少于16或20行，最少不少于15行，最多不超过40行等。总的来说，以第一、第二种情况居多，第三、四种情况较少，各地可根据本地实际情况来确定训练的重点。

（四）关于审题：削减障碍，关注隐含信息

应该说，2013年的中考作文命题不论是命题作文、半命题作文或话题作文、材料作文都不会设置审题障碍，或是削减审题障碍。要么是题意浅显，一看便知；要么是设置"提示语"，降低审题难度。但审题有深浅，立意有高低。我们仍然要关注诸如"沿途的风景"（2012湖北黄石）、"走过那一个拐角"（2012四川成都）、"那一抹心痕"（2012湖北咸宁）等这类题目，要想使立意高远，就要关注题目中的关键词隐含的比喻义或者是特殊含义，从而确定选材构思的指向。

（五）关于评分：鼓励个性，关注基础等级

关于作文评分，大多数地区采用了等级评分，即将作文总分分解为基础等级评分和发展等级评分，这样做的好处是既保证了大多数学生写"合格文"，得到应有的基础等级分数，又能保证写作优秀生能得到应有的发展等级的高分，这也给我们在复习备考的过程中指明了方向。如2012年江西南昌卷的评分等级。

1. 基础等级（40分）

一类卷（34—40分）

符合题意，感情真挚，思想健康，中心明确，内容充实，语言流畅，条理清楚，书写规范整洁，标点正确。

二类卷（28—33分）

符合题意，感情真挚，思想健康，中心明确，内容较充实，语言较通顺，结构完整，书写整洁。

三类卷（21—27分）

基本符合题意，中心较明确，内容较充实，语句较通顺，层次较清楚，书写较整洁。

四类卷（20分以下）

中心不够明确，内容贫乏，语句零乱，结构松散，卷面混乱。

2. 发展等级（10分）

（1）深刻（透过现象深入本质，观点具有启发作用）。

（2）丰富（材料丰富，形象丰满）。

（3）有文采（词语生动，句式灵活，善于运用修辞手法，文句有意蕴）。

（4）有创新（见解新颖，材料新鲜，构思精巧，想像奇特，有个性）。

说明：①评卷时从基础等级和发展等级两个方面给分。发展等级选取四点中最突出的一点评分，该给多少分就给多少分，直至满分10分；②要考虑考场作文的实际，优秀的可给满分。

河南的杨慧慈老师将基础等级的要求总结成了八个方面，颇富有操作性，具体为：切合题意不偏离，中心明确不模糊，内容充实不空泛，感情真挚不虚假，思想健康不消极，语言流畅不生涩，结构完整有条理，书写标点要规范。

可见，中考写作备考训练可分为两步走，第一步，入格，让学生的作文达到以上八个方面的"基础等级"标准；第二步，升格，让学生分别从深刻、丰富、有文采、有创新四个方面去努力，让自己的作文逐步"进档升位"。

二、2013年中考作文备考策略

《语文课程标准》指出"写作知识的教学力求精要有用。应抓住取材、构思、起草、加工等环节，让学生在写作实践中学会写作"。因此，我们在积累相关素材，进行各类文体、各种形式、各种主题的作文训练的基础上，更要注重作文过程的训练，即要引导学生进行审题、立意、取材、构思、布局、行文等方面的训练。

（一）关于审题

审题，就是深入思考和反复推敲作文题目、话题（包括材料），以求理解其含义，弄清楚写作的具体要求，确立写作中心，确定写作范围和重点，确定下笔的角度及感情抒发的基调，明确写作的方式和方法。审题，常从以下三个角度进行。

1. 审题干，确定文体类型

即通过审读题目和提示语，还有命题者各种各样的写作要求，细加分析，为我们的写作划定一个大致的区域范围，如写作人称有没有特殊要求，主题上有没有规定方向，题材上有没有做出限制，文体、字数有没有指定等等。然后根据自己的喜好、把握能力或是题目要求的趋向确定写作时应采用的合适的文体。

2. 审题眼，确定写作内容

所谓题眼，就是题目中那些昭示、启示或暗示写作关键的重要信息，它规定着写作的总体方向，是作文审题时要特别关注的。题眼一般是一个词语，它决定了命题者允许我们在作文中写哪些内容、表现什么主题、表达侧重点等。所以一定要在审题时明确地找到题眼，并体味其含义，以此作为构思、立意、取材的核心因素。

3. 审题隐，确定取材范畴

题隐，就是作文题所隐含的信息，这样的信息往往在命题中没有明确地说出来的，但我们可以在比较辨析中归纳出来。最重要的是，命题隐藏的信息往往将我们写作的主题、题材等方面划定了一个范围，告诉我们表现什么、写什么的界限，明确这些信息后便可以与平常的作文勾连起来，确定取材的范畴。比如命题作文题目《我也有一个支点》，这个"支点"隐藏的信息包含有"助已成功或成长"之意，与关爱、友情、鼓励、帮助、宽容等题材的作文有千丝万缕的联系，但又不能完全等同起来。"支点"强调了主观选择、运用之意，有别于他人的施予。所以，引进日常写作题材内容，要考虑由客观施予到主观选取的转换，从而确定了我们的写作范畴。

（二）关于立意

立意，就是文章所要表达的思想、倾向、观点等。立意要积极、健康、向上，要有高度，要有深远的意义。作文立意的高低揭示了作者境界的高低。让立意高远起来，常从以下两个方面来突破。

1. 在矛盾取舍中升华

中国知识分子在骨子里尊崇"修身、齐家、治国、平天下"，即个人服从集体，小家服从大家，集体利益、国家利益高于一切。在利益面前如何取舍，在付出与回报之间如何抉择，显示了一个人格调或境界的高低。这是我们在立意训练的过程中应该把握的方向之一。有个学生在写作"责任"这个话题作文时，做了这样的矛盾处理。进入初中三年级了，学习异常紧张。我是劳动委员，安排教室、清洁区卫生打扫，每天需要11个人，可是，我们班就只有54人。怎么办？作为劳动委员，我只好牺牲自己，每星期就主动多打扫一次，刚好凑足每天11人。清洁值日表一张贴，班长就站起来说不公平，凭什么每星期要劳动委员多打扫一次，也要算他一份。可是，陆陆续续又有几个同学表示反对，认为也要算他们一份。正在争论之间，班主任进来了，弄明白了事情的来龙去脉，决定："星期五安排10人，少出的一人由星期一到星期四的同学每天抽出一个人填补。"老师说："懂得理解他人，懂得了应尽的责任，你们的人格又有了一次完善，你们在人生之路上又前进了一步。"结果立意就高远了：敢于承担责任、善于理解他人，人格的力量就一下子被放大了。

2. 在情理碰撞中提升

人们常说，"虽情有可原，但凡事抬不过一个'理'字"，在"情"与"理"的碰撞中，懂得如何克制，懂得如何顾全大局，境界自然就高了，立意当然也就深远起来了。有位学生在写《我第一次撒谎》时曾这样来处理他的文章。平时上课，老师都教育我们要做一个正直的人，要拥有崇高的人格。可是，前几天，上级要来检查学生作业肩负的情况。我一向尊敬的老师却要求我们说作业量并不多，一直很少。现实根本不是这样的。可是，我是老师的得意学生，我不想让他失望。于是，检查团来的时候，我照着老师的交代做了虚假的发言。事后，老师很高兴，可是，我却一直高兴不起来，为了让老师高兴，我欺骗了检查团，违背了我自己做人的原则，我陷入了深深的懊悔中……说假话，是为了"情"；懊悔，是因为"理"，通过情理的碰撞，立意自然就高远起来了。

当然，方法还有很多，需要我们在实践中总结和提炼。

（三）关于取材

取材就是选定可用的素材。对素材的选用有三点要求：一是要切合题意，具有典型性；二要新颖自然，富有时代气息；三要实实在在，不能笼统概括，更不能胡编乱造。具体可以这样来做。

摒弃概要，充实细节。生活大致面貌极易和别人的一样，而细节就会各不相同，就如同花朵远看轮廓都一个样、近看细节就不同一样，我们写作时就需要选取有细节的材料来写。如果我们要突出一个人的品质，我们不妨将他的眼神定格，将他的举手投足的过程放慢、放大，将他的声音突显等。如果这样做，我们要描写的人物就鲜活起来了。

摒弃共性，突显个性。大家年龄相近，学习生活的节奏相仿，所以我们的写作取材要有意地避开和大家"同轨"的内容，写自己的独特经历。可以是别人没有的经历，可以是自己想要尝试的设想；别人从大处入手，我们就从小处入手；别人赞美，我们来质疑；别人反对，我们来发现闪光点等。

摒弃熟知另辟蹊径。取材时如果预知别人也会这么写，我们就要避开这些材料，尤其是我们在阅读中了解的内容，别人也都知道，再去写就失去了新意，不妨写一些别人触及不到的题材内容，带给读者全新的感受。如果大家喜欢从课堂取材，我们就关注课外；如果大家都喜欢从正面入手，我们就从反面生发；如果大家喜欢从学习生活切入，我们就从体艺、劳动等其他角度切入，总之，突显你选材的个性，从别人想不到的角度切入。

（四）关于布局

布局就是列提纲或者打腹稿。其实，布局和构思是常常联系在一起的。选准材料后，我们就要思考文章开头如何引人入胜？中间如何做到丰富、生动、感人？结尾怎样升华主题？段落之间如何衔接过渡？合不合适采用创新的形式，比如日记体、小标题、镜头切换、剧本、访谈等？要有通盘考虑。总之，构思布局最终要达到这样的效果：第一，段落匀称，文面美观；第二，层次清楚，结构完整；第三，内部有序，组合精巧。

下面是一些比较受欢迎的布局模式。

1. 曲径通幽式布局模式

对于情节较复杂的叙事，可以用一个个悬念吸引读者一步步深入阅读，最后，所有的疑问解释完了，事情的真意也就豁然开朗了。

2. 疏星朗月式布局模式

月朗的晚上必定星稀，这是自然规则；为表现"朗月"，有必要先刻画一番"疏星"。在作文中，为表现一种主旨，不妨先从对立面做一定的铺陈，再写主要的方面——这就是"疏星朗月式"行文方式，其实是对比衬托行文方式的一种形象称谓。

3. 借鸡下蛋式布局模式

写作时，借其他文本的形式来表现作文的主旨，使行文形式不拘一格，别致精巧。常借的有日记、处方、请假条、通知、剧本、传单、传票、数学证明、节目访谈等。但使用时一定要注意它的合适性，不可乱用。

4. 珍珠项链式布局模式

即在写作的过程中，采用多个小的段落铺排，并在段落的开头或是结尾用反复出现的句子来做标志，宛然一串闪亮的珍珠。请看下面的例子。

你一直很执着，从不做半途而废的事情，可是你卡在了九十九步这里，最后一步怎么都迈不上去，你在踟蹰，请告诉我，你不会放弃。

你一直很自信，从不为他人的讥讽而改变自己，可老师的一个微翘的嘴角就让你犹豫了，你在沉吟，请告诉我，你不会放弃。

你很有韧性，在向目标前进的过程中，无数个挫折都没有令你气馁，可这次失败好像把你打懵了，你有些消沉，请告诉我，你不会放弃。

你很有主见，从来都不会跟风逐潮，可是你这次却选择了妥协，你的梦想变了吗？请告诉我，你不会放弃。

……

（五）关于表达

表达最基本的要求是清楚，即把事情叙述清楚，完成对事件的叙述和人物形象的塑造；把道理讲清楚，完成对观点的阐释和验证。所以，要表达清楚，语言就一定要简洁明了，切忌啰嗦。

第二，要求叙述生动形象，语言丰满。该用生动语言的一定不要吝啬笔墨，要浓墨重彩，挥毫泼墨。至于美化语言，方法很多，常见的方法归纳起来有三点：一是善于选用丰富的词语表情达意，二是善于协调句子关系使表达别有情味，三是善于灵活使用修饰手法修辞润色语言。

其实，语言表达的最高境界不是语言如何华丽，辞藻如何丰富，而是自然切合，虽朴实无华，但韵味深远。

（六）关于首尾

一般来说，开头应简洁明了，清新雅致；结尾应该含蓄隽永、韵味悠长。开头常见的方法有很多，比如：开门见山，直接入题；巧设悬念，引人入胜；妙引诗歌，先声夺人；铺陈渲染，制造声势；排比煽情，营造气势；细描景物，创设意境等。至于结尾常用的方法有：画龙点睛，给人启迪；自然留白，余韵悠远；引用诗文，升华主旨等等，我们在平常的训练中可以不断尝试总结。

（七）关于细节

这里所说的细节，是指写作过程中的细枝末节。比如说作文格式要规范；不忘写上作文题目，作文题目要居中；正确使用标点符号；中间部分段落大小要相对整齐；字数要达标；尽量少改错，甚至不改错，一气呵成等。这些细枝末节虽然细小，但也是语文基本功，也影响卷面的美观和阅卷老师的心情，直接影响我们的作文得分，所以马虎不得，需要我们在平常的训练中多多关注。

当然，备考的策略不仅仅上面所说的这些，还有更多的方法和技巧等待我们去探索和总结，但不管哪种策略都离不开多积累，常总结，巧训练。

（此文发表于《语文周报》）

窥探规律 科学训练

——2013—2015年中考作文命题特征回顾分析

全命题作文、半命题作文、话题作文、材料作文、情境作文和选题作文是近三年间全国各地中考试题中一直呈现的六种形式。随着课程改革的进一步深入，各地中考命题者的命题理念也随着时代的要求在不断更新，在经过中考实践检验之后，中考作文命题不论从形式上还是从内容主题上都逐步向更能贴近学生实际、更能调动学生生活经验、更能启迪学生思维、更能激发学生思辨能力、更能激发学生的真情实感、更具有时代特征、更具人文关怀的方向发展。审题的坡度放缓了，写作的素材宽泛了，主题的阐发自由了，评价的标准精细了……学生在有限的时间内写好一篇像样的中考作文的概率大大增加，而且从各考区推荐的满分作文来看，灵动、清新、有深度的好文也频频呈现，这是随着课程改革的不断深入、命题者的不断完善、媒体的科学引领、一线教师的有效尝试等多方合力而带来的成果，呈现了良好的发展态势，值得珍惜！

下面，笔者就自己手头已有的中考语文试卷，以近三年的中考作文题为范畴，从命题的形式、内容的范畴这两个方面作一粗浅分析，为2016年中考作文备考提供借鉴。

一、2013—2015年中考作文命题分析

（一）从命题形式看，趋势比较明显

命题者大多都比较青睐半命题作文、全命题作文和选题作文，材料作文、情境作文、话题作文等其他形式逐渐式微。

各种题型所占比例的统计已经失去了意义，但几种新颖的命题方式要引起我们的注意。具体表现在以下三个方面。

1. 内容（或主题）解说+命题

通过一段简短的话预先对内容或主题进行解说，然后在这个基础上抛出文题的方式较受命题者欢迎，因为这样命题自由灵活，而且降低了审题构思的门槛。如以下几道题。

每个人都是一道亮丽的风景线。因为有我，亲情多了一丝温暖，友情多了一份关爱，旅途多了一处风景……请以"因为有我"为题，写一篇文章（2013随州）。

人生旅途中，难免遭遇困境，有时我们要义无反顾，勇往直前；有时我们又要沉着冷静，学会等待……请从下面两道作文题中任选一题，写一篇文章：①勇往直前；②学会等待（2014南昌）。

"慈母手中线，游子身上衣"是一种美；"欲把西湖比西子，淡妆浓抹总相宜"是一种美；"落红不是无情物，化作春泥更护花"也是一种美……同学们，美无处不在，你认为最美的是什么呢？请将题目《最美的_____》补充完整后作文。茶能醉我不需酒，书能香我何需花。冰心曾说过："我永远感到读书是我生命最大的快乐！"闻着书香，一路成长，被感动、被鼓舞，有欢笑、有哭泣……请以"一路书香一路_____"（歌、笑、痛、阳光、春风）为题写一篇文章（2014邵阳）。

解说性话语可能就是隐含着的文章的主题，要读透。

2. 技法解说+命题

说真话，抒真情，往往须在细小处着笔。沈石溪在《斑羚飞渡》里对老斑羚牺牲生命换取下一代生存的那一跃，进行了动人的描画。生活中，也常常可见这种触动心灵的人或事……请以下面的格式拟定标题，写一篇不少于600字的作文。不得套作，不得抄袭，文中不得出现含有个人信息的地名、校名、人名等。拟题格式：我_____了××的_____（"××"应为人或事），例如"我理解了妈妈的唠叨""我领略了独处的妙处"等等（2015湖北黄石）。

借助学生熟悉的文章的表达技法来命题是一种比较新颖的方式，既为学生提供参考的依据，又提出了明确的要求，精巧细致，可谓一石二鸟。

3. 比照截取+命题

鲁迅先生在《社戏》结尾写道：真的，一直到现在，我实在再没有吃到那夜似的好豆，也不再看到那夜似的好戏了。作家琦君在异乡面对自己酿就的春酒，也发出感慨：究竟不是道地家乡味啊，可是叫我到哪儿去找真正的家醅呢？时光的流逝，世事的变迁，让我们的生活里有太多的"再也没有"。"再也没有"，也许是一份不再拥有的遗憾，也许更是一种成长中的美好。"再也没有"里，有对往事的追念，有对现实的感怀，有对未来的期盼……请以"再也没有"为题，写一篇文章（2013四川成都）。

截取课文中的核心语言进行分析，进而引出命题的方式也是一种比较巧妙的命题方式，主题明晰，引出自然，颇见匠心。

可见，命题的方式越来越灵活、越来越巧妙、越来越含蓄，尤其体现在细节的变化上，复习备考中，我们要善于引导学生把握这些题前的解说内容。

（二）从内容的范畴看，仍然以"我"为中心

从内容的范畴看，仍然以"我"为中心，关涉情感体验、触摸幸福、成长感悟、生命价值、自然理趣、道德修养、哲理思辨等多方面的生活积累、生活观感。

主要体现在以下几个方面。

1. 以"成长体验"为圆心，体悟生命、生活的价值

这类作文题，以"我"为表述的对象（或见证人），以成长、感悟为核心，表达对生命、生活的思考。从2015年的中考题来看，有"＿＿＿＿伴我前行"（四川南充）、"我最得意的一句话"（四川达州）、"阅读，让我长大"（新疆）、"我感受到了＿＿＿＿的魅力"（广东汕尾）、"我真幸运能够成为你/您的＿＿＿＿"（广东佛山）、"＿＿＿＿使我受益匪浅"（内蒙古呼和浩特）、"那天，雨一直下"（湖北荆州）、"与平凡相伴"（湖北随州）、"留在心中的那份＿＿＿＿"（山东德州）、"风景在路上"（山东聊城）、"在岁月的堤岸慢慢行走"（山东日照）、"这句话，这颗心"（四川自贡）；从前两年的中考题来看，也有多个地方涉及，如2014年衡阳的"开在心中的花"、枣庄的"那一段美好的时光"、镇江的"走近了才知道"；再如2013年南充的"我的梦想"、威海的"活出自己的精彩"、湛江的"活着需要什么"等。

2. 以"感动感恩"为坐标，体察世间真情

这类作文题重在体察和感悟，是对学生心灵的唤醒。感动、感恩是其中的两个核心情感，也是当前学生必须要培养的情感。如，2014年黄冈的"成长的路上，有你真好"、重庆的"有你在我身后"；2013年乐山的"那微笑，给了我＿＿＿＿"；2015年湖北恩施的"在我们的记忆深处，珍藏着许许多多来自亲人、朋友、师生甚至是陌生人的动人表情。这些表情或兴奋，或痛苦，或惊讶，或愤怒……触动着你的心灵，描画着爱的感动，传递着正能量，鼓励我们直面人生，振作精神，昂然前行。请以'最是难忘那表情'为题写一篇文章"。

3. 以"关注热点"为目的，走进社会现实

关注社会热点问题，引导学生感悟正能量，辨别是非，引导学生融入社会。

比如2015年吉林省的作文命题。

阅读下面材料，选择感悟最深的一点，自拟题目，写一篇文章。

中国科学院院士薛其坤及其团队，心存高远，脚踏实地，沉浸于量子世界十余载，追求小量子里的大"梦想"。他们坚持不懈，追求极致，发现了量子反常霍尔效应。这是继美国物理学家霍尔于1880年发现反常霍尔效应130多年后，人类首次实现其量子化。

认识薛其坤的人几乎都知道他近乎苦行的生活轨迹。早上7点进实验室，晚上11点才离开，这样的作息时间，他已经坚持了整整20年。在薛其坤看来，"全世界从事实验物理研究并取得重要成就的人，无一例外都是刻苦的。"刻苦是他们团队攻坚克难的第一秘诀。

科学研究的刻苦不是常人所能坚持的。薛其坤认为进入了这个科学世界，应该以苦为乐，这样的坚持是一种享受。他在紧张的工作中体会到的是快乐，而非痛苦。

凭借对科学的好奇心，对工作的热爱，对科研的责任心与担当，对信念的坚守，薛其坤及其团队勇于探索，刻苦钻研，终于向国际科学界"亮剑"。

"把科研工作一步一步做上去，把学生一个一个培养出来，唯有如此才能为实现中华民族伟大复兴的'中国梦'贡献出自己的力量。"这就是这位科学追梦人如今最朴素的愿望。

再比如2015年湖北孝感的作文命题。

请根据你对下面材料的理解，自选角度，自拟题目，写一篇文章。可以记叙经历、抒发情感、发表见解，但不能对材料进行改写、扩写、续写。

今年4月，网友上传一组烈日下一名小学生为女老师撑伞的照片，引起社会热评。有的网友说："现在的老师啊，缺乏对学生起码的关爱，师德不存啊！"有的网友说："现在的学生，小小年纪就知道拍马屁！"而一位知名教育专家说："众多指责令我也心有不安。因为，我许多行为的'恶劣'程度远超过撑伞，如搬家时让学生帮我搬东西……我觉得只要师生间彼此关心，举手投足发自真情，就无可厚非。"

当媒体记者采访这位女老师时，她哭着说："当天是这个孩子自愿替我撑伞的。要错也是我错了，请不要伤害孩子，他很单纯。"

再比如，2014年江苏连云港中考作文题。

2013年，82岁的加拿大当代短篇小说作家爱丽丝·门罗获得诺贝尔文学奖。对很多人来说，爱丽丝·门罗还是个陌生的名字。门罗是一位地地道道的家庭主妇，"你知道，我是要处理很多家务事的。"但是在过去的大半生里，"我没有一天停止过写作。"门罗说。门罗大量的短篇小说创作基本取材于她所在小镇的平民爱情、家庭生活。

依据材料，联系自己的生活体验或感悟，以"看似寻常"为题，写一篇文章。

4. 以"思考辩证"为契机，训练学生思想深度

如2015年湖北宜昌的作文题，"我的'争'"或"我的'不争'"；福建厦门的作文题，"'品'字从造字来说，由三个'口'组成，便是告诉人们，品尝、品味……品尝美食是一种享受，品评事态是一种情怀……以'品'为话题，自拟题目，写一篇文章"；又如2014年江苏宿迁的作文题，"我们总是在羡慕别人，而对自己所拥有的却常常视而不见。冬日的暖阳，怒放的花朵，亲朋的问候，动人的文章，甚至是一个小小的善举，一个温暖的眼神……只要用心感受，你会恍然发现：原来，我也拥有这么多！请以'原来我也拥有这么多'为题，写一篇文章"。这些文题皆能训练学生的思辨能力，在行文的过程中训练学生的思想深度。

（此文发表于《语文周报》，有删改）

2016年中考作文命题权威预测

综观近三年来全国各地的中考作文命题的特征，笔者认为，2016年中考作文命题将会呈现下面的规律。

一、趋势

命题多元化仍将存在，但稳中有变。毋庸置疑，全命题作文仍将独占鳌头，成为主流趋势；半命题作文以其半开放的特征紧随其后，备受命题者青睐；话题作文、材料作文和情境作文依然不可或缺地点缀其中。局部语言的"微训练"或者是板块"微表达"的方式开始渗透在写作考查中，暂时以"小作文"的面貌出现，这是变化之一。变化之二，全命题以"裸题"的形式来呈现的命题方式在逐步"缩水"，大多会以"提示语+全命题"的方式呈现。这样不仅降低了审题的难度，也间接地帮助学生唤醒了生活经历，开启了写作思路，提高了答题效率，故而受到了命题者的热捧。变化之三，估计大多数命题者都会认识到：一个作文题目一定不能兼顾所有学生，而且还有可能限制一部分学生的思维，如果让学生多一种选择或许能让更多的学生找到突破口，走向成功，这也体现了命题者的人文关怀，所以"二选一"的作文形式在逐年增加。总之，从命题形式来看，命题（含半命题）作文仍将一枝独秀，"提示语+命题"的模式会逐渐占主导地位，我们要积极总结、分解、提炼，有针对性地训练。

二、内容

以"我"为中心，体悟内心，审视家庭、学校、社会，视界在拓宽。2016年的中考作文命题的内容和范畴依然会遵循课标的要求，以引导学生认识世界、认识社会、认识生活、认识自我为核心来命制，或关注考生的真情实感，或关注考生的生活体验，或关注考生的健康成长，或关注考生的学习发展，或关注考生的品德修养，或关注考生的价值取向，或关注考生的人文思想，或关注考生的独特感受等。内容和范畴开始从单纯的校园生活、家庭生活向广阔的社会生活拓展，如环境保护、文化体育、法律道德、军事争端、高科技术、热点评价、社区管理、政策品悟、国际形势等，开始将学生的综合素养的培养要求在作文考核中进行隐形渗透。所以，我们的作文训练离不开下面的几个专题。

1. 体验情感

在家庭、学校和社会活动中体验到的亲情、友情、师生情、爱国情，甚至刚刚萌芽的青涩爱情都将会进入中考作文命题者的视线。

2. 感悟成长

道德的提升，学识的扩展，才华的增长，能力的增强，良好习惯的养成，为人处世方法的成熟，以及在这些过程中经历的喜、怒、哀、乐，酸、甜、苦、辣的感觉也会成为命题者的选择。

3. 珍惜时间

体会时光的流逝是不可逆转的现实，感受生命价值，是每个初中生必备的情感意识。以时间为外壳，将生命价值入题，是每一个有责热感的命题者的必然选择。

4. 解读自然

大自然景物摇曳多变，或给人温馨，或给人力量，或给人惬意，或给人启迪……借助大自然或寄托情感，或表达理趣。这类主题不能忽略。

5. 哲理思辨

从日常生活中，从司空见惯的现象中，从社会热点中挖掘生活哲理，提升思辨能力，这点不能忘却。

6. 励志修养

"阳光""诚信""坚守""执著""宽容""体谅""钦佩""感激"等是人性中最美好的品质，也是命题者最喜欢的字眼。

总之，从命题内容上看，中考作文会更加重视引导学生从生活中挖掘写作素材，感悟自我成长，着力突显主流价值，引领社会主义价值观，传递正能量。

三、要求

开放收拢，限制加强。因为宽松的写作要求给了学生很大的无原则套作和抄袭的空间，故而，在2016年的中考命题中，命题者可能会将一部分开放的要求进行收拢，加强限制。主要表现在两个方面，一是对文体进行限制，在要求中直接限定必须写记叙文或者是议论文；二是对内容进行限制，同是半命题作文，可以对选填的内容范围进行限制，也可以在题目中通过某个字眼进行限制，比如"_____里的感动"和"_____里的微感动"，多加一个"微"字，选材的侧重点就变了，我们要及早做好应对训练。

四、体例

整体不变，微型创新。2015年，部分省市出现了大小作文的命题共生体例，或称之为"微作文+大作文"的命题结构体例。微作文往往是以一个片段或者是文章中的一个截面，对某一个语言点或一个结构点进行考查，字数往往在100–150字以内，赋5–10分，短小灵活，易于操作，容易受到关注。

（此文发表于《初中生写作》2016中考专号）

趋势不变　形式微调

——2015—2017年中考作文命题分析

　　中考作文命题一直是中考命题者、一线语文教师、语文教育专家、专业报刊媒体深度研究的热点，如何更好地契合课程标准的要求，并通过一次作文更好地考测学生的语文综合素养，是每个中考作文命题者不可回避的巨大挑战。中考作文命题在形式、内容、主题上必须最大限度地贴近学生实际，最大限度地调动学生生活经验，最大限度地启迪学生思维，且能激发学生的思辨能力，还要考虑时代特征、社会主流思潮、传统文化的渗透等各方面的因素，既要让学生表达自由，还要防止学生套作。命制一道好题，往往需要命题者殚精竭虑，反复权衡。所幸的是全国各地命题者们经过近十年的探索和实践，命题趋势逐步趋向稳定，并以微创新的方式不断伸出尝试的触角，进行引领和验证。

　　综观近三年的全国各地的中考命题特征，尽管少数省份有所微调，但其总体趋势仍然是以全命题作文、半命题作文为主体，材料作文、话题作文、情境作文点缀其中，即便是选题作文，也大多集中为全命题和半命题的形式。

　　下面，笔者就手头拥有的2017年全国各地的近九十道中考作文命题为基础，结合2016年、2015年的部分中考作文命题，对近三年来的中考作文命题所呈现的形式、所涉及的内容范畴以及所期待阐释的主题等做粗浅分析，为2018年的中考作文备考提供一些借鉴。

　　（一）从命题形式看：主流形式不变，局部有微调

　　1. "引文+命题"的方式依然是中考命题的主要形式

　　"引文+命题"的方式依然是中考命题的主要形式，只是引文的内容和形式更加灵活和丰富多彩。过去三年来，引文的主要目的或是为了降低学生的审题难度，或是为了开启学生的写作思路，或是确定文章要表达的主题，或是提供写作的素材……命题者总是在不断地创新内容和形式，主要表现在以下几个方面。

（1）引文关键词做标题，暗含文章主题。如下面这道作文题。

吃与我们的生活息息相关。由"吃"组成的汉语词汇不胜枚举，如：<u>吃苦</u>、<u>吃亏</u>、<u>吃醋</u>、<u>吃透</u>、<u>吃得开</u>、<u>吃小灶</u>、<u>吃独食</u>、<u>吃老本</u>、<u>吃后悔药</u>、<u>靠山吃山</u>等。"吃"，可谓意蕴无穷。相信这些词语一定会引发你的联想与思考。

题目一：从画横线的10个词语中，任选一个你最有感触的词语作标题，写一篇文章。

题目二：从画横线的10个词语中，任选一个拟个半命题作文的题目，然后将其补充完整，写一篇文章。

题目三：从画横线的10个词语中，任选两个进行组合作为标题，写一篇文章。（可加体现两个词语之间关系的词语）

要求：①不少于600字；②文体（诗歌除外）自选；③文中不得出现真实的地名、校名和人名。（2017·湖南岳阳卷）

（2）引文成为思维类比的起点，唤醒学生类似经验作为写作素材。如下面这道作文题。

"我不由得停住了脚步"，是宗璞文章《紫藤萝瀑布》的开头。一树盛开的紫藤萝花吸引"我"驻足观赏，使"我"浮想联翩……生活中，你是否有过"不由得停住了脚步"的经历？什么让你的脚步停住？你又有怎样的感受与思考？

请以"我不由得停住了脚步"开头，自拟题目，写一篇文章。

要求：①要有真情实感；②自定立意，自选文体（诗歌除外）；③不少于600字；④不得抄袭、套作；⑤不得出现真实的人名、校名和地名。（2017·四川成都卷）

引文为文题的补充提供了思维的方向，调动相似的经验就成了素材。

（3）引文提供思辨的范例，引发思考。如下面这道作文题。

下列生活小贴士，引发了你怎样的联想和思考？请以"往后一小步"为题，写一篇文章。

拍照小贴士：靠得太近，被摄物体容易变形，有时往后退一退，拍出的照片更自然。

乘车小贴士：车来时，一拥而上会造成拥堵，有时往后让一让，上车更快捷。

要求：①根据你的理解和感悟，联系自己的生活体验写作；②自选文体（诗歌除外），文章不少于500字；③文中不要出现含有考生信息的人名、校名、地名等。（2017·浙江宁波卷）

2. "小+大"的作文命题方式悄然呈现

"小+大"的作文命题方式悄然呈现，不仅暗合了课标中"根据生活需要，写常见应用文"的要求，也对学生的单项写作能力进行了考察。其中"小"作文标示的分数大多为10分。就笔者收集的材料来看，"小"作文主要有以下几种形式。

（1）发言稿。

根据情境，按要求写作（10分）

从下面两个题目中任选一题，按要求写作。

题目一：在一次同学聚会上，大家兴致勃勃地回忆起小时候玩过的游戏。请你也描述一个曾带给你快乐的游戏（如下棋、猜谜、拼图、折纸、放风筝、抖空竹、踢毽子、捉迷藏……），与同学们分享童年的快乐。

题目二：班级将要举办"讲述历史故事，传颂中华文明"主题班会。作为一个准备发言的同学，请你结合下面的连环画，拟写一段发言稿。

要求：①内容符合要求，语言使用得当；②字数在150~200之间；③不要出现所在学校的校名或师生姓名。（2017·北京卷）

（2）请假条。

小作文（10分）

学校准备派李阳同学参加2017年6月21日—22日在市青少年宫举行的"阳光少年快乐成长"演讲比赛。请你以李阳同学的名义向他的班主任刘老师写一张请假条，写请假条的时间为2017年6月18日。要求：内容清楚，格式正确。（2017·湖南郴州卷）

（3）写信。

根据要求，写一封信。（10分）

作品形式：书信。

作者角色：某校一位初中学生。

读者角色：受学生信任的该校校长。

写作背景：临近期末考，音乐课经常被其他学科占用，于是写信向校长反映。

写作目的：希望校长解决此事。

写作要求：①目的明确，理由合理，表达得体；②正确书写汉字，准确使用标点，规范运用语言；③120字左右；④不得透露个人信息。

（2017·浙江温州卷）

（4）情境描写。

比如下题。

朝霞落日、小草树木，本是寻常之物，可是，如果换一种眼光来观察，它们就会变得像人一样具有很多美好的精神品格。描写你喜欢的一物，让人感受到该物的象征意义。150字左右。提示：描写要细致、传神，不要用议论代替描写。（2017·浙江衢州卷）

又如。

春天的一个下午，毛毛雨下个不停。这时，张老师推门进来了，大家不约而同地抬起了头。

"某某"，张老师忽然叫我的名字，我心里怦怦直跳，站了起来。

……

我回到教室，雨停了，窗外小树上的叶子泛着宁静的绿意。

要求：①依照给出的情境展开联想、想象，进行合情合理地描写；②文中如需出现校名、班名、人名，请用"某校""某班""某某"代替；③150字左右。（2017·内蒙古呼和浩特卷）

3. 材料作文的命题方式有上升趋势，虽地域特征明显，但多地开始试水

浙江、山东大部分地区采用了材料作文的命题方式，湖北、重庆也有部分地区在选题作文中采用了材料作文的命题方式，在材料的选择上依旧特色鲜明，具体如下。

（1）从名言中得到启迪。

例如下题。

生活中，你是更关注事情的开始，还是结果？你可曾思考过两者的关系？阅读下面这组言论，按要求完成写作。（60分）

出发，才能到达。——朱兆瑞

只有知道了书的结尾，才会明白书的开头。——叔本华

大自然中一切的结束都喻示着新的开始。——经典说说

我是环绕着一个圆圈而行的。越接近终点也就越接近起点。——狄更斯

这些言论引发了你哪些联想与思考？请你写一篇文章，可讲述经历，可抒

发情感，可阐述观点，也可……

要求：任选一个角度立意，题目自拟；文体自选，诗歌不少于16行，其他体裁不少于600字；不出现真实的校名、人名等。（2017·浙江绍兴卷）

（2）从反省中得到顿悟。

例如下题。

"本来我可以放弃，却咬牙坚持了下来；本来我可以沉默，却勇敢地发出了自己的声音……" "本来我可以争取，却因犹豫而错过；本来我可以面对，却因胆怯而逃避……"

每个人或多或少都会有类似的经历，也许，这就是成长过程中的喜悦与烦恼。

请以"本来我可以"为题，写一篇600字到800字的文章。

要求：①将题目补充完整，立意自定；②除诗歌外，文体自选；③不得抄袭、套作；④文中不得出现你所在学校的校名，以及教职工、同学和本人的真实姓名。（2017·浙江杭州卷）

（3）从诗歌中进行联想。

例如下题。

孩子啊

每个人都有一双翅膀

可以在梦里飞翔

还有一双翅膀

可以在想象里飞翔

如果飞累了孩子啊

那就躺下来无所事事

和露珠儿对唱

和小蚂蚁游戏

哭或者笑

有资格哭的孩子会更强壮

读了这首诗，引发了你哪些联想与思考？请以"有资格哭的孩子会更强壮"为题，写一篇文章，可讲述经历，可阐述观点，也可抒发感想。

要求：除诗歌外，文体自选；不少于600字；不得出现含考生个人真实信息的地名、校名、人名等。（2016·浙江湖州卷）

（4）从现象中进行提炼。如下题。

阅读下面的材料，自选角度，自拟题目，写一篇文章。

枫叶刚长出来时，色彩与别的叶子并没有什么两样，也是青的，也是绿的。

从春天开始生长，直到深秋，枫叶才变得像火一样红。

是秋天的霜打，让枫叶慢慢变红。

很多树的树叶即使到了秋天也不会红起来。让枫叶红起来的是枫叶自己，秋天只是给了它红起来的机会。（2017 · 重庆A卷）

再如下题。

阅读下面的材料，按要求作文。（50分）

苹果公司的创始人乔布斯为什么不设计一个圆满的苹果，偏要用一个咬了一口的、残缺的苹果做公司的标志呢？这与乔布斯的人生经历有关。乔布斯曾经历过三次大的人生变故：一次是"从贵族学校退学"，乔布斯说，那是他人生中最棒的决定，他因退学而转学，从此爱上了自己感兴趣的学科；另一次是"被自己创办的公司开除"，乔布斯说，这是他人生中最棒的遭遇，因为后来他重新创业，成就了更大的辉煌；再一次是"被诊断为胰脏癌"，乔布斯说，那是他人生中最棒的提醒，因为他对生命有了更深刻的了解与认识。原来，乔布斯本人就是一个被命运咬了一口的苹果。

根据上面这则材料，结合自己的感受和思考，任选角度，自拟题目，自定文体，写一篇600字左右的文章。（2017 · 湖南常德卷）

（5）作为文章开头，续写。如下题。

阅读文字，从所给的两种写作形式中任选一种，按要求写一篇文章。

一只蚂蚁爬到海岸边，望着一个接一个的海浪涌到岸上，不禁忧愁起来："海这么大，而我这么小，我一辈子也不可能看到大海的尽头……我还活在世上干什么呢？"

……

形式一：自拟题目，以上述文字为开头，展开想象，续写故事。（2017 · 浙江金华卷）

再如下题。

"人是奇怪的，有些对别人无所谓的事物，于己却珍贵无比且美好得不可思议。"请把这句话作为开头，自拟题目，写一篇文章，不少于600字，文中不得出现真实的姓名和校名，不得抄袭和套作。（2017 · 山东淄博卷）

（二）从内容和主旨的范畴看

仍以"我"为核心，考察情感体验、幸福理解、成长感悟、生命价值、精神品质、哲理思辨等多个角度的内容

主要体现在以下几个方面：

1. 体验成长

这类作文题考察的范畴是以"我"为表述的对象（或见证人），以成长、体验为核心，表达在成长的过程中对生命、生活的思考以及反思自查。从2017年的中考题来看，"这就是我的承诺"（2017·安徽）、"一段_____的旅程""相伴滋味长"（2017·天津）、"快乐多多"（2017·甘肃白银）、"做了一回最好的我"（2017·山东青岛）、"我不该这样"（2017·四川巴中）。

2. 感动感恩

这类作文题重在体察和感悟，是对学生心灵的唤醒。感动、感恩是其中的两个核心情感，也是当前学生必须要培养的情感。如"那一刻，我流泪了"（2017·山东滨州）、"期待的眼神"（2017·四川南充）、"共享_____"（2017·湖北随州）等。

还如下题。

阅读下面文字，按要求作文。

生活中，遇到难以解决的问题时，我们常常得到这样的鼓励："别急，多想想。"遇到简单容易的事情时，我们也常常能听到这样的提醒："别急，多想想。"

上述文字引发了你怎么样的联想与思考？请你自选角度写一篇文章，可以记叙经历，可以阐述理解，还可以……（2016·浙江台州）

3. 社会思考

社会热点问题也悄然进入中考作文命题内容，关注社会、关注生活，责无旁贷。

比如下题。

阅读下面文字，按要求写作。

你的两个好朋友最近都很烦恼。小强说："爸爸妈妈总说我不如别人家的孩子好。"文文说："爸爸妈妈要给我生个弟弟或妹妹了，可我不想要！"

请你设身处地想想他们的烦恼，给小强或文文写一封信，帮助他（她）化解烦恼，要说得入情入理，使人信服。不少于500字，不要出现含有考生个人信

息的人名、校名、地名等。信的结尾署名为"你的朋友。（2017·浙江衢州）

再如下题。

现代生活，密码与我们紧紧相随，微信、QQ登录，电脑开机，自行车开锁，银行取款，甚至进入楼道都需要密码。其实用密码的地方远不止这些，成功有它的"密码"，走进朋友的内心需要"密码"，与父母的沟通也得输入正确的"密码"……请以"密码"为题目，写一篇文章。（2017·湖北襄阳）

4. 思辨哲理

这类文题皆能训练学生的思辨体悟能力，在行文的过程中训练学生的思想深度。

比如下题。

阅读下面的材料，按要求作文。有一条鱼，一直很想了解陆地上的事情，却因为只能在水中生活而无法实现。他与小蝌蚪交上了朋友，小蝌蚪长成青蛙后，便跳上了陆地。几周后，青蛙回到池塘，向鱼讲述了他的见闻。青蛙描述了陆地上的各种事物，鱼根据青蛙的描述进行了想象，但所想象的每一样东西都带有鱼的形状：人被想象成用鱼尾巴走路的鱼，鸟是长着翅膀的鱼，牛是头上长角的鱼……

其实，人何尝不是这样？我们对新事物的认知，离不开已有的经验，又常受制于已有的经验。所以，要想真正认知新事物，就必须不断拓宽视野，丰富经验。

请你根据对上述文字的理解和思考，写一篇文章。（2017·湖北武汉）

5. 榜样示范

生活中总有一些给自己牵引、给自己示范的人和事，激励自己前行，每每想起，都会回味悠久。

比如下题。

陈忠实在获得茅盾文学奖时，说出了他的"动力源"：他看到比自己小七岁的路遥写出了那么多本优秀的小说，成了自己写作的动力，当他沥尽心血写出《白鹿原》后，他获得了成功……在成长路上，你的"动力源"又是什么呢？

请以"我的动力源"为题，写一篇文章。

要求：①字数不少于600字，不多于900字；②除诗歌外，文体不限；③文中不得出现真实的人名、地名、校名，如不可避免，请用××代替；④不得抄袭或套作。（2017·广东深圳）

（此文发表于《语文周报》，有删改）

第八章
题型突破是有对策的

从容应对全命题作文

一、题型阐释

全命题作文就是作文标题已经由命题者给定，不能再添加，也不能再更改的一种命题形式。全命题作文一般以两种方式呈现。一是以"裸题"的方式呈现，即只出示题目，不加导语或提示语。比如，以"我真幸运"构思一个有鲜明主题的生活故事，写一篇记叙文。一是以"提示语+题目"的方式呈现，即在题目的前面添加一段或解读题目内涵、或提炼表达技法、或总结某种思想进行拓展延伸的提示语。目的是确定写作范畴或者是开启写作的思路，或示范写作手法、标明表达的中心主旨。比如，每个人都是一道亮丽的风景线。因为有我，亲情多了一丝温暖，友情多了一份关爱，旅途多了一处风景……请以"因为有我"为题，写一篇文章。

中考链接

（2015·北京）对话是现实生活中人与人之间沟通的一种方式。对话可以增进彼此的了解，可以倾诉各自的心声，可以碰撞出智慧的火花……请你以"对话"为题目，写一篇文章，可以记录精彩的对话过程，可以描述对话产生的美好结果，可以阐述你对对话的认识……

对 话

一考生

那次在炎热夏季里的对话，让我体会到了至今难忘的真理。（**开篇点题，设置悬念。**）

大赛将近，再加上夏天的闷热，令我心情十分不畅快，与师父下围棋时自然很着急，落子十分草率，一会儿便杀到无子可下的境地。（**简洁交代事情的起因，点出"着急"，为后文情节做铺垫。**）师父也看出了我的着急，便给我用新下的茶叶泡了一杯茶。

与师父对坐，师父说："别太为比赛着急了，喝口茶吧。"我心情十分烦躁，一下便喝了一大口。苦涩、滚烫的茶液呛进我的咽喉，刺激得我将茶水全都喷在地上。我愤怒地对师父说："师父，你怎么用这么烫的水泡茶啊！茶还这么苦。"师父微笑着摇了摇头，呷了一口茶，喝了下去，说："真的很苦吗？是你没有静下心来吧。"（**师父第一次强调要静心。**）

师父的话让我不明其意，苦的就是苦的，再怎么也无法变成甜蜜的啊。我提出了我的问题，师父说："为什么你不静下心来，自己试试看呢？"（**师父第二次强调要静心。**）

师父的话，让我很感兴趣，我像师父一样，闭上眼睛，渐渐地，我安静了下来。夏日鸣蝉的声音在我耳中不再是聒噪，而是变成了优美的鸣乐声，天气似乎也没那么闷了。我端起茶杯，喝了一口茶。这次的茶初入口中，仍是苦涩的，然而，慢慢地，苦涩过后，有一阵阵的甘甜袭来，让我怡然、舒适。（**此段"我"的变化是文章叙述过程中由事及理的行文关键，要认真把握。**）

我问："师父，这究竟是为什么啊？"师父笑呵呵，慈祥地说道："这就是为什么要静啊。""那我静心的话，有什么益处呢？"师父说道："静心，可以让你感受不曾发现的美好，便如这杯茶，若不是细品，谁会知道苦茶之后便是甘甜沁人呢。"（**师父第三次强调要静心。**）

与师父对话，让我学会了静心。在那以后，我每每烦躁之时，便会想起那段对话，心便不由地静了下来，静心后，我便发现了很多隐藏的美好，这次对话让我受益匪浅。（**点题并深化文章的主题。**）

二、名师点评

（一）总体点评

本文选材很巧妙，大赛将至，内心烦躁，师父以喝茶来静"我"心，"我"进而悟出人生道理。文章情境鲜明，矛盾集中，使"对话"成为可能。全文用"对话"来推进故事情节的发展，"我"与师父的三次关于喝茶静心的"对话"，让"我"悟出了人生的道理。"对话"贯穿全文，情节曲折，过程详实，首尾呼应，结构完整，实现了讲述一件事情明白一个道理的目标。叙述过程中人物形象鲜明，细节描写精巧，环境衬托，自然流畅，蕴意深刻，是一篇好文章。

（二）中考应对方法

拿到全命题作文的题目，我们不要匆忙下笔，要沉下心来，从容面对：

1. 我们要审读题目，确定写作范畴

针对"裸题"，我们要看到题目背后的东西。如果文章的题目比较简洁和抽象，我们就要用添加前后缀的方式来化大为小，缩小范畴或化虚为实，丰富题目，从而找到表意的重点和素材。比如上文中的题目"对话"就非常简洁，我们可以通过添加前缀"我与师父的对话""我与师父在下棋时的对话"，这样写作的范畴和素材都出来了。如果题目表达比较丰富，我们就要抓住题目中的修饰语，这才是文章表意的重心。还有，题目中的限制语确定了文章的取材范畴，我们构思时不要逾越。如果文章的题目是一些带有比喻或者象征意义的题目，我们则可以挖掘出本体和喻体、象征体之间的关系，化"虚"为实、以实写"虚"。如果是"提示语+题目"的形式，我们就要认真解读提示语中隐藏的内涵，以此来确定我们选材的对象和表达的中心。

2. 确定写作文体

我们要根据题目迅速选定我们写作的文体：题目中隐含着要求我们记叙一件或几件事情的，我们就应写成记叙文；题目带有象征意义或者哲理意味的，我们就可以根据我们的擅长写成散文、一般记叙文、小说或议论文。最重要的是选择我们最拿手的文体。

3. 做好整体布局

开头写什么，中间写什么，结尾如何升华中心，在动笔前，心中要有一个通盘的考虑。叙述过程中该采用顺叙还是倒叙，哪里采用插叙？哪里该浓墨重彩，哪里该一笔带过？哪里该添加心理描写，哪里该渗透景物烘托？都要做到心中有数。还要注意过渡段怎么写，情感的变化怎么处理、主题升华该怎样推进等。

4. 组织恰当语言

语言是作文的外衣，文章或平实朴素，或优美生动，或深沉大气，但不管是怎样的风格，其基准都是要流畅、准确、形象、生动，富有神韵。尤其要注意的是突出自己的风格，巧妙运用修辞和句式来让语言增色。

总之，拿到全命题作文题目之后，我们不要匆忙，要从容面对，审好题，选对材，巧布局，细用语，这样我们的文章就会生动起来。

（此文发表于《初中生写作》2016中考专号）

巧妙应对半命题作文

一、题型阐释

（一）半命题作文概述

半命题作文，是指命题者只提供一个不完整的作文命题，由考生将题目缺略的部分补充完整后再进行写作的一种作文形式。半命题作文兼具命题作文和话题作文的优点，其开放性和限制性介于命题作文和话题作文之间。与限制定型的命题作文相比，半命题作文更多地尊重了考生的情感体验和自主选择的权力，为考生提供了更为广阔的思维空间，也给考生提供了更大的写作自由。从补题限制的角度来说，半命题可分为两种题型。一是命题不做提示，由考生自由拟题，比如2015天津卷作文题："晒出我的＿＿＿＿＿"。一是命题中列出几个词语，提供考生参考，比如2015安徽合肥卷作文题：《难忘那＿＿＿＿＿的眼神》从"坚毅、期盼、失望、慈爱"中任选一个填入横线，写不少于500字的作文。

（二）中考链接

（2015·河南）＿＿＿＿＿＿里的微感动

要求：①先在横线上填写合适的词语，把题目补充完整，然后作文；②除诗歌外，文体不限，600字左右；③文中不得出现真实的人名、校名、地名。

角落里的微感动

一考生

角落，多半蒙尘，因为那是视线不及的地方。（**开篇含蓄点题，富含哲理韵味。**）

在我们村，生男孩传承香火的意识很浓厚。女孩长大是要嫁人的，养了也是白养。所以，从小我弟弟就是家里的掌上明珠，我，从来不受人重视。（**简洁交代，为后文作铺垫。**）

初二的上期，开家长会。那天，爸爸也刚从打工的城市回到家来，半年不见的他，似乎又苍老了许多。我我随口说了一句："下午家长会，你能来吗？"他似乎有些诧异，但他很快地重重地点了点头。过去的家长会，我从没让他参加。

"爸，你回来了！"弟弟一声大叫，"下午家长会，老师让你去！"

他犹豫了一下说："我去你姐的班，我已经答应她了。"

弟弟一脸的不高兴，大声说："不行，你必须去我班！"说完赌气连饭都不吃。

母亲连忙出来打圆场："好好好，我的小祖宗，你爸去你班！"

爸爸为难地看了我一眼，弱弱地对我说："我先到你弟弟的班里看一下，然后就去你班里。"我一下感觉到我没有希望了，冷冷地丢下一句："随便！"（**这部分叙述简洁，但矛盾突出，引人入胜。**）

班会开始后，尽管我不停向教室的各处张望，但是我知道不会有结果的。后来我干脆不再张望。回到家里，我没有去责问爸爸，其实我都没怎么看他。

第二天去上学的路上，好朋友琪琪对我说："昨天伯伯还特意穿了新衣裳哩。"我不解地问："你在哪里看到他？""就在教室后墙的角落里。"（**好友的话点出了意外的情节，异军突起。**）

放学后我特意走过去，看着爸爸，问："你昨天开班会咋躲在角落里呢？"他低下头，像做错事的孩子，不知所措地站着，轻声说："我不是去得晚了吗？……不过，我听到了，老师表扬了你五次！"他嘿嘿地笑了，黝黑的脸上净是骄傲的神色。（**憨厚、朴实为女儿感到骄傲的爸爸形象跃然纸上。**）

霎时，我的眼角有些湿润，一股淡淡的暖意慢慢融化着我心里的那堵坚冰。（**情感变化表达含蓄。**）

从那以后，每次进教室，我都会用温暖的眼光看一下那个角落，因为我父亲曾在那儿坐过。（**点题及主题升华都很含蓄，妙！**）

二、名师点评

（一）概述性点评

1.材料普通，但构思精致

文章紧紧围绕"角落"构思，反映孩子心中要求平等的愿望。文章抛出矛盾自然，产生误解合理，误会消除后，主旨得到升华，情节曲折有致。

2. 技法常规，但形象鲜明

文章对父亲的刻画给人深刻印象。表面懦弱，内里坚定；表情木讷，内心丰富，几处细节的刻画就让父亲这个人物形象物呼之欲出。矛盾冲突组织，不露痕迹，看似大拙，实则精巧。

3. 紧扣要求，表达突出

小角落，小事件，小情感；真生活，微感动，大主题。作者对题目要求拿捏精准。

（二）中考应对方法

写好半命题作文，其核心点在于"补题"上。如何巧补题？我们要做好下面几点。

1. 扬长避短，巧添内容

补题的过程意味着对写作内容、写作角度的选择。补题时，要根据自己的人生体验和生活积累，补出自己熟悉的、感悟最深的、最容易写出新意的题目，这样的内容，才能扬己所长，掌握主动，写起来也才能得心应手。

2. 大胆创新，巧设角度

为半命题作文补题，最易题目雷同、题材"撞车"，为避免这一点，我们在补题时，要敢于运作求异思维。选择的内容，最好是别人不曾经历过、不曾想到过、不曾抒写过，甚或根本遇不到、想不起、写不出的。这样才能给人以耳目一新的感觉。为此，应尽量选择自己亲身经历过或是发生在自己身边的生活事件，尽量避开那些人人皆知的素材。当然，如果我们的生活经历有限，没有那些奇特的经历，那么，我们就要从表达的角度上去考虑。我们可以变换视角，让物品说话，公汽上的座椅，公园中的一株小草，树干上一枚遗忘的蝉蜕等，都是表达的载体；我们可以创新表达的形式，让表意活泼，不管是演播大厅，还是时空连线，抑或穿越过去或将来等，都能表达深刻的主题。

3. 力避空泛，巧设开口

补题虚空浮泛、大而无当，是半命题作文中高发的"写作事故"。中考作文，一般在600左右的篇幅，要想写深写透一个主题，自非易事。因此补题时就应"就实避空"，因为题目越空泛，相应的写作范围就越广，选材、组材的难度也就越大。所以，我们开口要小，用一个小故事，一个小片段，一个小冲突来表现主题，有效地缩小写作范围，降低写作的难度系数，提升写作的效率。

内容实在，方向明确，主题自然鲜明。

　　总之，写好半命题作文前提就是补好题，补好了题就相当于完成了审题、构思、立意的任务，也就等于作文成功了一半。

（此文发表于《初中生写作》2016中考专号）

积极应对话题作文

一、题型阐释

（一）"话题"作文概述

"话题"，就是指谈话的中心；以所给的话题为中心，并围绕这个中心内容进行选材而写出的文章就是"话题"作文。话题作文其实只是提供了一个话题，即规定了表达的中心内容，而不限制取材范围和表达方式的作文形式。所以话题作文试题有三个主要特点：第一，题目只提供写作内容围绕的核心，而不以标题的形式提供具体明确的主旨；第二，只提供写作范围，而且范围相当宽泛，要求所写内容与话题相关即可，不要求归纳试题所供材料的中心意思并紧扣这一中心意思做文章；第三，话题作文一般要求自拟文题，而非话题作文则不要求自拟文题，也不能另立文题。从这个意义上来说，话题作文给写作者提供了更广阔的发挥空间，有利于写作者表现个性特征，有利于选拔人才。

（二）中考链接

（2015·广东梅州）根据要求作文。

子曰："友直，友谅，友多闻，益矣。"朋友的正直与直率，朋友的理解与宽容，朋友的博学与多识，可以让我们获益良多。益友是我们成长道路上所不可或缺的，当倍加珍惜。

请以"益友"为话题写一篇文章。

要求：①文体自选，题目自拟；②文中不得出现真实的人名、地名、校名等信息；③不得抄袭、套作；④600字以上。

与诗相伴

一考生

有诗相伴，与诗为友，一年四季都能领略诗情画意：春的淅沥，夏的清幽，秋的悲凉，冬的洁美。（**总起全文，点题。**）

225

春雨绵绵

"天街小雨润如酥，草色遥看近却无"，撑一把油纸伞，漫步老街、田野。看街上亮洁的青石板，小雨淅淅沥沥；嗅初春萌动的田野，小草嫩黄可爱。春是我的最爱，春日倚窗，隔着稀疏的雨幕，焚香品茗，让那些灵动的诗句氤氲在缭绕的茶香中，慢慢去理解，体会，回味，真是诗不醉人人自醉啊！**（有诗有悟，情境优美。）**

夏荷盈盈

"接天莲叶无穷碧，映日荷花别样红"，看着那连天的荷叶，映衬着那红白相同的荷花，一种惬意，由心而生，心情没有那烦躁的感觉，耳畔是阵阵凉风，鼻尖是幽幽荷香，又怎是一个"爽"字了得！"出淤泥而不染，濯青涟而不妖"，周敦颐的"荷花"穿越千年，在这么一个慵懒的夏日，一遍又一遍地荡涤着我的心灵。**（诗词不仅给予"我"舒畅的感觉，更给我深刻的教育。）**

秋雨潇潇

"夜阑卧听风吹雨，铁马冰河如梦来"。那个病卧柴扉、自身难保的老人，在他那羸弱的病躯里是怎样酝酿出了这么豪壮的报国梦，每读一遍都让我的心扉止不住地激烈颤抖！"何当共剪西窗烛，却话巴山夜雨时"在这凄凉的雨夜，读李商隐的"遗憾"，才知巴山的夜雨在秋天竟是那么的冰凉。熄了日光灯，点燃一根蜡烛，我猛然发觉，我的心竟然和李商隐的心贴得这么近！**（穿越时空，感受诗人的生存状态，揣摩诗人内心情感，富有意境。）**

白雪皑皑

"忽如一夜春风来，千树万树梨花开"，那个叫岑参的边塞诗人竟然没有被大漠的恢弘同化，写出这么细腻的句子来，给这寂静、干冷的冬天，添上了炫丽的一笔。"孤舟蓑笠翁，独钓寒江雪。"河面上下雪了，鱼在哪儿呢？只有那江雪莹然不语。**（妙用修辞，情味浓郁）。**

每首诗都是一种境界，一幅画境，一幕戏剧，与诗相伴，以诗为友，一年四季都会有新的感悟。**（总结，升华）。**

二、名师点评

（一）总体点评

作者以诗为友，徜徉在诗的意境中。文章采用典型的版块式结构，以春夏秋冬四季为线索，以精美的古诗文感悟作为文章内容，表达自己以诗为友的生活感悟，语言清新雅致，构思精细巧妙，感悟深挚独特，首尾遥相呼应，结构精美，是一篇不可多得的好文章。

（二）中考应对方法

话题作文在中考中虽然逐年式微。尽管因为少数人的投机取巧、套作而让话题作文受到非难和否定，但写好话题作文对于培养学生提炼、思辨和创新能力有着不可低估的作用，所以我们要积极应对。因为话题作文有自己独特的个性，其"四不限、一强调"的基本特征特征（"四不限"即不限文体、不限主旨、不限具体内容及不限题目；"一强调"即强调考生的创新能力和综合素质）曾在一段时间备受中考命题者的青睐。

话题作文的拟题形式一般分为两种，一是仅提供话题，不提供材料。针对这类题目，我们常用的办法就是添加前后缀，来化大为小。即以话题词语为中心，在其前后添加若干词语，组成一个标题。如：以"亮点"为话题，就可以以"亮点"为中心，在其前后添加其他词语，如"历史铜镜中的亮点""漫谈亮点画廊""亮点背后的故事"等等，这样一来，标题的指向性就非常清晰了，思路就容易打开了。除了添加前后缀之外，还可以围绕话题化虚为实或者化实为虚，拟定题目，确立中心。仍以"亮点"为话题，我们可以拟定题目："历史长河中的那座灯塔""那人·那个时代·那缕闪耀""对面的眼光看过来"等等，因为没有什么限制，所以可以天马行空任我行，最能激发学生的创造激情。

话题作文的第二种形式：既提供话题，又提供材料。材料是对话题的一种解释、一个说明，目的是为考生正确理解话题搭起的一座桥梁，而不是画一个圈、设一道坎。这类题目一般都有"立意自定，文体自选、题目自拟"的写作要求，看似自由，实则不然。"立意自定"就是在正确解读材料、提示和要求的基础上，明确话题的内容和范围。"文体自选"就是不论你选何种文体，都必须符合你所选定文体的要求，要求考生根据自己已经形成的写作特长和临场确定的立意的需要来选取一种最便于发挥、能取得最佳效果的文体。到底采用哪种文体好？笔者的观点是，"适合自己的，就是最好的"。你长于叙事，就突出细节；你善于说明，就讲成因；你见解独到，那就议论；你情感丰富，就来抒情。"题目自拟"是要求题目与作文的内容和形式相吻合。标题有纲举目张之用，因而标题拟定，开口宜小，可以从一个点或一个侧面入手。

（此文发表于《初中生写作》2016中考专号）

审慎应对材料作文

一、题型阐释

（一）材料作文概述

材料作文，是根据所给材料和要求来写文章的一种作文形式。材料作文的特点是要求考生依据材料来立意、构思，材料所反映的中心就是文章中心的来源，不能脱离材料所揭示的中心来写作，故材料作文又叫"命意作文"，即出题者已经把作文的"基本中心（意）"提供给考生了。一般来说材料作文由材料和要求两部分组成。材料按形式分，有记叙性材料（故事、寓言等）、引语式材料和图画式材料。材料作文比命题作文、半命题作文更有利于考生发挥自己的作文水平。考生可以通过自己对材料的理解和解读，选择适合自己的文体进行写作。

（二）中考链接

（2015·海南）阅读下面材料，发挥想象，按要求将语段扩写成一篇文章。

新一代科技产品"智慧"手环即将进入市场。

此手环最突出的特点就是"智慧"。为检验产品的性能，感受其"智慧"，产品研制中心特向社会征集了十名体验者，我有幸成为其中一员。

十天的产品试用、体验，真让我大开眼界，不愧为"智慧"手环，简直太神奇了！

于是，"智慧"手环隆重推向市场。

要求：①自拟题目，自定文体（诗歌除外）；②字迹工整，书写规范，不少于500字；③文中不得出现真实的人名、校名、地名。

"智慧"手环体验记

一考生

新一代科技产品"智慧"手环终于研制出来了，我有幸成了一名体验者。

不要小瞧了这枚小小的手环，只要把它戴在手腕上，即使再愚笨的人，也能上知天文、下晓地理，成为"学霸"，因为这枚小小的手环上存储了迄今为止人类已知的所有知识。（**清楚交代手环的特性，为下文做铺垫。**）

今天，我戴着"智慧"手环走进教室。老师刚在黑板上写下一道高难度数学题，我不假思索，拿着粉笔"唰唰唰"就写出了答案。同学们的眼睛"溜"地一下睁圆了，个个嘴巴张得能装下一个鸡蛋："这么难的题，连班长这个数学天才都不会，考试从未及格过的明明竟然做对了，简直不可思议！"（**同学们的神态描写非常形象鲜明。**）

第二节课是地理。我以前最害怕上地理课了，一分一秒都像一个世纪那样漫长。但是今天，老师的每一个问题我都能对答如流，我甚至闭着眼睛就能点出地球仪上每一个国家的位置。

之后几节课，我都表现得非常出色：化学课上，我能把实验现象和公式讲得头头是道；英语课上，我把单词读得准确无误；语文课上，我妙笔生花，竟然写出了一千多字的作文；音乐课上……每一位老师都惊讶了，成绩一向一塌糊涂的我今天竟然如此出类拔萃，同学们都像看外星人一样看着我。（**同样的故事用略写的方式进行，详略得当。**）

下课后，我被包围得水泄不通，同学们七嘴八舌："明明，你有什么秘密'武器'？快告诉我们吧！"

"好吧……"无奈之下，我高高地举起手腕上戴的"智慧"手环，把秘密说了出来。

从此以后，学校所有同学都不用整天趴在桌子上做老师布置的成堆的练习题了，一向喜欢抢占音乐课的数学老师再也懒得去抢课了，一向喜欢在体育课时"请"同学到办公室"开小灶"的语文老师再也不"请客"了，所有的学生都能轻松拿到100分，师生皆大欢喜。不过，有人欢喜有人忧，就在大伙儿喜笑颜开的时候，学校门口那两家每年都赚100万的眼镜店和教辅资料专卖店关门啦！（**结尾表达非常含蓄，看似平常，实则蕴意深刻，可圈可点。**）

二、名师点评

（一）点评概述

想象合理，详略得当。很明显，本文的材料是从想象中来的，但想象合情合理，因为它是从"我"的学习生活中来的。文章详写"我"在数学和地理课上的表现，略写"我"在化学、英语、语文和音乐课上的表现，这样文章繁简适当，不仅使结构疏密有致，而且还突出了"智慧"手环的神奇。在内容安排上，既有对"我"现在"聪明"的描写，又有对"我"过去"愚笨"的叙述，前后对比，相映成趣。

语言活泼，妙语连珠。如"学霸""小菜一碟""请客""像看外星人一样看着我"，等等，风趣幽默，诙谐通俗。特别是文中在描写"我"及周围人的表现时，比喻、夸张、对比、排比和反语等修辞手法的运用，极富文采和张力，构成了文章独特的语言魅力，具有很强的表达效果，读来让人神清气爽，口舌生津。

（二）中考应对方法

写好材料作文，其核心点在于"审题"上，如何审清材料，写出美文，我们要做好下面几点。

1. 抓准关键，透析命题者的思想倾向和感情倾向

命题者在命制试题时，往往将自己对材料的理解认识、感情倾向融合在材料与提示中，因此，要我们必须抓住材料中的关键词语，仔细分析命题者的意图，看命题者期待通过这则材料让我们明白一个怎样的道理。确定了这一点，我们才能对接我们的生活经验，寻找合适的素材。

2. 把握寓意，提取话题，选准角度，对接生活

明确了命题者的意图，审题立意成为写作的首要问题。综合来看，材料一般有三类。

一类是带有比喻意义的寓言故事，这类寓意性材料的题旨和意图是隐含的、不外露的，只有更深一层地理解分析它的寓意，才能正确地把握题旨和意图。这样的材料我们在立意时要善于与现实生活对接，与现实生活一比较、一对应，就会发现，两者之间有许多共同点，这个共同点，就是作文的依据和基础。

一类是名人故事，这类故事大多是励志、责任、品质的指引，所以我们要善于提炼，并与生活中的哲理对接起来，这样就能找到立意和写作的突破口了。

还有一类是经典作品故事，这类故事大多告诉人们某种思想和道理。我们只要和生活经历对接起来就能审题立意，找到写作素材了。

选择准确的角度才能将材料的意图传达出来，如果属于思辨主题的，我们可以从议论的角度写；如果是感动人心的，我们可以从记叙描写的角度入手，用情感来打动人；如果是富含哲理意味的，我们可以从生活感悟的角度入手，去提炼、挖掘其中的理趣等。总之，我们要对接生活实际，文中随时有"我"。

3. 妙用材料，借鸡生蛋

在材料作文中，材料的巧妙使用，往往能使文章再添光彩。通常来说，引用材料有两种形式，即直接引用和间接引用（化用）。根据文体的不同，使用材料也有不同，一般而言，写成议论文，开头最好引述材料，以便更好地提出自己的观点；其他文体也不能完全脱开材料，要在恰当的地方直接或间接引用一下材料，否则容易造成与材料疏远的感觉。

4. 读清要求，规范写作

读完材料后，千万不能忽视的是"写作要求"。材料叙述后的要求需要细细研读，这样才会写出符合要求、主旨的好文章。

（此文发表于《初中生写作》2016中考专号）

红批升格：让批改成为学生写作的生长点

一、批改例文感言

作文批改的功用究竟在哪里？这一直是许多奋斗在作文批改"围城"中的教师追问的问题。那些只是仅仅点出问题却不深入指导示范的旁批、尾批，诸如"开头更简洁些就更好了""如果这里突出细节刻画人物形象会更鲜明""这里添加点景物描写该多好啊""结尾应该点题""这里过渡比较突兀""这里用两句哲理句升华主题就更好了""文章结构和层次不够清晰"等大而化之的指导，学生虽明白却不知如何做，这种批改指导如隔靴搔痒，远远不能满足学生对教师作文批改的期待，学生下次作文可能还会出现类似的问题。

从这个意义上来说，作文批改至少要达到以下目标才能称之为"有效批改"：一是让学生明白问题是什么；二是解读问题原因并提出修改方向；三是提供修改范例，让学生借鉴、领悟，举一反三，真正做到让批改成为学生写作的生长点。当然，每次作文批改，受时间和精力限制，我们也不可能做到面面俱到，要有针对性的突破一两点，循序渐进，螺旋提升。

二、提供三篇批改的作文作为范例

1. 批改例文展示（二类文）

最美的瞬间

江奕华

最美的瞬间是什么？是太阳初升时的那抹鲜红；是清晨草尖上那滴露珠的晶莹；是春来河边垂柳吐绿时的那丝鹅黄；是劳作一天之后端坐田间抽烟解乏的惬意；是忍住心中欲望、只把小巧的鼻子凑过去闻一闻，却没有摘花的童真严肃；是相互合作完成任务，最终露出笑脸的灿然……

应该说，这个开头是很精美的，用设问的修辞概述了能表现最美瞬间的几个情境，而且直接切题，按道理说是应该点赞的。然而，纵观全文，这个精美的开头却有画蛇添足之嫌，是美丽的废话，和后面的情节不搭调，还不如改为开门见山式，设点儿小悬念，吸引读者往下读。同时，突出"我"的存在，增强事件的真实性。比如，开头这样改：

这已经是路过的第七辆公汽了，老人仍未能上去。天阴沉着，似乎有要下雨的迹象，我不知道我为什么要赌气似的站在这个站台上，和这个陌生的老头一起。

一个年纪很大的老人，头发全白了，脸上满是皱纹，衣服也被汗水湿透了。他拎着两大袋东西半天也挤不上车，脚下还有三个大蛇皮袋，真是可怜。我就站在旁边。

我们习惯于用叙述语言和评价性语言代替描述性语言，这样做的后果是语言干瘪无力，文字没有表现力，形象突显不出来。解决的办法是用描述性语言，突出细节描写，以交代事情的起因。我们可以尝试着这样修改：

这是一个六七十岁的老人，他两鬓斑白，满脸皆是岁月的痕迹。汗水已经湿透了他的衣衫，布满青筋的大手紧紧地捏着两大袋物品，身后还有三个鼓鼓囊囊的蛇皮袋立在那里，或许是年老体衰的缘故，也或许是他手里的东西太大，他被卡在了车门处，上不得也下不得。

司机不耐烦鸣了几下喇叭，并喊道："老头，快点儿！"车上的人也有不耐烦的了："坐车还带那么多东西，又占位置，等下一班车吧！"正当老人想放弃这班车时，一个年轻的哥哥站了出来，他略一使劲，老人手里的两袋物品就上了车。他把老人让到自己的位置上，随后又下车，迅速拎起了老人剩下的几袋物品，放在了车的过道上，说："师傅，可以开车了！"司机关上门，启动……

这一段应该是这篇文章的核心情节，那位年轻的哥哥也应该是这个故事的核心人物，同时这一段也应该是这篇文章阐发的关键。那么我们用特写的方式来正面表现年轻哥的形象，用侧面烘托的方式来展现年轻哥的品质，应该是个可以尝试的好思路。于是，我们可以做这样的修改：

司机不耐烦鸣了几下喇叭，并喊道："老头，快点儿！"车上也有不耐烦的了："坐车还带那么多东西，又占位置，等下一班车吧！"正当老人想放弃这班车时，一个年轻的哥哥站了出来，他一身黝黑的皮肤，穿着一件深蓝的短衫，一张平凡的脸处处流露着和善。他略一使劲，老人手里的两袋物品就上了车。他把老人让到自己的座位上，随后又下车，迅速拎起了老人剩下的几袋物品，放在了车的过道上，拍拍手，平静地说："师傅，可以开车了！"司机愣了一下，想开口说点儿什么，但最终什么也没说，关上门，启动……

我敬佩地望着那位年轻的哥哥，心中充满了感动。在物欲横流的当今，在世人冷漠唯我的当下，年轻哥哥的表现让我眼前一亮，那一瞬间，我突然发现：哥哥才是这个世界上最美的人。

结尾的升华点题是要讲究技巧的。按照中国人的习惯，结尾的含蓄要比直白更令人觉得有品位。另外，升华的语言要有铺垫，不能太突兀，要顺势而为，不着痕迹。同时，原文中小作者对世人的看法也有些偏狭，有损于主题表达的圆润性。可以做如下修改：

车上的人似乎有些羞愧，他们都陷入了沉默。此刻，太阳突然从云层里探出脸来，把阳光洒在那位年轻哥哥棱角分明的脸上，他的脸顿时晶莹如玉，那一瞬间，我突然发觉——哥哥好美！

作文批改点睛：这篇文章从整体来看应该是不错的，情节清楚，人物性格鲜明，主题表达也比较到位，但语言表达稍显平淡，所以处于二类文章的范畴。文章升格主要从三个方面入手：一是让文章的结构圆润，舍弃了开头美丽的废话，用开门见山的形式直接进入，但又巧妙地融进了悬念手法，所以，改后的开头也不同凡响；二是让文章的细节生动，采用改叙述性语言为描述性语言，添加细节刻画，渗透侧面烘托这三个策略，于是，人物形象就鲜明起来了；三是让文章的主题表达更含蓄、自然，结尾运用了对比烘托和景物衬托的策略。这样修改既让学生明确了问题的根源，又找到了解决的办法，还可以参照示范文段进行品悟、仿照，修改是颇富实效的。

2. 批改例文展示（二类文）

最美的瞬间

郭 峰

小草破土而出，那是美；小鸟飞过天空，那是美；云中展现长彩虹，那是美。美无处不在，虽然只有那短短的瞬间，但美，单纯而自然，不需任何的精雕细琢。请打开你的心扉，去感受那美丽的瞬间吧！

我仔细地回想着今天所看见的一幕……

采用这种方式的开头，确实能够擦亮读者的眼睛，但是需要注意两个问题：一是语言要精美，二是要切合题目，三是要和下文的内容关联。否则形式和内容就是两张皮了。前面两段可以这样修改：

小草破土而出的瞬间，显示了力量之美；小鸟掠过天空的瞬间，展示了飘逸之美；流星划破黑暗的瞬间，洞穿了犀利之美；彩虹横架山涧的瞬间，突显了恢弘之美……美的瞬间，虽然只是刹那，却留下了生命的永恒。

至今，我都难以忘怀那撞击我心灵的一幕……

上车后，我看见在拥挤的人群中还有最后一个位置，我连忙跑去坐了下来。到了下一站，一位老人和一名少女上了车，少女扶着老人，看样子应该是父女。老人在拥挤的公交车里站着，还时不时晃来晃去，看着像要倒了一样。我本来想让座的，但是一位少年已经说道："老爷爷，来这里坐吧。"老人却不知道在犹豫着什么。几秒钟后，老人还是面带微笑着坐了下去，少女却拉了拉老人，好像想让老人站起来。但老人摆了摆手，像是在说没事。

让座的少年脸上还有着一丝喜悦，周围还有些人赞赏，但老人却满头大汗，好像很难受的样子。少女看着他这样，又想拉他起来。周围的人也好像注意到了什么，都用疑惑的目光看着少女。少年还沉浸在在给老人让座的喜悦当中，老人头上的汗却越来越多，我开始还觉得是车上太热了，可车上有空调，也不热啊。少女拿着手帕给老人不停地擦汗。

文似看山不喜平，有波折的文章才能吸引人。怎样让文章有波折，要善于抖包袱，给读者造成误会，才能让结局显得突兀。我们看惯了给老人让座的故事，不外乎主动让座，收获让座者的感激、他人的赞赏，传达正能量。如果文章这样写显然没有多大意义。这篇文章最大的亮点在于它反其道而行之：当好心办坏事的时候，这个社会给予这种行为怎样的态度？结局当然是令人欣慰的。所以，写好这个误会是关键中的关键。这需要对人物进行细节刻画来营造误会，让他人烘托来推进误会，引导读者进入你设计的毂中，才能让出人意料之外，却又在情理之中的结局具有强烈的反差之美。明白了这些，这两段修改起来就有的放矢了，请看——

上车后，我看见在拥挤的人群中还有最后一个位置，我连忙跑去坐了下来。到了下一站，一位老人和一名少女上了车，少女扶着老人，看样子应该是父女。老人脚步有些蹒跚，行走似乎有些不便，在拥挤的公交车过道里站着，随着车的颠簸晃来晃去。老人周围坐着的人都低着头，或"专心"看着手机，或闭目养神。似乎没有人愿意给老人让个座。我犹豫了一下，因为我的位置离老人还比较远，老人可能不愿意走过来。正当我犹豫的时候，我前方不远的一位少年已经站起来说道："老人家，来这里坐吧。"说完就让了出来。老人笑呵呵地准备说话，老人的女儿却连连摆手，说："谢谢你，小兄弟，我们不需要，你坐吧！"少年一下子脸红了，有些愕然，双手绞了绞，有些不知所措。老人却连忙走了上去，拍了拍少年的肩膀，温和地说："谢谢你，小伙子！我正好累了，不好意思，我就坐你的座位了！"小伙子顿时满脸笑容，说："老人家，您请坐，我没事的！"老人点点头，迟疑了一下，然后深吸一口气，坐了下来，但我分明看到，老人脸上的肌肉明显地抖动了一下，眉毛也似乎皱了一下。那少女连忙赶过来，急声说："爸，医……，你……"她的话没有说完，似乎被老人严厉的眼神制止了。她用牙齿咬着下唇，眼圈红了！

周围的人都把赞赏的眼光投向那个少年，少年有些羞报，看向了窗外。但此时老人却满头大汗，脸涨得通红，一副很难受的样子。少女欲言又止，伸向老人的手又缩了回来。周围的人也好像注意到了什么，都用疑惑的目光看着少女。老人头上的汗越来越多，我开始还觉得可能是车上太热了，可车上有空调的冷气正浓，并不热啊。少女好像很怕老人的样子，嘴翕动了好几次，但终于什么都没有说，只是拿着手帕不停地给老人擦汗。

车终于到站了，老人和他的女儿也下车来了，正巧我也是在这一站下车。刚走出车门，就听见少女对老人说："爸，医生不是说您不能坐吗？您刚动完手术！怎么这么固执？"老人擦了一把脸上的汗水，摆摆手说："我没问题，那孩子也是一番好意，很不容易的，我怎能不成全他？""可是……"少女似乎还想说些什么？老人又摆摆手，蹒跚地移步上前。

瞬间，我的心被一种别样的感动充满了，这该需要多大的勇气和胸怀啊！在晶莹的泪光中，我似乎看到一道圣洁的光笼罩了这对善良的父女，好美！

这两段是谜底的揭示和主题的升华，小作者做得比较好。谜底显得突兀而又在情理之中，主题的阐发显得含蓄而又隽永，采用虚拟情境的方式进行点题和升华，可圈可点。

作文批改点睛：如何写好文章的核心情节，是我们这篇文章训练要突破的重点。交代清楚事情的来龙去脉，找准事件发展的着力点，精细描绘事件发展过程中的人物的形象，采用烘托和设悬的方式让情节富有波折，于是，我们的文章便生动起来了。

3. 批改例文展示（一类文）

最美的瞬间

郑吟秋

只有一双美的眼睛，才能发现美。

——罗曼·罗兰

十四岁——青春绚舞、激情溢满胸腔的年龄，而对于我却不，学校、宿舍、家三点一线的生活总是随着日出日落而重演，我已经习惯于放学后随着急促的人流前行，习惯于在焦躁的喇叭声和抱怨声中前进。

可是，有一条小巷却打破了我的这种习惯。

从自己的切身感受来引入叙事，最难把握的是收不住势，造成开头的臃肿。而本文开头的两段却很好地处理了这个问题。第一段用三句话概写自己的生活现状，第二段笔锋一转，直接连接叙事的重心。如果第二段中再添加下面一句话来做暗示铺垫，可能就更好了。

可是，有一条小巷却打破了我的这种习惯，它告诉我：只要你愿意，稍一驻足，生活中的美便会扑面而来。

那条小巷是我回家的必经之路，小巷两边都是住户。我一直对那座只有一排砖瓦房并搭着一个雨篷的小院子充满好奇。可是，我从未因此而驻足。

每天早晨，我踏着碎步去学校的时候，院子里就响起锅碗瓢盆声，并且能够闻到缭绕着大米香味的缕缕炊烟。中午回家，总能看见房外两排用长竿撑起的挂衣架，衣服有小孩儿的，老人的、年轻人的，总之，那似乎是很大的一个家庭。

那天傍晚，西边天上的彩霞透着橘红色的、快要隐没的、残缺的脸，我迈着碎步踏进小巷。突然，一阵悠扬的二胡声从小院中流了出来，那二胡声像用丝绸编成的网，浮在小巷上空，飘来飘去，在那个粉霞装饰的傍晚中显得格外悠远，静谧。走过小院门口时，我不自觉地停下了脚步，好奇心驱使着我把头探进了院子。只见一位50来岁的男子，拉着一把有些破旧的二胡，摇头晃脑；他的孙子坐在旁边的小凳上，眼神专注，沉醉其中；雨棚里，一位妇女摆弄着锅碗瓢盆。各种声音融在一起，和谐、幸福、宁寂。

在主要事件的叙述过程中，我们一定要根据主题表达的需求，确定细节突破的着力点，即我们需要在哪里将事件的原型和人物的形象突现出来。显然，那个劳作了一天之后，在二胡中释放疲累，沉浸在旋律中品尝生活静谧的老者是重点表现的对象，那个能衬托出天伦之乐的孩子也是细节刻画的对象，最后落点到小院中各种声音的融合，突显出能对"我"产生震撼的那种和谐、宁寂的氛围。于是，这一部分我们做出这样的修改：

只见一位50来岁的男子，穿着一件破了几个小洞，洗得有些发黄的白背心，拉着有些破旧的二胡，那闭着眼睛，写满沧桑的脸随着旋律的起伏左右晃动，如饮醇酒般微醺。旁边的小凳上，一个虎头虎脑的小男孩，用手支着头颅，眯着眼睛，沉醉其中。或许，这是他的孙子，也或许是院中邻家的孩子。雨棚里，一位妇女摆弄着锅碗瓢盆。叮叮当当的响声、偶尔的一两声狗吠，却和这悠扬的二胡声融在一起。那时，斜晖的最后一抹残阳斜照在院子上空，给整个小院都蒙上一层别样的色彩——和谐和宁寂。

一曲终了，我悚然一惊，酸麻的腿脚告诉我，我在这里呆了很久。定睛看时，那老者已然起身，我急忙后退，将身子隐在墙角，恐别人疑我的偷窥。但刚才那令我失神的美丽一幕却如定格的风景一般，永远刻印在我的脑海里，久久不能褪去。

从此，我枯燥的生活开始有颜色，因为我也学会了，在急促的人流中放慢脚步，慢慢地，慢慢地，走。去发现、去记录、去体悟生活中那瞬间的美丽。

最后两段的表达是非常精彩的。外在的氛围作用到"我"的内心，方能激起"我"的感慨，既是呼应开头，也是心灵的转变，还是结尾点题、主旨升华。好文章除了真情的自然流露，也需要艺术的打磨。

作文批改点睛：应该说，这是一篇有思想深度的文章。认识社会，进行心灵关照，得到启迪，获得感悟，再度潇洒前行。这类主题受人青睐却难以把握，不仅要写清心理变化的历程，而且还要凝练生活感悟，在语言表达上要求甚高，尤其是思想转变的刹那，最是难以把握。因此，核心情节的准确把握，重点人物的细节打磨，过渡部分的用语，感悟部分的表达，都是我们关注、思索、修正的关键点。这篇文章借助小院中温馨的一幕，表达了自己对生活的深切感悟，并从中汲取力量，让自己的人生再次得以升华。本文选材比较到位，各个关键点的把握也颇具匠心，是一篇颇为优秀的好文章。

（此文发表于《语文周报》）

内容从空洞到充实

一、误区扫描

内容是文章的血肉躯体，没有饱满健康的血肉躯体的文章是苍白的。一篇文章内容充实，折射真善美的光辉，必然能让读者生发心灵的感动；反之，一篇文章内容琐碎干瘪，即使构思精巧绝伦，也将形同鸡肋，让人食之无味，弃之可惜。因此，行文时对素材的选取和对素材内涵的加工与发掘，至关重要。然而，许多小作者写作时并不重视，过于随意，导致作文陷入内容空洞的误区。主要表现在以下几个方面。

1. 素材内涵未能深入发掘，思想感情的张力和深度不足

思想感情是文章的灵魂，主题思想的深刻与否取决于对素材内涵的发掘探索的深入与否。新颖独特的素材若有对其内涵的深入发掘，文章内容便会如猛虎添翼，更臻佳境；平凡朴实的素材若有对其内涵的深入发掘，文章内容便会如重剑无锋，大巧不工。内涵的发掘源自作者对生活最真切的体验，要注意由虚及实，由物及人，由景及情的铺垫、穿插和过渡。而有的小作者未能考虑这些而任意发挥，甚至为凑字数而写"流水账"，那么文章自然显得单薄枯燥，乏善可陈。

2. 素材老生常谈或组织松散，缺乏可读性

文章内容决定了文章的生命力。审慎取材可实现内容的充实。素材择取是否与众不同，别开生面；素材选用是否围绕主题，有的放矢；素材组织是否有详有略，重点突出……这些都是我们在选材、行文必须思考的问题。素材独特，符合主题，且组织得当，便有如七星连珠，引人瞩目。反之，文章则千人一面，流于平庸。

3. 遣词造句缺乏修饰、描写的意识，以致语言表达生硬无趣

语言是文章的外衣，内容的充实需要形象化、个性化的语言加以修饰描绘。像那种语言干瘪无力、言之无物、空洞乏味，或是为追求奇崛而语言生涩、玄幻到不知所云，或者是大量引用网络语言，看似调侃幽默，实则嬉皮无聊的现象仍然充斥着许多小作者的作文之中，以致行文单一，修饰不足，语言平面化，口号式，使得文章生硬而了无生趣。

二、案例分析

【题目】

有人说，生活是一次次相遇，是一场场别离。其实在成长的路上，总有些东西一直在陪伴着你，支撑着你，给你启迪，给你鼓励；也许是一句贴心的话语，一个理解的眼神；也许是一束温暖的阳光，一颗无名的小草……

请以"_____一直都在"为题，写一篇文章。

要求：①不少于600字，书写要美观工整；②除诗歌外，文体不限；③文中不要出现影响评分的人名、校名和地名，如不可避免，请用××代替。

【习作】

爱一直都在

邹彩妮

秋天的夜，微风徐徐，树影婆娑地在路灯下晃动，树丛也"沙沙"轻声作响，宛如沙鼓敲出来的一曲美妙的旋律。

一间小小的房间里，一盏台灯下，我不紧不慢地写着作业。每次她进来仿佛是一点儿动静都没有，是怕打扰到我，蹑手蹑脚地推门而入，悄无声息地走到我旁边，俯身轻轻地把一杯热腾腾的茶放在桌上——那唯一一处没有东西占据着的地方。我抬头望了她一眼，是母亲。当我正要回过神来，她又静悄悄地走出房门了，我凝视着那淡色的茶水，不知道这是第几次她送茶来了。

在我抓耳挠腮时，是她带来的淡淡茶香把我从一堆乱七八糟的缠丝乱线中解放出来。我放下手中的笔，举起这杯茶喝了起来。我知道茶香里边夹着母亲浓浓的爱意，她每一个细小的动作都融入其中。如果这是一杯浓浓苦涩涩的茶，我今夜就不用入眠了，还是她最理解我。

夜深了，天空穿上了件黑漆漆的衣裳。母亲你是我的月亮，伴随着我，而我也只想做一颗一直陪伴着你的小星星，即使云再多、风再大我都会努力地去发光。时针静悄悄地走到了"十"这个数字，你轻轻地推门而入，开口想唤我去睡觉了，我转过身来，灯光照射在你温柔的脸上。你的爱一直都在啊，妈妈。

　　我在这迷茫的青春里兜兜转转，寻找出口。压抑着那种令我厌恶的叛逆心理，对着自己发泄，而妈妈你则静静地在某个角落时时观察着我的一举一动，用温和与顾虑交织的眼神看着那个疯疯癫癫的我。原来爱很简单，陪伴就是最好表达爱的方式吧。母亲，你的一个细微的动作，一抹清淡淡的笑，一句满怀关心的话语，是多么的珍贵。

　　秋天的夜，月亮来天上微微地亮，皎洁的白光洒射着大地，看，地面有树影在婆娑跳舞。

　　误区①：题目大而空泛，应该具体而含蓄一些。题目是文章的文眼，用于揭示文章的中心，或暗示主题，或隐藏情感。所以它必须要具体，这里过于空泛，且缺乏蕴藉。

　　误区②：叙述松散，对素材的内涵发掘不足，缺乏线索贯串全文。作者写的是母亲为自己倒茶时所产生的感动。文中写母亲倒的茶，一共提到了一处"茶香"。如以"茶香"作为叙述线索，加以发掘，文章的条理性和紧凑性很明显可以提高几个层次。

　　误区③：从叙事到抒情，描写性的文字较少，抒情的篇幅过多，缺乏必要的穿插和衬托。关于母爱的表达，母亲外貌与语言的描写可否多写几笔？母亲带来的茶和茶香可否加以描绘？环境的描写可否深化，加强对抒情的过渡？这些都应得到肯定的回复。

　　误区④：结尾的环境描写虽与首段呼应了，但未能点题。无论从内容和意义上看，都显得累赘空洞。

　　【升格方案】

　　这篇习作讲述的是母爱的一个缩影——"我"深夜学习时，母亲为我端茶递水，让我内心感动的事。全文情感真实充沛，但是，在文章的标题、线索的明晰、人物与环境的描写、情感的铺垫、抒情文字的精简、首尾呼应和主题深化等方面都存在一定的问题。以下可从三个角度对作文进行升格。

　　1.凝练标题，明确文章线索并设下悬念

　　标题即文眼，好的标题往往有画龙点睛之效，给人以机警醒目的印象。同时读者也能够通过标题大致了解文章的叙述线索、主要内容或是中心思想。所以，标题的风格应是具体而非空泛，应是含蓄而非直露，应是精美而非随意。

↓↓↓升格方案

　　→提炼文中线索，让标题醒目而隽永。习作中，小作者的标题比较空泛模糊，降低了标题的存在感，我们提炼文中的"母亲的茶香"作为行文的线索，将标题改为"桌上的茶香一直都在"就可以了。

2. 发掘素材，让情节和情感充实自然

素材，是文章内容的源泉；发掘，即对素材的特征和内在意味进行主观能动的描写。描写强调"形神合一，生动自然"，作用是使文章言之有物。描写主要分为两大类：其一从笔墨使用的多少来分，可分为详细描写和简略描写（即"详写和略写"），其中详写往往对事物的细节展开描绘，以小见大，使读者见微知著；其二从角度选择的正反面来分，可分为正面描写和侧面描写，其中侧面描写常常对其他事物的特征进行描述，烘云托月，使文章别开生面。描写得当，能让文章血肉饱满，生意盎然。

↓↓↓**升格方案**

→**用精简和穿插的方式，使情感的流露有力兼有度。**本文重在情感的抒发，它并不宜占过多的篇幅，而有赖于对事物的描写。其中需要精简的有三处：第三段"如果这是一杯浓浓苦涩涩的茶，我今夜就不用入眠了，还是她最理解我"、第四段"你的爱一直都在啊，妈妈"、第五段"原来爱很简单，陪伴就是最好表达爱的方式"。这三处语义浅显，虽然发自肺腑，但缺乏意蕴，都应删去。与之相应，当充分强化母爱与"茶香"这一线索的联系，情寄于物，情感的抒发便更加含蓄有势。另外，文中还有三处可穿插事物的描写：关于人物，第二段和第四段中可分别简要地穿插母亲外貌和语言的描写；而关于环境，第四段中可适当突出"夜的轻柔"，来渲染母女间的温情。如此娓娓道来，文章情感的流露便能如层层泉涌，有力兼有度。

3. 首尾呼应，让结构紧凑、主题诗化

文章近似一个圆，或如盘蛇首尾相连，或如神龙摆尾。而内容和主题上没有共鸣的首尾呼应是空洞多余的。

↓↓↓**升格方案**

→**用线索贯串始终，用诗情画意来点题。**在习作的结尾，虽然首尾呼应，但与文章的内容和主题无关，可结合文章的线索，借助夜景的描写诗化主题。这样一来，习作便耐人寻味了。

【升格佳作】

现在，我们一起读一读升格后的作文吧——

桌上的茶香一直都在

邹彩妮

秋天的夜，窗外微风徐徐，婆娑的树影在路灯下晃动，树丛也"沙沙"作响，宛如沙鼓轻敲出来的一曲美妙旋律。而窗内，只有累累的习题、明明的灯火与我相伴，但我并未因此感到孤单乏味，因为茶香一直都在。

台灯下，我不紧不慢地写着作业。每次她进来仿佛一点儿动静都没有，是怕打扰到我，她始终蹑手蹑脚地推门而入，悄无声息地走到我的身旁，俯身轻轻地将一杯热腾腾的茶放在桌上——那唯一一处没有任何东西占据的地方。我抬头望了她一眼，是母亲。几条细碎的银丝已夹在她那有些枯干的黑发里，我似乎还没注意到这悠悠岁月在她的脸上又多留下了几道淡淡的痕迹。我正要缓过神来，她又静悄悄地走出房门，不知道这是第几次她来送茶了。我凝视着茶，淡色静谧的茶水仿佛倒映着母亲那细腻而捉摸不透的温柔，茶香氤氲，仔细一闻，它似乎还夹藏着那一丝难以察觉的温馨……

这淡淡的茶香将我从纷繁复杂的数学题中解放出来，将令人抓耳挠腮的烦躁从我脑海中驱逐出去。我放下手中的笔，托着这杯茶喝了起来。仿佛是枯涸了千百年的河道，我被这充满淡茶香的清泉迅速流灌、滋润。我知道这里边夹着母亲浓浓的爱意，她将每一个细小的动作都融入其中。

夜深了，天空穿上了件黑漆漆的衣裳，星星点缀着单调的色，闪闪地发出轻柔的光。时针不觉又走到了"十"这个数字，母亲轻轻地推门而入，开口想唤我去睡觉了。我转过身来，灯光照射在母亲你温柔的脸上，你和蔼地笑道："去睡吧，不早了。"我喜欢你每天晚上对我说的这六个字。

黑夜中，母亲你是我的月亮，伴随着我，而我也想做一颗一直陪伴着你的小星星，即使云再多、风再大，我都会努力地去发光。我在这迷茫的青春兜转着，寻找出口。压抑着令我厌恶的叛逆心理，对着自己发泄，而妈妈你静静地在某个角落时时观察着我的一举一动，用温和与顾虑交织的眼神看着那个疯疯癫癫的我。母亲你的每一个细微的动作，每一抹清淡淡的笑，每一句满怀关心的话语，都是那么的珍贵，正如浸泡在这淡香的茶水里蕴藏着浓浓的爱意。

合上台灯，秋天的夜，月已在中天发亮，皎洁的白光洒落大地。万物寂寂，树不再婆娑影动，但桌上的茶香一直都在。

点评：升格后的习作主要有三大亮点：一是文章线索明朗，主题隽永。标题即明确线索，引人遐想，而"茶香"的明线与情感的暗线相互交织，使主题更能打动人心。二是描写得当，内容充实。为避免头重脚轻，文章减少了直接抒情的篇幅，加强了对茶香、母亲和夜色的刻画和穿插，突出了场面的描写和气氛的渲染，使真情的抒发由浅入深，充沛自然。三是首尾富含诗意，主题得到诗化。开头和结尾，都是寂寂的夜，陪伴作者的都是淡淡的茶香，浓浓的母爱。前者巧设悬念，后者回应主题。景美，情亦美，语言都富含美感，耐人寻味，如余音绕梁，三日不绝。

三、教你一招

清风徐来，水波渐兴。尺水兴波，意指水流虽小也能在流动中激起波澜。我们用它来喻指一种写作技巧。"兴波"，即在文章中制造波澜，这些波澜包括：情节陡转的波澜、情感兴发的波澜和事理激扬的波澜。如何兴波是一篇文章内容充实和行文矫健与否的关键。以下介绍几种"兴波"方式。

1. 急转弯式兴波

即叙事朝着某个方向发展而情节跌宕起伏。文中往往设悬念，埋伏笔，一切看似山重水复，但笔锋骤转，真相大白，又让人忽觉意料之外，情理之中。

2. 情变式兴波

即根据人物情感的变化来扣人心弦。文中常运用抒情的手法，间接渲染或直抒胸臆，让读者代入其中，体会人物的七情变化，使情感的体验更具真切意味。

3. 点睛式兴波

即借助议论点化文本的意义。它一般从实到虚，由情入理，凭借不凡的议论，点化深刻的事理。这点睛之笔，往往振聋发聩，让人留下难以磨灭的感悟。

4. 抑扬式兴波

即表情达意的欲扬先抑，欲抑先扬，抑抑扬扬。抑扬之中，文章精彩纷呈，内容更加充实，意味更加深长。

记叙文与散文写作常见的两条线索

一、记叙线索，即以事物记叙为线索，一般在文中较为明晰。它又称时空线索，往往以时间的推移或空间的转换为序，将不同时间、不同空间的转换贯串一体。它大多是即景生情，在手法上，侧重于描述和写实。

二、抒情线索，即以情感抒发为线索，往往耐人寻味，有时也像草蛇灰线，时隐时现。它不受时空限制，以一定的感情基调和色彩，通过作者个性的创作来紧密连接事物，实现"形散神不散"的艺术效果。它大多缘情生景，在手法上，侧重于抒情和想象。

优秀的文学作品往往存在记叙和抒情这两条线索，两者有机交织，构成文本表现的张力和深度。

四、实战演练

（1）从依稀记事到青葱岁月，有许多留存生命印记中的"那一刻"，令我久久回味。那一刻，也许是在摆脱烦恼的困扰之后，也许是在收获意外的惊喜之后，也许是在顿悟亲情的温暖之后，也许是在震撼于自然的伟力之后……那一刻，我的世界春暖花开，洒满阳光。

请以"那一刻，我的世界春暖花开"为题，写一篇文章。

要求：①捕捉生活细节，写出自己"那一刻"的内心变化；②不少于500字，不超过900字；③除诗歌外，文体不限；④文中不得出现影响评分的人名、班名，如果不可避免，请用××代替。

（2）请以"难忘那张_____的脸"为题目，写一篇作文。要求：①请先把题目补充完整，再写作；②除诗歌外，文体不限；③不少于600字；④文中不得出现真实的人名、校名和地名，如果不可避免，请用××代替。

文学名著中精彩内容示例

→日本作家伊坂幸太郎长篇小说《金色梦乡》的"烟花"意象。

作者以历史事件为原型，讲述了小人物青柳雅春被诬陷为刺杀首相的凶手所展开的逃亡故事。步步紧逼的形势下，有两条明晰的线索：一条是青柳在追求真相中的竭力求生，另一条是多年未联系的朋友们对其暗中提供的帮助。小说反复强调"烟花"的意象，漫天的烟花，绚烂而短暂，这既是好友们昔日在烟花厂打工留下的共同回忆，也是柳春在最后一次四面狙击的围堵下死里逃生的契机，更是这部小说最重要的意味之所在。尽管正义得不到伸张，但柳春最终幸免于难。作者承认现实黑暗的强大，但他以这两条紧密交织的线索和壮丽的意象告诉我们，朋友间的友爱和信赖力量虽小，但依旧能与黑暗抗衡，正如烟花一般，在刹那间照亮无尽的黑夜。小说读罢，温情款款中，自有荡气回肠。

→司马迁《史记·伯夷列传第一》内容简述。

伯夷、叔齐是商末周初两位高风亮节的君子。两人对王位相互谦让，而后一同避世隐居；武王伐纣时，又以仁义之说希望阻止战争的发生，失败而止；天下宗周后，兄弟以食周粟为耻，采薇而食，最终饿死在首阳山上。太史公极力赞扬他们的品格，并以滥杀无辜的盗跖的善终和箪食瓢饮的颜回的早逝与此相比，抒发了自己对人世的感慨。

（简评：太史公叙述伯夷、叔齐的事迹过程中穿插着大量的议论，使得文章波澜起伏，大开大阖。作者既印证了"天道轮回"的虚假，但又指出"求仁得仁，又何怨之有"的意义，在文章的最后，又荡开一笔，暗示自己作史的目的：要为仁者立名，使之百世流芳，不受湮没。从笔法和立意来看，史迁实在不愧良史之才。）

→金庸《倚天屠龙记》赵敏父女诀别的片段。

汝阳王见女儿意不可回，深悔平日溺爱太过，放纵她行走江湖，以致做出这等事来，素知她从小任性，倘加威逼，她定然刺胸自杀，不由得长叹一声，泪水潸潸而下，呜咽道："敏敏，你多加保重。爹爹去了……你……你一切小心。"赵敏点了点头，不敢再向父亲多望一眼。汝阳王转身缓缓走下山去，左右牵过坐骑，他恍如不闻不见，并不上马，走出十余丈，他突然回过身来，说道："敏敏，你的伤势不碍么？身上带得有钱么？"赵敏含泪点了点头。汝阳王对左右道："把我的两匹马牵给郡主。"

　　（简评：文字的感人，在于描写的朴拙。父亲即将功成名就，将"反贼"一举歼灭，但女儿却舍身相护，考虑女儿的安危，父亲最终选择退让。"长叹"和"呜咽"足见其内心的痛苦和无奈。诀别时，走出十余丈也始终记挂着女儿的伤势和今后的生活，而将家族的荣辱置于事外。正如《淮南子》书中所说：慈父之爱子，非为报也。这真是人世间最无私无悔的父爱。）

　　　　　　　　　　　　　　　　（此文发表于《语文周报》）

文体从杂糅到规范

一、误区扫描

文体，顾名思义即文章体裁，它决定于文章特定的内容与相应的表达方式。尽管各地中考作文命题对文体并没有特定要求，较多的是除了诗歌外文体不限，但我们在实际的写作中却往往要根据所选题材来选择一种文体并由此确定相应的表达方式，否则，极易出现"四不像"作文。

就文体来讲，不管是对文体选择加以限制还是允许学生自由选择，其实都考察了考生在文章写作时的布局谋篇、整体架构等能力。一部分考生因为"自选文体"而陷入随心所欲的文体选择误区，结果所写文章出现"大杂烩""四不像"等问题。主要有以下体现。

1. 记叙与议论比例失衡，文体不明

常常表现在两个方面：一是有些小作者在作文的前半部分用叙事，后半部分在前面记叙的基础上用大篇幅的方式进行议论、说教，读来空洞无物；二是有些小作者用议论的架构来行文，可是在采用事例论据进行证明论点的时候，却对事例极尽描摹，突显细节，占用了大量的篇幅，让读者不知他是想以情动人，还是以理服人。

2. 文言与白话交错失序，风格不显

有些小作者不能慎重地选择文体，在写作时错误理解了"文体不限"的规定而出现了乱写一气的现象。有时，在叙述的过程中穿插几句文言会使文章增色，但是时而文言，时而白话，文章就显得不伦不类了。要么通篇文言，能显示语言功底，要么文言做点缀穿插，增加趣味。

3. 内容与形式组合失真，不伦不类

有时候，形式的创新能够让普通的素材一下子增色不少，也曾让许多敢于尝试的小作者趋之若鹜，但如果运用不当，就容易画虎不成反类犬了。戏剧不像戏剧、产品说明书不像说明书，时空播报不像时空播报。为创新而创新，是写作的大忌。

二、案例分析

【题目】

在一次由县里组织的大型竞赛前夕，一位山区中学的老校长对将要参赛的学生说："你们常常上山下田，谁能说出一种不会开花的草？"结果同学们谁也没有想出哪一种草是不会开花的。接着，老校长意味深长地说："是的，孩子们，每一种草都是一种花，都有它开放的权力和空间；当然，许多花本来也是一种草。你们和其他人一样，都是一棵草，也都是一朵花。记住，没有一种草是不会开花的！"

老校长的一番话引起了所有参赛学生深深的思考……

老校长的话是否也勾起了你往昔的某种记忆？是否引起你的某些思考或感悟？

请以"每一种草都会开花"为话题，自拟题目，自选角度，自定立意，写一篇600字左右的文章。

要求：

（1）说真话，叙真事，抒发自己的真情实感。

（2）除诗歌外，文体不限。

（3）文中不得出现与自己真实身份相关的地名、校名、人名。

【习作】

花开的季节

我们生活在大千世界，有太多名人的光环在闪耀，他们的成功让我们望而生畏，我们认为那些成功太伟大也太遥远。似乎只有居里夫人才会发现镭，只有爱因斯坦才会提出"相对论"，只有牛顿才会发现"万有引力"，只有爱迪生才会有那么多造福千秋万代的伟大发明……我们开始对自己的能力，对自己的价值有所怀疑，像我们这些后生小子也可以成功吗？可以。我们会听到这种坚定的回答，因为我们所有的人都是一种草，而没有一种草是不会开花的！

有人会疑惑，既然我们是会开花的草，为什么到现在我还没有开过花呢？其实每一朵绚丽的花开放，都是它在做小草的时候打下过坚实的基础的。小草努力地吸取水分和养分，才能酝酿出最美的花蕾，然后在开放时才有足够的力量支撑它尽显自己的美丽。而我们人类，只有在自己人生中最美好的时光里勤奋刻苦，孜孜不倦地汲取知识的养分，才可以积蓄力量，迎接自己花开的季节。若是养分汲取得不够，那么有可能自己的小花才刚刚开放，还没有来得及在世人眼前亮相，就不幸夭折了。

　　我曾经也不相信自己是一棵会开花的小草。我一直是个很腼腆的女孩，在人多的时候说话都会脸红。我觉得自己如此怯懦，一定不会有什么大作为。可是就有那么一次，让我改变了对自己的看法。那次学校举行演讲比赛，我本不想参加，可妈妈一定要让我参加，她不断地鼓励我，还帮我一起准备发言稿，我不想辜负她，就硬着头皮参加了。那天站在台上，我只感到一阵眩晕，浑身哆嗦，发不出声音。我突然看到了班主任慈祥和信任的目光，我想起了妈妈。对，我不能让她失望。于是，我鼓足勇气读了下去，声音几乎全是颤音。结果可想而知，我一定不会获奖，可妈妈却十分高兴，她不停地祝贺我，是呀，我战胜了自己的怯懦，这就是我的成功，这就是我的一次花开。

　　所以，朋友们，相信自己，我们都是生活在同一片蓝天下，都会开花的小草，我们没有理由不相信自己。只要我们努力过奋斗过，就一定会迎来自己花开的季节，并一定会绽放出最美的花朵。

　　误区①：从整体来看，这篇文章是典型的文体杂糅。开头两段以议论为主，第三段又以记叙为主。若以议论文来判断，第三段的事例不够典型，缺乏说服力；若以记叙文来判断，开头的议论引入太冗长，有头重脚轻之嫌，所以，只能取其一方面。从这篇文章的要求和取材来看，以记叙文来表现更为合适。所以，开篇的议论应该进行减缩，作为文章开头导入的形式呈现。

　　误区②：自己的一次演讲经历应该是本文的重心，自己的这次"花开"经历需要用浓墨重彩来体现，而这里显得太过简略，无法体现中心主题。如果记叙再具体些，描写再生动些，文章也就成形了。

　　误区③：结尾虽然点题了，但深入不足，引申不够。如果能够继续引申和总结一下将更好。

　　【升格方案】

　　这篇习作应该是讲述了"我"的一次参加学校的演讲的经历，"我"从胆小、怯懦到勇敢站到台上演讲，虽都是"颤音"，但我毕竟战胜了自己，完成了自己的"一次花开"。但是，这篇习作在文体界定、开头导入、主题情节丰富、结尾主题升华等方面都还存在一定的问题。可以从以下三个角度升格作文。

1. 确定文体，把握详略

确定了文体才能确定表达方式，也才能依据选材的内容确定详略和表述的形式。

↓↓↓**升格方案**

→**以记叙立文，重新设计文章的框架。**习作中，小作者的文章布局显然是文体不清的。仔细阅读题目要求"说真话，叙真事，抒发自己的真情实感"之后，把这篇文章的文体确定为记叙文，那么，根据这个定位，我们确定减缩前两段的内容，丰厚第三段的内容。

2. 丰厚情节，让主题在细节中呈现

情节的丰厚无疑就是让故事情节更完整而曲折一些，让人物形象更丰满而鲜明一些，让细节刻画更细致而真切一些。所以，我们要在语言的表述，情节发展的设计，过程中的铺垫和细节的强化上做文章。

↓↓↓**升格方案**

→**把匆匆走向结局的步伐放慢一步，多用描述性的语言。**习作中，有三处需要思考设计，一是要交代清楚事情的来龙去脉，尤其是"我"的真实情况，这样容易与后文的转变形成鲜明的对比，有助于文章主题的体现；二是叙述"我"演讲的过程要放慢节奏，多用描述的语言，尤其是要描述我的心理历程，这样能够扣人心弦，增强文章的表现力；三是将事情与"开花"巧妙衔接，否则无法完成对主题的链接和深化。做到这三点，主要情节就变得厚实多了，人物形象和主题都鲜明多了。

3. 变口号式为哲理思辨式，点题并升华主题

口号式结尾不能让文章上升到更高的层次，如果要让文章更有内涵，得将点题与揭示事件的意义结合起来。

↓↓↓**升格方案**

→**点染事件的意义，让结尾升华到新的高度。**在习作的结尾，尽管点了题，但主题没有得到进一步的升华，要用揭示事件深层意义的方式将主题升华到一个新的高度。这样一来，文体规范了，结构完整了，主题也深刻了。习作的质量自然也就大大提升了。

【升格佳作】

现在，我们一起读一读升格后的作文吧——

花开的季节

生活在大千世界中，有太多的名人光环在闪耀，他们的成功突显了其伟大，但或许让我们望而生畏，似乎只有居里夫人才能发现镭，只有牛顿才能发现万有引力。我们对自己的能力产生了怀疑，但是居里夫人在发现镭之间经历了无数的实验，牛顿发现万有引力定律赖于自身敏锐的观察力，所有人都是一株小草，经过长期的雨水滋润，终将绽放。

我曾经也不相信自己是一颗会开花的小草，我一直是一个很腼腆的女孩，在与朋友的交流中，常常脸红。有时，我觉得自己如此怯懦，一定不会有什么大作为，但是通过一次难忘的经历，我改变了对自己的看法。

那是学校举行演讲比赛，我起初不想参加，但是在妈妈的一再支持下，我报名了比赛。我认为自己一定会失败，因此排斥这次比赛，但是妈妈谆谆教诲于我，告诉我如何在演讲中展现自己，把握机会，并帮我准备发言稿。我没有一丝胜算，但又不想辜负妈妈，便硬着头皮去参加了。

那天演讲开始，我紧张地走向了讲台，不敢正视眼前的观众，浑身颤抖，急得说不出话来，但是台下一片寂静，并没有人笑话我，不支持我。我缓慢地抬头，发现班主任正在以慈祥和信任的眼光看着我，我的脑海中也想起了我的妈妈。于是我鼓足勇气将演讲稿读了下去，声音竟也几乎全是颤音，随着时间的推移，我演讲愈加坚定，思路更加清晰，并最终完成了此次演讲。结束之后，结果可想而知，我没有获奖，但是妈妈与我都非常高兴，因为我战胜了自己，战胜了心中紧张的情绪，犹如小草绽放成花朵，最终成就美丽。

在之后的学习中，班主任对我充满肯定，我也更加积极向上的参与各类班级活动，与同学之间建立了深厚的友谊。在此次演讲的经历中，我感受到了不一样的自己，在之后的学习里，我会更加努力，成为有用的人才。

人生来并不完美。都需要经历蜕变的过程，在遇到前进路上的艰难险阻时，不应选择放弃，成功并非某些人的专利，关键在于自己。朋友们，相信自己，我们都是生活在同一片蓝天下都会开花的小草，只要努力过，奋斗过，就一定会迎来自己花开的季节，并一定会绽放出最美的花朵。

点评：升格之后的习作有以下亮点。首先，文章的文体清晰，为记叙文，并首尾呼应，结构完整，文章开头通过举出名人事迹体现人生逐渐蜕变的过程，并引出下文作者的亲身经历，与结尾相互呼应，更加突出文章主题，引起读者思考。其次，文章中着重使用心理描写和动作描写等方式，将作者的上台的紧张和之后的坚定表现得淋漓尽致，记叙文的特点被彰显出来。最后，文章多次使用比喻，拟人等修辞手法，形象生动，很多内容富有哲理，韵味无穷。尤其是结尾，将事件的意义进行了进一步的升华，加深了文章的深度。

三、教你一招

如何避免文体杂糅

1. 文体要符合设定要求

第一，依据试题要求的文体进行作文写作，如果是指定的文体，要能够做到规范文体进行写作，比如"写一篇议论文"，这时，文体必须是议论文，不能随意更改。比如"除诗歌外文体不限"，可以写作的文体较多，可以选择写记叙文、议论文、散文、小说、童话都可以。

第二，选择自己较为熟练的文体进行写作，比如在文体不限的要求下，要能够自由选择熟练的文体进行，要突出该文体的特征，能够避免出现"四不像"。中考作文的评分，要能够依据选定的作文文体进行评判优劣，注重表达方式的选取。

2. 把握文体规范

应试作文要突出文体的规范，能够有敏锐的感觉，比如，记叙文以情动人，有敏锐的感觉、情感的真知朴实最为重要。对于那些勉强拼凑、胡乱编造的记叙文，容易引起阅卷老师的反感，必然判定为差等作文。在表现手法方面应重视细节处理，对于各种描写手法，做到布局合理波澜跌宕，前后照应，让作文自然跃入阅卷老师的眼帘中。议论文写作要能够突出以理服人，论点要正确和深刻，要能够具有说理的切实性。说事论理要能够结合现实，也要做到旁征博引，注重层层深入地进行论述。注重说理的形象生动、语句的简洁深刻。

3. 辨明适合的文体

对于"自选"不能盲目选择，要能够突出文体符合题目要求，又能够让学生可以驾轻就熟的进行写作，能够从文体的选定、布局、立意进行分析。注重辨明适合的文体，具体做到：①作文题目要能够适合要求；②选择自己适合的文体；③考虑自己占有的素材是否可以选用。

一点延伸

作文形式创新举例

一、电视直播式。有位考生对"面对'批评'或'表扬'"的话题作文拟题为《"交流"栏目的一次直播》，模拟电视直播形式展开叙写，新意迭出。作者设计的出场人物有"主持人爱莎""著名教育心理学家畅快先生"、被采访的"著名企业家张先生"和"农民李先生"，全文采用"主持人导入——采访一——采访二——教授点评——主持人小结"这一纵式结构，完全符合电视节目直播的常规要求。文章旨在客观真实地表现表扬和批评对学生心理的深远影响，上述面对面零距离电视直播的表达形式成为演绎文旨的理想载体，使人耳目一新。

二、故事新编式。即"新瓶装旧酒"式的故事新编，这样的文章有言在此而意在彼的效果。如以"钱"为话题作文，一考生以《仙界新说》为题构思了一篇妙文，以仙界神仙纷纷另谋高薪职位来折射人间，寓庄于谐，耐人寻味。许多小小说往往采用故事新编这种形式，以幽默诙谐的语言表现深刻的主题。这种形式往往以人们熟知的某一人物或事件为依托，融入人们的现实生活情况，达到再现生活的目的。其中多数文章都妙趣横生，具有辛辣的讽刺意味，让读者在笑声中受到教育和启迪。

三、"产品说明书"型。这是利用"产品说明书"形式写成的作文。例如《"爱"的说明书》这篇作文，以"药品名称""主要成分""性状""药理作用""用法用量""注意事项""批准文号""有效期""生产企业"几项内容来写，对"爱"这味医治人类感情创伤、促进人与人之间关系之药的神奇功效进行全新的解构和诠释，新颖别致。

四、实战演练

（1）乌鸦又衔来一块肉在树枝上休息，一只狐狸来到树下。

乌鸦想："他肯定又是来奉承我的。这回我可不上他的当了。任凭他把好听的话说上十箩筐，我也不理他。"

谁知，狐狸却开口大骂起来："瞧你，穿一身丧服，叫人看了就作呕！还有你那破嗓子，比驴叫还难听一百倍……"

乌鸦没料到狐狸会来这一手，听着听着，便气得浑身打起颤来。他刚开口骂，肉就从嘴里掉下来，狐狸叼着肉一溜烟跑了。

乌鸦叹息道："看来，要保持清醒的头脑，抵御不了奉承不行，抵御不了谩骂也不行啊！"

要求：选择一个角度构思作文，自主确定立意，确定文体，确定标题，不要脱离材料内容和含意的范围作文，不要套作，不得抄袭，不少于600字。

（2）在人生的道路上，传统文化滋润着我们的心灵。一句话，一首诗，一篇文，都可以影响我们的一辈子。请以"一句话（或一首诗、一篇文等），一辈子"为题，写一篇作文。要求：文体不限，不少于600字。

一点延伸

文学名著中形式和角度创新示例

→卡夫卡的《变形记》主要情节。

主人公格里高尔一天清晨醒来，发现自己变成了一只大大的甲虫。他本来可以用他的收入来养活全家，现在却要全家来养活他。起先，他的爸妈和妹妹对他突然变成一只甲虫表示怜惜，都充满了同情和关怀，妹妹还每天都帮他送饭，打扫房间。但是时间一天一天过去了，大家都把他当成了物质上和精神上的包袱了。大家都怀着鄙视的眼光，希望他早点儿死去吧，这样大家都轻松。终于有一天，他在全家的长期冷落中，孤独地离开了人世间。全家为此庆幸。父亲说："让我们感谢上帝吧！"一家三口为了庆祝格里高尔的死去，决定乘车去城外郊游。

（简评：中篇小说《变形记》是卡夫卡最著名的作品。描写了男主人公格里高尔公从人变成了大甲虫的荒诞故事。卡夫卡借用这个变形的故事和一只甲虫的眼光来反应这个社会人性的自私与冷漠，用这个荒诞而悲哀的故事来表现世界的荒诞。）

→方方的小说《风景》情节简述。

叙述了一家人11口人从解放初到改革开放几十年间的平凡生活。与父亲同月同日同时出生的"我"——小八子，不到半个月就死掉了，被父亲埋在长江边上一个十三平米的河南棚子的窗下，这个狭窄肮脏的板壁屋是父亲结婚开始就住的地方，在这儿他和母亲用十七年生养了9个儿女。一家人的生活变迁就通过"我"的眼光来呈现。

（简评：小说的视角非常独特，而且不受任何空间和时间的限制，小说中所有人物的喜乐变迁都可以通过文中已经死去的"我"来解读，来叙述，的确是一种非常好的切入口。）

（此文发表于《语文周报》）

表达从单调到多彩

一、阅卷点评

中考作文评卷针对表达往往是和语言的要求合在一起的，大多从语言的角度评价。这里，我们所说的表达，重点从语言表达的形式和效果来看，即①内容充实；②中心突出；③条理清晰；④形式新颖。

一篇作文如果内容空洞、主题模糊、条理混乱、形式呆板，读来自然单调乏味。内容空洞是选材不到位造成的，主题模糊是立意不到位造成的，条理不清是情节安排次序不到位造成的，形式呆板是布局谋篇不到位造成的，然而，这些问题的出现，均与表达不到位息息相关。

二、深度分析

要细究表达单调乏味的原因，其实也不外乎以下三个方面。一是语言贫瘠。主要表现为言之无物，内容空洞；表述贫乏，语言干涩；胡乱引用，生造词语，不知所云。二是结构混乱。主要表现为叙事混沌，层次不清；条理混乱，线索不明；要素不全，形象不显，主题杂糅。三是形式单一。主要表现为形式老套，表述牵强。

三、高分对策

要想在表达上取胜，我们必须从以下三个方面来下功夫。

（一）锤炼词句，让表达的语言灵动起来

有三条途径。

1. 活用词语

有时候活用一个词语能让整个句子闪亮起来。比如词语的"越界"使用。"那么浓那么浓的乡愁，岂能被这时间的流水所稀释"一句中，把"稀释"越

界使用到"乡愁"中来，表达的效果就增强了。为了增加句子的表达效果，我们常采用大词小用、小词大用、贬词褒用、褒词贬用、错位使用、越界使用等方法，语言会在瞬间灵动起来。

2. 妙用修辞

修辞永远是语言的润滑剂，恰当地使用修辞必将使语言瞬间灵动。看下面这段话："林子像一块面团子，四面都在鼓，鼓了就陷，陷了再鼓；接着就向一边倒，漫地而行；呼地又腾上来了，飘忽不能固定；猛地又扑向另一边去，再也扯不断，忽大忽小，忽聚忽散；已经完全没有方向了。"贾平凹先生运用夸张和比喻的修辞手法，写出了树林子在狂风肆虐下形状不断变化的景象，显得生动形象，特点鲜明。

3. 巧用句式

为了增强表达效果，我们常使用倒装句来强调某一部分，如："我真的没有拿张翔的环保水壶，昨天下午四点三十分十五秒，我郑重地向全班起誓！"把时间倒装，目的就是强调。有时还用反问句来增强效果，用一系列短句来增强节奏感，用独词成句、成段来强化突兀的感觉等等。

（二）合理结构，让表达的条理明晰起来

1. 灵活运用记叙的顺序

好文章是要设计记叙顺序的。为了让开头吸引读者，我们可以采用倒叙的方式；为了清楚地交代事情的来龙去脉，我们可以采用插叙；为了拓展情节或是让文章的结尾余韵缭绕，展示新的境界，我们可以采用补叙。人教版七年级下册课文《爸爸的花儿落了》就是灵活运用记叙顺序的典范，我们可以借鉴使用。

2. 合理设置板块模式

作文的板块合理设置可以分为隐性设置和显性设置。隐性设置主要表现在文章内部有清晰的层次结构，对于情节的起伏变化，要么以时间为顺序划分，要么以空间为顺序划分，要么以时空融合来划分，我们在表达的时候要心中有数，做到胸有成竹。显性设置主要表现为文章有鲜明的板块，层次明晰，具体表现为设置段落标志语和用来区分板块及层次的小标题，这些段落标志语和小标题常常以这样的方式呈现，如表现时间顺序的春、夏、秋、冬，早、中、晚，或是具体的时间变化（考前：难舍最后一眼、考中：难舍最后一笔、考后：难舍最后一句）；又如表现空间顺序的家门口、上学路上、教室，地铁站、公汽上、滴滴快车等；还如表现事情发展的过程的起风了、下雨了、云散了，我的脸红了、眼泪在飞、我握紧了拳头等。这样一来，板块分明，表达的条理就明晰了。

（三）巧设载体，让表达的形式新颖起来

当作文受写作材料的限制，无法在内容和主题上有新的突破时，形式的变化就成了我们最正确的选择，即选择最合适的表达载体。要让表达的形式新颖起来，一般设置两种方式。

1. 转换视角

不再以人的眼光观察物、观察社会，而是以物的眼光观察人、观察社会。这样，变换一个视角，同一个故事，因为换了一个角度来讲述，境界就一下子翻新了，展露出别致的风采，艺术的感染力就增强了。我们可以让"班规"来演讲，可以让公汽的座椅来讲故事，让一棵城市的老树来说历史，让一枚珍藏的书签来讲友谊……故事还是那个故事，但表达的效果却截然不同了，我们可以尝试。

2. 创新形式

同样一个内容，我们可采用剧本的形式，可采用开处方的形式，可采用产品说明书的形式，可采用答记者问的形式，可采用主题辩论的形式；可以演小品，假戏真做；可以玩穿越，虚拟时空……把旧酒装进新瓶儿里，其价值又翻上来了。

当然，值得注意的是，不管采用哪种形式，都要充分考虑是否合题、合意、合境，万不可生拉硬拽，牵强附会，否则适得其反。

四、中考链接

2015年湖南永州中考作文题目：声音无处不在，风声、雨声、笑声、歌声、电话那头的叮嘱声……总有一种声音在你耳畔响起，牵动你的心灵。

请以"有一种声音牵动我的心灵"为题作文。

五、标杆作文

有一种声音牵动我的心灵

王溢涓

今年冬天似乎格外冷。

我缩在温暖的被子里，抱怨今年的冬天没有一丝生机，到处都是渗人的白色，怪恐怖的。

母亲说要出门，叮嘱两句便走出家门。外面凛冽的寒风偷袭进屋子，吓得我一哆嗦，赶紧关上门，趴在窗子上听母亲絮絮的交代伴着脚步声远去了。

周围一片寂静。

我正欲关上窗子，却不想耳边传来一声细小的声音，仔细听，又不真切，想象着是小芽破土而出的声音。我自嘲地笑了，在这寒冷的冬天，怎么会……

可我总觉得有细小的声音悠悠传来，一声又一声的牵动着我。好奇心一时占了上风，我披上羽绒服，三步两步下了楼。

我已经忘了这院子里的这株满身冰凌的树的名字，除了树的主干，整个枝丫都裹在白白的雪中，有几处枝丫现出几个不规则的凸起，里面似乎有什么东西想努力地探出头来。是什么植物如此顽强？我三下两下把雪扒开，惊呆了。

一抹耀眼的红撞进我的眼帘。

居然，是一枝小小的，怒放的梅花。

那细细的，小小的枝条顽强地托住白雪，在凛冽的寒风中微微摇晃，但它的头却高高昂起，像是在向暴风雪宣战一般，孤傲地挺立在这皑皑白雪中！

"啪！"

一阵风吹过，梅枝上的雪落下了一大团，但我觉得就像梅与雪的抗争胜了一般。这一声如惊雷般敲碎了我心中那堵名叫懦弱畏惧的屏障，树起了一面叫作勇敢坚韧的墙！

我默默地退后几步，对这小生命进行最虔诚的膜拜，对她以瘦弱之躯抗击暴雪，傲然挺立表示最由衷的敬佩！

狂躁而凛冽的寒风再一次呼啸而来，我深吸一口气，张开双臂，感受着红梅给我的力量，闭上眼睛，似乎觉得耳边全是啪啪的声响，满眼全是火红的骄阳！仿佛我已化作这一树红梅，在白色的世界里绽放自己的傲骨风华！

"冷呢，回吧……"母亲的声音在我耳旁响起，她急急为我掸去身上的积雪，我微微一笑，随母亲回去。上台阶时，我不由得又回过头去，突然，一阵花开的声音从远处传来，越过雪地的清冷，敲响我的耳膜，拨动我的心弦……

简评：这是一篇很精美的文章，尤其表现在表达上。首先语言很灵动，遣词造句颇见匠心，不论是个别动词的妙用，还是修辞手法的突破都很精细、巧妙。其次，内部结构很精致，听声、寻梅、悟旨、延拓，板块清晰，过渡自然，条理分明，表达甚佳！第三，在情感抒发上自然、真挚、含蓄，于无形中又增加了表达效果。

（此文发表于《语文周报》，原题为《表达·单调乏味》）

后 记 ▶

想出这本书比较偶然。

我对作文教学的研究一直是碎片化的，而且一直处于"被动"状态，因此组成这本书的文章基本是各报刊的约稿。

虽然，我一直坚信，作文教学是有规律可循的，而且也一直在探索其中的窍要，可总是不得法，总有一种感觉，好像可以触摸了，可一旦尝试，却又很渺远，只好无奈放弃。

有一天，当我把自己曾经思考及发表过的关于作文教学的稿子汇总了一看，居然发现了一些或明或暗的线索或规律隐藏其中，遂进行组合，框架便鲜明了起来。后经禾田老师点醒和重组，再一细看，竟然像模像样了，于是也就变成了这本书的模样。专家的视角果然不凡，感谢禾田老师。

出这本书主要目的是对以前的研究做一个小结，梳理一下思想。汇总后才发现尝试的过程的确艰辛，然而，提炼的规律还是很粗糙。说对作文教学研究，有些自大了，顶多算是一种有计划的尝试吧，宛如一个在海边寻了很久的孩子，突然捡了一个贝壳，便疑心这就是海的原本模样，有些好笑了。

探索的路上，一直有好多小伙伴的同行，他们或直接或间接地提供了他们的智慧，让模糊的思绪变成了铅化的文字，我想把他们的名字列在这里，来表达我的感谢。他们是李汉祥、邵金喜、龙远玲、石书勤、林炫、冯倩、温思懿等。

在这里要特别感谢的是《语文周报》和孙月琛主编，我是在《语文周报》的沃土中成长起来的。还有我的"微点作文"团队和我的恩师——特级教师余映潮老师，他们才是我能够走进作文教学研究的真正基础和助力。

　　作文教学的研究广博而没有止境，我只是一粒尘埃，偶遇了一点儿水分，便开始做孕育生命的梦。

　　时光已经飞梭而过，可我还在梦中，没醒。

王 胜

2021年6月18日于新疆喀什深喀二高盛悦斋